文化的记忆丛书

（文学系列）

文 化 的 记 忆 丛 书

茅盾画传

刘 屏 著

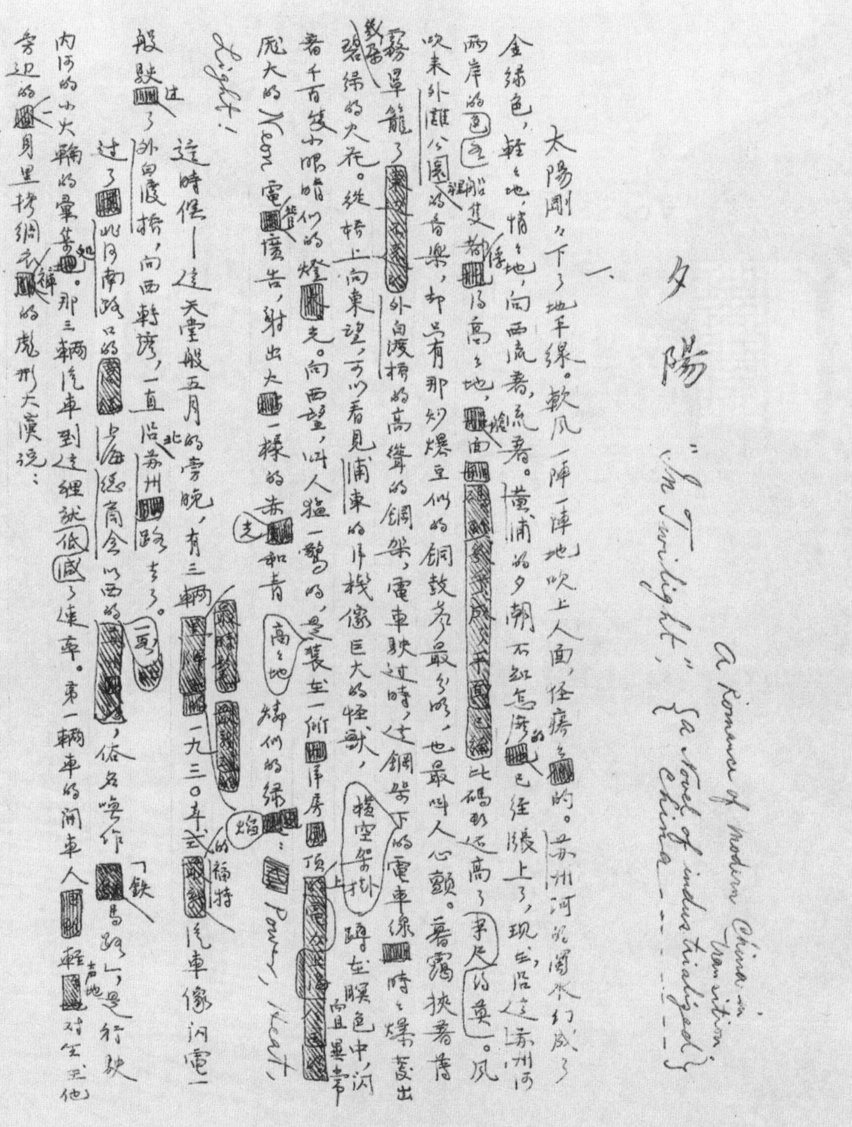
夕陽
"In Twilight," {A Novel of industrialized China}
A Romance of modern China in transition
一、
太陽剛々下了地平線。軟风一陣一陣地吹上人面，怪癢々的。蘇州河的濁水幻成了
金綠色，輕々地，悄々地，向西流着，流着。黃浦的夕潮不知怎麼的已經漲上了，現在沿這蘇州河
兩岸的各色船隻都浮得高々地，艙面比碼頭還高了約莫半尺。风
吹來外灘公園的音樂，卻只有那炒爆豆似的銅鼓最分明，也最叫人心顫。暮靄挾着薄
霧籠罩了外白渡橋的高聳的鋼架，電車駛過時，這鋼架下的電車線時時爆發出
數簇碧綠的火花。從橋上向東望，可以看見浦東的洋棧像巨大的怪獸，蹲在暝色中，閃
着千百隻小眼睛似的燈火。向西望，叫人猛一驚的，是裝在一所洋房頂上而且異常
龐大的 Neon 電管廣告，射出火一樣的赤光和青燐似的綠焰：Light, Heat, Power!
Light!
這時候——這天堂般五月的傍晚，有三輛一九三○年式的汽車像閃電一
般駛過了外白渡橋，向西轉彎，一直沿北蘇州路去了。
過了北河南路口的，俗名叫作馬路，是行駛
內河的小火輪的彙集處。那三輛汽車到這裡就減低了速率。第一輛車的司車人輕輕地對坐在他
旁边的身里拷綢衣褲的彪形大漢說：

江西人民出版社

总 序

多年以来，中国学术界有这样一个判断：即近代时期（具体而言，约莫指19世纪中叶至20世纪中叶），是中国学术文化继两千年前的先秦时期和近千年以前北宋时期之后的第三次高峰。其中尤以史学和哲学成绩卓著。屈指数来，像王国维、梁启超、陈寅恪、陈垣、胡适、郭沫若、顾颉刚、钱穆、傅斯年、熊十力、冯友兰、梁漱溟等重量级人物，随随便便就点到两位数了。孟子云，五百年必有王者兴（语出《孟子·公孙丑章句下》，“彼一时，此一时也。五百年必有王者兴，期间必有名世者。”）。而这一百年内，伴随着中华民族莽荡多灾的历史进程，思想文化界却也是风起云涌，王者辈出，书写了和民族命运转捩相颉颃的厚重而辉煌的一页。

其实，不光是史学、哲学乃至整个国学界，再横向推广开来看（纵向则可收缩到20世纪上半叶），在现代文学艺术领域，同样是风云际会、群雄并起，诸如文学巨子鲁迅、郭沫若、茅盾、巴金、老舍、曹禺、林语堂、郁达夫、徐志摩、张爱玲等等；美术巨擘徐悲鸿、张大千、傅抱石、齐白石、吴昌硕、刘海粟、潘天寿、林风眠等以及梅兰芳等京剧四大名旦等等。他们共同构成了现代中国文学艺术史上天才出没、灵杰隐现的蔚然奇观，只不过比前者发轫时间稍晚（名曰现代），且特点或不如前者显赫，故不易在数千年的时空中以“第×次高潮”名之。她倒更像是历史长河突然在这里拐了个弯，文学艺术革命豁然开出了新生面，“乱石穿空，惊涛裂岸，卷起千堆雪，江山如画，一时多少豪杰”……

人们不免要问了，近现代中国风雨如磐，血火迸溅，神州陆沉，中华板荡，几乎无处安放下一张平静的书桌，何以文化学术与文学艺术独能繁华百年尽得风流呢？这确实是个大问题，恐怕不是一两句马克思的“文化繁荣有时与社会发展并不同步”的名言，或者“国家不幸诗家幸，话到沧桑句便工”的古诗所能了得了的。在我看来，概括前人备述，择其大端，至少有三条或可一说。谨此就教方家，请略论之。

其一，由于西学东渐激活了中华文化。近代以来，欧风美雨排天而来，东方/西方、本土/域外、传统/现代，两种文化的相互激荡、冲撞、融合，构成了百年大潮波澜壮阔的主流。孰优孰劣，暂不置评。但一个不争的事实是，文化需要对撞，交流才更易激活，尤其是具有五千年历史的中华文明，一经激荡便活力四射。无论是先秦诸子，还是佛入中土；无论是民族融合，还是西学东渐。凡有交流、刺激者，必有如输入新鲜血液，带来新的生机，开出新的生面。这是一般的文化特性，更是博大精深的中华文明历经五千年而不坠的根本所在。因为她的超稳定性，所以不惧开放；因为她的超包容性，所以能同化异质，从而生生不息，永葆青春。恰如陈寅恪先生所言："在吾国思想史上……其真能于思想上自成系统，有所创获者，必须一方面吸收输入外来之学说，一方面不忘本来民族之地位。"(《冯友兰中国哲学史下册审查报告》)——正是进化史观和唯物史观的引进和运用，传统中国史学才蜕变一新。王国维的"二重证据法"(典籍与文物)，陈寅恪的"中外互证法"(外文资料与中土旧籍)，都有西方实证史观与理性分析之影响在焉。他们大胆地采用"拿来主义"，坚信"吃了羊肉决不会变成羊"。茅盾说五四时期鲁迅的小说一篇一个样，鲁迅则说"全是仰仗了百余篇外国小说的阅读"。曹禺剧本脱胎于尤金·奥尼尔，茅盾则师承普顿·辛克莱，如此等等，不胜枚举。也正因如此，中华文化学术与文学艺术才勃发新机，翻开了新的一页。

其二，由于西力东扩激发了中华士子。自从鸦片战争的坚船利炮轰毁了古老帝国的城门，一个辉煌了几千年的民族，瞬间跌入了屈辱的深渊。"知耻而后勇"，"置之死地而后生"。面对保国、保种、保教三重危机的挑战，中华民族激发出了勇敢的应战精神。无论是"体用之争"还是"师夷制夷说"，睁开眼睛看世界之后的选择就是走出国门走向世界。以 150 多年前的留美幼童为肇始，无数仁人志士英才俊杰汇入了这一潮流。科学救国也罢，主义救国也罢，文化救国也罢，为救亡图存，为中华崛起乃第一要务。这恰是中华传统之精义，天下兴亡，匹夫有责；愈挫愈奋，百折不挠。于是，鲁迅们东渡扶桑，从学医疗救身体到弃医从文疗救灵魂，不经意间成为了新文化运动的旗手与骁将；陈寅恪们负笈欧美，游历列国，博通多语，只为重审历史，探询新知，未曾料想为现代中国史学奠基开疆。他们或者干脆"怒向刀丛觅小诗"，以笔为枪投入战斗：林语堂放弃翻译《红楼梦》之夙愿而新创《京华烟云》直接伸张民族大义，徐悲鸿以中西合璧之膂力绘制巨作《田横五百士》激励士气；梅兰芳蓄须罢演表明抗敌心志……"沧海横流，方显出英雄本色。"正是中国士子的良知使命，爱国热忱，天下担当促成了他们的选择，玉成了他们的事业，使之迸发出最大的创造激情和最炫目的天才光芒，像群星照亮了近现代中国文化学术与文学艺术的深邃夜空。

其三，由于坚守根本，昭示了中华文化的未来。前点引述陈寅恪之"两方面说"——"一方面吸收输入外来之学说，一方面不忘本来民族之地位"。说的就是大师的标准与风范：学贯中西，融通古今。综观近现代诸子，经、史、子、集、儒、释、禅乃至西学，无一不通者，不如此不能有大成。但掰开了说，我更看重后一方面，即“民族根本”。而且依我看来，近现代诸子多作如是观。从张南皮的“中学为体，西学为用”，到鲁迅的“越是民族的便越是世界的”；从王国维的沉湖殉葬，到辜鸿铭、钱穆的终生“卫道”；从林语堂的“中华文化至上论”到陈寅恪、钱钟书皈依传统以至于书写方式都回到竖写、繁体、文言而决不妥协，已然看出近现代诸子之殊途同归——从中土出发，游学多年，再精通数门外语、深谙异域文化也就是说拥有了双重乃至多重文化背景之后，进行了“入乎其里，出乎其外”的深刻比较，最后的选择是回归传统。即便口口声声要“全盘西化”如胡适之者，后半生几乎都投入了“整理国故”，一部《水经注》的考证就沉湎二十三年不能自拔。至于说到中国艺术的魅力，诸位想想，林语堂区区一本《生活的艺术》都足以让美国人倾倒，那梅兰芳访美访苏演出之后被惊为“天人”又有什么可奇怪的呢？表现派大师布莱希特就坦言：我梦寐以求的艺术境界（假定性、程式化或曰“间离说”）在梅先生的京剧艺术中已然炉火纯青了……当然，凡此种种，都是现象，只云其然，未云其所以然因为她太过复杂，因为她涉及中华民族的思维方式、语言方式，就譬如说汉字结构罢——由于她象形与会意，就造成了一字多形多义的效果，美国语言学家范尼诺萨一百年前（1908）就著文阐述汉字的象形文字所传达的动感，所包含的具体图画和多词类功能。因其非抽象性，包涵有浓厚的感性直观素材而更能表达诗的本质，“由于其记载了人的思维心态的过程而开创了语言哲学的新篇章”——汉字仅仅是“更能表达诗的本质”吗？范氏发现不正是今天西方有识之士开始频频叩询与推崇“儒教文明即将拯救人类”的先声吗？

好了，三三归一，依然是个说不清道不明。要知真相，欲探究竟，还请看江西人民出版社隆重推出的大型丛书《文化的记忆——中国近现代文化名人画传》。它以图文并茂的形式，阵容豪华的规模，为活跃于近现代中国文学、国学、艺术诸领域中的数十位巨子作人传，立学案，画群英谱。既向世界系统介绍近现代中国文化从而可能进一步引发西方解码中华文化的兴味，又向国内一般读者尤其是青少年重启记忆，赓续传统。所谓薪尽火传，传什么？怎么传？如何站在巨人的肩上继续攀登？“读图时代 an era of reading picture”固然不免“读图”，但又决不能仅仅止于读图！文化的赓续主要在于两条：一是有传统（记忆）；二是要思考。读了“记忆”以后要三思啊！至于我的三点解读对耶错耶？诸君读后自有明鉴。

是为序。

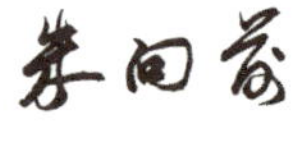

己丑夏月于江右袁州听松楼

FORWARD

It has been long time that Chinese academic community acknowledged such a judgment, that the modern times (specifically, it is from the mid-nineteenth century to the mid-twentieth century) is the third academic peak following another two in the Pre-Qin period which is 2000 years ago and the Northern Song Dynasty which is about 1000 years ago respectively. During this period, we witnessed outstanding achievements in historiography and philosophy. It's easy to count to more than 20 academic titans like Wang Guowei, Liang Qichao, Chen Yinque, Chen Yuan, Hu Shi, Guo Moruo, Gu Jiegang, Qian Mu, Fu Sinian, Xiong Shili, Feng Youlan, Liang Shumin. As Mencius said, it is a rule that a true Imperial sovereign should arise in the course of five hundred years. Over the past one hundred years, along with the vicissitudes of Chinese nation, in the ideological and cultural circles, we saw an age of titans and big events, which left a profound and splendid chapter in history.

Actually, it is not only in historiography and philosophy and even involved in all aspects of Sinology, and if we viewed it panoramically (or focused in the first half of 20th century), we could see the similar situation in fields of modern literature and arts. To name just a few, literati like Lu Xun, Guo Moruo, Mao Dun, Ba Jin, Lao She, Cao Yu, Lin Yutang, Yu Dafu, Xu Zhimo, Zhang Ailin etc.; masters of arts like Xu Beihong, Zhang Daqian, Fu Baoshi, Qi Baishi, Wu Changshuo, Liu Haishu, Pan Tianshou, Lin Fengmian etc., and "Four Great Famous Opera Female Roles" represented by Mei Lanfang. All of them constitute a marvelous phenomenon of history of modern Chinese literature and arts with constant emerging of talents. Because their little bit late appearance than the above-mentioned titans, and comparatively undistinguished features, it's not easy to use the term "peak time" to honor their achievements among thousands of years history. It's like the river of history make an abrupt turn here, revolution of literature and arts break a new path.

It is no wonder that people will ask that, from the mid-nineteenth century to the mid-twentieth century, China be in a grim and grave situation, it was hardly to find a place to put a desk in tranquil, why can sinology, literature and arts experience prosperous development for the past 100 years? This is really a big question. It cannot be answered simply by Karl Marx's well-known saying that "cultural prosperity sometimes doesn't be in pace with social development", or as the ancient poem says, "misfortune of country is fortune of poet, great changes bring great words." In my view, by summarizing predecessor's opinion and absorbing their main points, there are at least three reasons. I will discuss it briefly for your reference.

Firstly, the progressively spreading of western learning to the East activates Chinese culture. Ever since the mid-nineteenth century, the influence of western culture has been sweeping and surging. The cultural clashing and merging between East and West, local and foreign, traditional and modern constitute the main stream of the development of the past 100 years. I will make no comments whether it's good or bad. It is no doubt that culture needs clash, communication brings vitality, especially for Chinese civilization with 5000 years history, it appears full vigor after such kind of cultural clash. No matter what it is, contentions of a hundred schools of thoughts in Pre-Qin Period, or introduction of Buddhism to China, merging of nationality, or the progressively spreading of western learning to the East, if there are communications and stimulates, it's like give somebody a shot in the arm, bring new vitality and breaking new path. This is general characteristic of culture and the fundamental reason of sustained development for over 5000 years of the broad and deep Chinese civilization. It is exactly the ultra-stability make it's not afraid of opening-up, the ultra-inclusiveness make it grow continually a vement to absorb import theories in one hand and not forget the origin of tradition."(from *Survey of Feng Youlan's History of Chinese Philosophy*) It is exactly the introduction and application of the viewpoints of evolutionism and materialism transform the traditional Chinese historiography to a new face. We could find clues of positivism and rationalism in Wang Guowei's "Duplex Evidences" (ancient books and records with cultural relics), Chen Yinque's "Cross-reference of China and Foreign Countries" (foreign data with Chinese ancient books). They boldly apply "the principle of bringing in" and believe that "you will not turn into sheep after eating mutton." Mao Dun once said that Lu Xun's novels was different from each other during the "May 4th Movement" period. Lu Xun himself contributes it to "reading of more than a hundred foreign novels at that time. " Cao Yu's scripts were reborn from Eugene O'Neil, Mao Dun followed the example of Upton Sinclair Jr., and such kinds of examples are too numerous to be counted. It's exactly because of this, Chinese culture and its literature and arts radiate its vigor and turn a new chapter of history.

Secondly, western expansion inspired Chinese scholars to work with a will to make the country strong. Ever since the Opium War, western powers' solid battleships and advanced cannons destroyed the city gate of ancient empire, a nation with several thousands years magnificent history fell to an abyss of humiliation quickly. As the old Chinese saying goes, "Courage comes after the sense of shame", "confront a person with the danger of death and he will fight to live". Facing three great challenges of safeguarding country, race and Confucianism, Chinese nation put up a brave fighting spirit. No matter what attempts they tried, "dispute upon Ti and Yong (base and application)" or "learning advanced technology from Europeans to fight against them", it's inevitable choice to go abroad and embrace the world after eye-opening to the outside world. Initiated by sending kids to study in the U. S. 150 years ago, numerous talents and elites came together to form a trend of studying abroad. No matter what they did, saving the country by science, by culture or by ism, it's top priority to rescue the nation and make her prosperity to rise in the world. It's exactly the essence of Chinese tradition. We Chinese think, "Every man has a share of responsibility for the fate of his country", and praise highly of being indomitable and becoming more brave through setbacks. Therefore, people like Lu Xun sailed east toward to Japan, originally he wanted to learn medicine to save the body of Chinese people, but he finally stopped his medical practice and took up writing to save the soul of them, and then became a flag bearer and valiant general of the New Cultural Movement; people like Chen Yinque went to America and European countries for study. They traveled across countries and mastered several foreign languages, just for re-examining history and pursuing new knowledge, and they virtually laid the foundation of Chinese historiography. They might simply use their pen as weapon to fight against enemies; Lin Yutang gave up his long-cherished wish to translate *The Dream of Red Mansion* into English and wrote a novel of *Moment in Peking* to promote the overall interests of the nation directly; Xu Beihong used his great creation of *Tianheng and 500 heroic man*, which is a combination of Chinese and western arts, to encourage the morale of the nation; Mei Lanfang grow his beard to refuse performance for Japanese invaders to show his fighting resolution... "As the sea flows, the characters of a hero show." It is their conscience and mission, their patriotism and sense of "taking responsibility for the world" help to bring about their choices, secure their achievements, and arouse their most creative enthusiasms and unearth their talents. They are shining stars of modern Chinese academic culture, literature and arts.

Thirdly, holding fast to the root of Chinese culture makes it clear to all of future orientation of Chinese culture. As the above-mentioned by Chen Yinque's "two aspects theory"—"it is imperative for those who have a style of their own and make achievement to absorb import theories in one hand and not forget the origin of tradition." This is master's standard and demeanor ; being well versed in both Chinese and Western learning ; mutual assimilation of the ancient and the modern. If you make a comprehensive survey of modern scholars, you will find that only those who familiar with Jing,Shi, Zi, Ji, Confucianism, Buddhism, Zen as well as western learning can make great achievements. But if we evaluate it separately, I attach more importance to latter, "the root of nation". In my view, modern scholars hold similar viewpoints. From Zhang Nanpi's "Chinese knowledge for base, Western Knowledge for use", to Lu Xun's "more nationality, more cosmopolitan." from Wang Guowei committing suicide out of royalty to Confucianism, to Gu Hongming and Qian Mu serving as defender of conventional moral principles all their life; from Lin Yutang's theory of supreme standing of Chinese culture" to Chen Yinque and Qian Zhongshu's return to traditional practices, even their writing styles were back to down typesetting, traditional Chinese characters and ancient Chinese and never give up, we could find that almost all modern scholars reached the same goal by different means, that is, departure from China, travel across countries, master several foreign languages and cultures, after holding double and multiple cultural backgrounds, they make profound comparison in a way of "Dig deep into it's essence, and observe it beyond its boundaries", and their last choice is return to Chinese tradition. Even those people keep on advocating total westernize like Hu Shi spend latter half of his life to sort out ancient records. He was too deep involved in textual research of *Shui Jing Zhu* for 23 years to withdraw. As for the charm of Chinese arts, just one book like Lin Yutang's *The Importance of Living* let bedazzled, it's no wonder that Mei Lanfang's Peking Opera tour to the U.S. and Soviet Union gave knock-outs to their audiences. Bertolt Brecht, master of Expressionism, frankly expressed his view that the artistic realm (presumption, stylization or call it "theory of dialectical theatre ") what he dreamed about attained a high degree of perfection in Mei Lanfang's performance... Of course, all these are the surface of things, you just know what it is and don't know why and how it is. It's complicated because it is involved with the thinking style and language style of Chinese nation. Take the structure of Chinese character as an example, because of pictograph and associate compounds, it creates an effect of multiple shape and meaning with on character. One hundred years ago, an American linguist wrote an article to elaborate the vividness delivered by pictograph in Chinese character and the specific pictures it contains and multiple functions in its parts of speech. Because Chinese character is not just abstract symbol, and contains rich materials that can be directly perceived through sense, so it's easy to convey the essence of poem. It opened a new chapter of linguistic philosophy by recording the process of human thinking. How can we just think that Chinese character is easy to convey the essence of poem? Is the linguist's finds exactly the first sign of theory of "civilization of Confucianism will save humankind", which is inquired and advocated by western scholars with insight nowadays?

Well, all in all, I am still unable to explain it clearly. If you want to know the truth and get to the heart of the matters, please read the large series of *Cultural Memory-Pictorial Biography of Modern Chinese Cultural Celebrities*, a grand launch by Jiangxi People's Publishing House. It builds up biographies and academic achievements records for dozens of masters in the fields of modern Chinese literature, Sinology and arts with excellent pictures and accompanying essays and a well-balanced collection. It is not only a systematic introduction of modern Chinese culture for foreigners to arouse their interests in Chinese culture, but also a inspiration for domestic readers, especially adolescents to open memory of tradition and carry on the tradition. This is so-called "as one piece of fuel is consumed, the flame passes to another", what do we pass and how do we pass? How do we continue to climb the mountain on the shoulders of giants? It's hard to avoid "picture-reading" in an era of reading picture, but we can not afford to merely stop here. The continuation of tradition lies in two aspects, on one hand is tradition itself (memory), on the other hand is thinking. After reading the "memory", we should think twice. As for the right or wrong of my three viewpoints, I'd like to leave it for reader's judgement.

Zhu Xiangqian

Jiangxi Yichun Ti Song Lou, summer of 2009

目　录　　Contents

1

孺子可教

水乡乌镇，是先人洒落在浙江杭嘉湖平原上的一颗晶莹璀璨的明珠。

据史载：乌镇的历史，可以追溯到7000年前新石器时代的马家浜文化。春秋时，这里是吴越边境，吴国在此驻兵防备越国，“乌戌”由此而来。而真正用“乌镇”之名，则是唐代的事了。

乌镇有着得天独厚的自然环境。镇内河道纵横交错，车溪、紫云塘、澜溪塘，蜿蜒相汇，镇中街巷也多是临水傍河而筑。千百年来，这里的人们就在与水相依相伴中生活和繁衍。

乌镇有着优越的地理位置。自古四通八达的水路，使烟火万家、商贾云集的一方小镇，成为浙北苏南水路的交通要道，也滋养和推动了当地商业、手工业的繁荣和发展。

乌镇还有着悠久的历史文化积淀。有活化石般的唐代银杏古

水乡乌镇在清乾隆、嘉庆年间就是“居民相接、烟火万家”的名镇。

水乡乌镇。

树，书有“六朝遗胜”石牌坊的梁昭明太子书屋遗迹等名胜古迹。丰饶的文化土壤养育造就了从梁昭明太子、沈平，到晚清翰林严辰、夏同善等诸多名人大家。仅宋、明、清三个朝代，小小的乌镇就出了近200名举人、进士。这里也曾是谢灵运、沈约、裴休、范成大等文人墨客倾心仰慕、游学寓居的佳境，他们为后人留下了许多珍贵的文化遗产。

1

1896年7月4日，江南水乡一个暑热的日子。

浙江桐乡县乌镇观前街，一栋朝南老屋二楼的临街房子里传出了新生婴儿的啼哭声，经商行医的沈家，添了一个传续薪火的男孩儿，生活，又有了新的内容。

谁也没有想到，这个男孩，日后能成为20世纪闻名世界的文坛巨匠——茅盾。

茅盾，原名叫沈德鸿，字雁冰。还有个小名叫燕昌。他出生时，沈家正是当时乌镇充满了书香气的大家庭，几代士大夫风范，祖父辈还在镇上经营着“京广杂货店”、“‘泰兴昌’纸店”两家店铺，虽然不是太景气，但维持一家的生活还是绰绰有余。

2

茅盾的父亲叫沈永锡，是一个挺有才华和抱负的青年，虽然自幼学的是八股文，16岁即中秀才，但内心深处对这种“之乎者也”的旧学十分厌恶，而对声光电化等新学充满了兴趣。清朝政府日趋严重的腐败昏庸，使他背弃了长辈为他规划的考科举入仕途的安排，而是拜倒在他的岳父、当时名扬一方的妇科名医陈我如门下，学起了中医，想在日后当一名悬壶济世的中医，以自己的实际行动和真才实学，谋

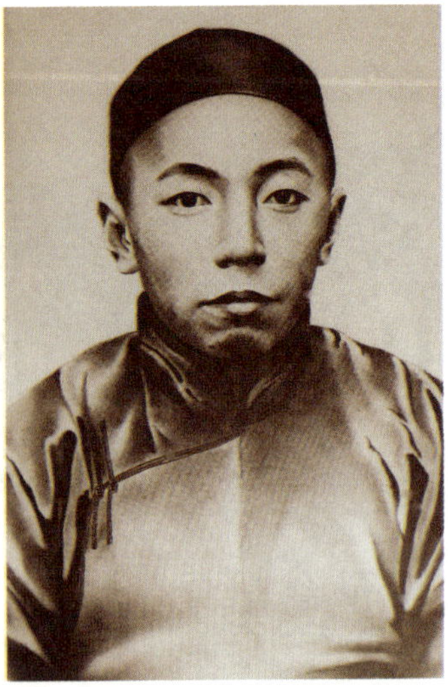

悬壶济世的父亲沈永锡崇尚“新学”，曾鼓励儿子“大丈夫要以天下为己任”。

生养家拯民强国。

沈永锡结婚那年，正逢中日甲午战争爆发。面对清政府中投降派的丧权辱国割地求和的行为，他和很多青年人一样都义愤填膺，感慨万分。虽然他们身在远离大都市的水乡小镇，但订阅的进步报刊却为他们打开了另一扇新知识和新思想的门窗，他们都拥护变法维新，认为只有“西学为用，中学为体”走出禁锢，学习接受外来的先进思想文化，才能做到实业救国。

沈永锡的这些进步思想，在很大程度上影响了幼年茅盾的人生和思想发展，他鼓励幼小的儿子“大丈夫要以天下为已任”，1905 年，沈永锡因骨痨去世。临终前，他立下遗嘱叮嘱两个幼小的孩子：学好实科，振兴实业。

那一年茅盾 9 岁，弟弟沈泽民 5 岁。

母亲陈爱珠是茅盾第一位启蒙老师，她的言行举止和开明思想，影响了茅盾的一生。

3

如果说父亲是童年茅盾人生和理想的规划者，那么母亲则是他人生路上的引领者和实践者。

茅盾曾充满感激地说：“我的第一个启蒙老师是我母亲。”

茅盾的母亲姓陈，名爱珠，1875 年生。

出身名医世家的她，因为母亲多病无暇照料，很小就寄养在膝下无子女的姨母家。她在得到姨夫姨母钟爱和悉心照顾的同时，还得到了良好的教育。姨夫是文化人，亲自教她四书五经，还让她看《唐诗三百首》《古文观止》《烈女传》等书籍，姨母则手把手教她缝纫、烹调等家庭主妇必备的女红。爱珠聪明伶俐，往往一点就透，一学就会，这让两位大人得意万分，遇事就讲，逢人便夸：“朝廷如开女科，我这姨甥女准能考取秀才。”

爱珠到 14 岁那年才回到亲生父母身边。由于父亲经常出诊，时常三五日才归，母亲身体又不好，主持陈府家务的重任，就理所当然地落在了小小的陈爱珠肩上。安排家中上上下下主人佣人的吃饭，照顾生病的母亲和4岁的弟弟，里里外外的大小事务，如此繁杂的一切竟被她管理得井然有序。家里镇上的人们，对这位治家有方的陈家小姐从心底里佩服，远近有身份地位的殷实人家都渴望娶这么一位心灵手巧、知书达理、办事干练、治家有方的姑娘做儿媳妇。

这一幸运最终落在了沈家少爷沈永锡的身上。两人结婚后，陈爱珠又从丈夫那里学到了开明的处事态度和维新的思想，成为一名生活在封建家庭中却具有时代精神的新女性。

在茅盾童年的记忆里，跟着母亲回外祖父家生活的日子更多些。年老的外祖父经常外出出诊，难顾及家里的事，外祖母身体不好，无力料理家务，她的弟弟又年少多病，仿佛一切都离不开勤快的妈妈陈爱珠。幼小的他，总是像一个小尾巴似地跟在妈妈的后边，脚步匆匆地来往于车溪河两边以及那片葱葱郁郁的桑叶地旁。

乌镇茅盾故居的庭院。

乌镇茅盾故居正厅中高悬的牌匾。

茅盾5岁了，已经到了读书的年龄。

妈妈对爸爸道：“燕昌该上学了。”

爸爸想想后说：“我看还是先不去，先在家里读私塾吧，咱们自己教。你看怎么样？”

母亲点点头同意，她知道这不是丈夫一时之举，而是他经过深思熟虑后的想法。

读书的教材是沈永锡精心挑选的，母亲负责每天亲自教授。一个字一张图地教小德鸿读一本叫《字课图识》的书，很快就读完了。父亲又找来一本《正蒙必读》，母亲则一笔一画地从中抄下《天文歌略》和《地理歌略》让儿子背诵，也读会了。父亲又根据《史鉴节要》编了一本文言浅近的历史课本，让母亲从三皇五帝开天辟地讲起，他一边编，母亲一边教，直到德鸿上了镇上的第一所小学。

母亲除了教德鸿读书识字外，还以自己的一言一行为孩子做出了人生的榜样，她在童年茅盾的心灵土壤里种下了俭朴勤劳、善良宽容的种子。

茅盾起初没有像家里其他的孩

子们那样，上祖父教书的家塾，后来祖父教烦了，让沈永锡接替他继续教家塾，父亲无法推托，便把茅盾也带来上课。他在私塾里读的不是其他叔辈孩子读的《三字经》，而是父亲自编的新学课本。茅盾聪颖好学，五六岁的孩子，每天所背书句多达十句。后来，沈永锡病倒不能再教私塾，怕耽误儿子学业，就将茅盾送交镇上一个叫王彦臣的亲戚办的私塾中继续读书，还特意嘱咐一定要给他讲新学。

4

立志小学是乌镇历史上第一所初级小学。是由镇子上一群具有维新思想又锐意改革的年轻人在观前街立志书院的基础上创办的。茅盾的表叔卢学溥是带头人。学校分甲班乙班，茅盾是年纪最小的学生，自然上的是乙班，但不久，他就以优良的学习成绩转到了甲班。

甲班的师资很好，教国文、修身和历史的是沈永锡的好友沈听蕉，教数学的翁老师也是邻镇具有维新思想的年轻人。课本是《速通虚字法》《论说入门》和《论语》，历史书则是沈老师自己编写的。对于这些内容，茅盾已不陌生，学起来自然得心应手，游刃有余。时常得到老师的褒奖。这很让父母感到欣慰。

1905 年的夏天，病卧在床的父亲沈永锡去世了。9 岁的德鸿和已经 5 岁的弟弟德济，感到身边的一座大山轰然而塌。父亲的早逝，让德鸿一下子长大了许多。今后，只有他和弟弟一起，与妈妈在漫漫的人生路上相伴了。

立志书院是乌镇第一所新型学校——立志小学的前身，也是茅盾跨入的第一所正规学校。

在家中父亲的灵堂里，母亲在父亲画像两侧，工工整整地书写了一副挽联：

幼诵孔孟之言，长学声光电化，忧国忧家，斯人斯疾，奈何长才未展，死不瞑目；

良人亦即良师，十年互勉互励，雹碎春红，百年莫赎，从今誓守遗言，管教双雏。

德鸿一时还不能完全弄懂母亲

古老的乌镇大戏台既是历史的戏台也是人生的戏台。

挽联上的全部内容和含义，但仍从字里行间依稀看出母亲对父亲的崇拜和深情，感受到母亲的坚韧和抚养教育他们兄弟俩的重担。

父亲死后，母亲的肩上又承担起父亲的责任，茅盾发现，母亲平时对他的管教更加严格了。她不止一次对他们说："你父亲希望你们好好学习声光电化，今后长大走实业救国的路。"茅盾是长房长孙，母亲私下里更是经常告诫他：你爸爸走得早，你是一家之长，一定要做出样子来，为沈家长房争气，为弟弟做出榜样来。

在沈家这样的大家庭里，一个中年寡妇带着两个未成年的孩子生活，即使她再能干，再知书达理，也会招来各种各样的议论和妒忌。更何况此时家道已逐渐中落，为了堵住各种闲言碎语，母亲全靠从娘家带来的费用供两个孩子生活和读书。

德鸿年龄虽小，却十分懂得事理，把这些都看在眼里记在心中。他发奋读书，从来不惹母亲生气，立志要做一个让母亲放心的孩子。

一次，一个同学举着流血的手腕找上家来，向茅盾的母亲告状，说是被德鸿打的。茅盾看到怒发冲冠的母亲拿着戒尺真的要打他，没有办法解释，便逃出了家门。后来，当沈听蕉老师登门证明那个学生是自己摔跤跌破的，德鸿没有打人时，母亲才知道是错怪了孩子。

老师走后，母亲再也忍不住眼泪，抱着茅盾哭道："德鸿，你父亲若在，我也不用这样管你了。"

德鸿也流着眼泪说："儿不该逃走，让母亲着急，要打你就打吧！"

母亲抚着儿子的头说："傻孩子，妈怎么舍得打你，沈老师不是说'孝子事亲，小杖则受，大杖则走'吗？你逃得对，不然盛怒之下打伤了你，不是更痛心了？你真是妈的孝子啊。"

茅盾含泪点点头，又和母亲抱在了一起。

5

茅盾没有辜负母亲的一番苦心，立志初等小学的三年，取得了优异的成绩。

1907年，他考入了乌青镇高等小学，也就是后来的植材高等小学。插班该校的三年级继续读书。母亲为了让儿子有一个清静的读书环境，每月拿出四块大洋让茅盾在学校寄宿。

植材高等小学除了重视国文

少年茅盾已显现出他的聪颖才华。

外，还开设了许多现代新学的课程，如英语、数学、物理、化学等课程的授课老师多是从国外和上海等大城市来的。学校的图书馆里还有很多的藏书，这里的一切都使聪明好学的茅盾有一种如鱼得水的感觉。他尽情地汲取知识的养分，尤其喜欢上王彦臣和张济川两位年轻国文老师的课。入校的第二年他的国文成绩就在全校出类拔萃了，成了尖子生，连另外两位古文功底深厚的秀才古板老先生，也十分佩服和欣赏这个国文基础扎实、思维敏捷、才华横溢的学生。

三年的高小生活很快就要结束了，看到儿子优异的学习成绩，母亲决心给他找一所好点儿的中学，但却节外生枝地发生了这样一件事情。

一天，祖母把陈爱珠叫到房中问道：“德鸿就要小学毕业了吧？”

母亲点点头说：“是，我正在想下一步让他考哪一所中学呢。”

祖母摆摆手说：“我看就不必了吧，我和老太爷商量了，德鸿聪明伶俐，学的也不少了，还是让他回来到家里的‘泰兴昌’纸店当学徒吧，德鸿是长房长孙，今后沈家的事总得有人来接继才是。”

陈爱珠听到公公婆婆这样说，很是吃惊。急忙说：“妈，德鸿的学业才刚刚起步，该学的东西还多着呢，是不是……”

“就这么定吧，这些我们都考虑过了。”

陈爱珠还想说说，但深知公婆作出的决定，晚辈是不便抗拒的。不如下来再想想办法，了解一下因由。后来得知是德鸿的二姑在没文化的祖母那里

老师在茅盾国文课作文上的眉批和评语，会让所有看到的人都眼睛为之一亮，精神为之一振。

《秦始皇汉高祖隋文帝论》

老师评语：目光如炬，笔锐似剑，洋洋千言，宛如水银泻地，无孔不入。国文至此，亦可告无罪矣！

《宋太祖杯酒释兵权》

老师评语：好笔力，好见地，读史有眼，立论有识。小子可造，其竭力用功，勉成大器。

《祖逖闻鸡起舞论》

老师评语：慨祖生不遇其主，壮志莫酬，确有见地。行文之势，尤蓬蓬勃勃，真如釜上之气。

《学部定章学生毕业学期为限论》

老师评语：生于同班年最幼，而学能深造，前程远大，不可限量！急思升学，冀着祖鞭，实属有志。

为人之师能够给学生以如此之高的评价，决不是无中生有，也没有任何功利在其中，完完全全是发自内心的肺腑之声，由衷之言。

茅盾笔下的乌镇“林家铺子”今天已难觅旧貌。

乌镇的桥有多少，人生所走过的桥又有多少。

挑唆的结果。

德鸿能否继续读书成了一件压在母亲心头的大事，她要实现丈夫的遗愿，不管遇到多少困难，多少挫折，都必须要坚持下去。万般无奈中她突然想到了一个人，也许他能够帮她们母子渡过难关。这个人就是沈永锡的生前友好，也是他的表兄卢鉴泉。

母亲找到卢鉴泉，把祖母不让德鸿上学之事一一道来，卢鉴泉还没有听完就拍案而起："那怎么行！让德鸿去当学徒，那是把袍料改成马褂了。"

等陈爱珠把情况说完，卢鉴泉拍拍脑门儿说："对了，我让你看看这个。"他顺手从一堆试卷中翻出一份来，递给陈爱珠。母亲接过来一看那熟悉的字迹，就知道是儿子德鸿的试卷。原来上个礼拜，卢鉴泉刚刚主持了一次"童生会考"。沈德鸿也参加了，而且考得非常好。他正准备告诉陈爱珠呢。

卢鉴泉点着卷子上的题目说："你看看德鸿这个题目《试论富国强兵之道》，多大的气魄和胸襟啊！你再看看这个结尾'大丈夫当以天下为己任'。"

卢鉴泉又指着卷子的结尾处"这是我对他文章的批语，"说着一字一句地念了起来："'十二岁小儿，能做此语，莫谓祖国无人也。'嫂嫂放心，这事包在我身上，我把他这份试卷给伯父伯母去看看，他们一定会改变主意，让德鸿继续去上学的。"

听了表兄的一番话，陈爱珠的心里才算一块石头落了地。她知道卢鉴泉在公公婆婆心里的位置。

事情果然如卢鉴泉所说，祖父母听了他的游说，又亲眼看到孙子的试卷，觉得孺子可教，是块读书的料，小小年纪就不再上学实在有点可惜，也就同意他进中学继续读书了。

6

1910 年的春天，茅盾考入了湖州府中学堂，直接插班二年级。

虽然他在植材小学时曾经有过寄宿生活，但毕竟没有离开过乌镇，这次他要真正远离母亲，自己照顾自己的生活，还是第一次。

湖州中学的校园开阔幽雅，两层的教学楼十分洋气。校长沈普琴思想开明进步，是同盟会会员。他提出"开阔学生的眼界，发挥学生创造精神，锻炼学生体魄"的教育方针。提倡给学生们一个宽松自由的汲取营养、学习知识的空间。在这样的环境中，茅盾除了课堂上学到的知识以外，还利用课余时间阅读浏览了很多中国古典文学名著，以及《昭明文选》《楚辞》等，使自己的文学知识大大丰富起来。

在湖州中学，茅盾的国文成绩依然名列前茅。他很喜欢听教国文的杨笏斋老师的课，并把老师"书不读秦汉以下，文章以骈体为正宗"的观点，牢记在心里。茅盾曾写了一篇名为《记梦》的骈体作文，有情有事有人，其中“檐头鹊噪、远寺晨钟。同室学友，鼾声方浓”的描述让杨老师十分欣赏，他用“构思新颖，文字不俗”来评价此文。

茅盾还喜欢上钱念劬先生的作文课。钱是沈普琴校长请来的临时代理校长，曾先后在多个欧洲国家使馆任职。他博学多识，深受西方文化影响。他教学方式也与众不同，提倡师生间要平等交流，作文不命题，以最感兴趣的人事任意发挥。茅盾深得要领，以一篇寓言体的《志在鸿鹄》博得钱先生的好评，茅盾在这篇五六百字的短文中以展翅飞翔的鸿鹄抒写一己抱负和未来的理想。钱先生慧眼识才，挥笔写下“是将来能为文者”，寥寥数字对孺子寄予了深切希望。

1911 年 9 月，茅盾又慕名从湖州来到嘉兴，转入嘉兴府中学。

这所中学是当地规模最大条件最好的中学堂，坐落在嘉兴城西，校园内郁郁葱葱，校舍也有一定规模。校长方青箱年轻有为，是同盟会的秘密会员，曾游历世界多国，思想进步，他所聘用的教员也多是倾向革命、志同道合的知识分子。茅盾感觉到学校充满了浓厚的民主自由的空气。

这一年 10 月 10 日，震惊中外的辛亥革命爆发了，15 岁的茅盾和师长及同学们一起剪辫子、论国事，感受着浓浓的革命风潮和民主气氛。革命成功了，进步教师大多涌入了革命洪流之中，学校恢复了平静，却来了个保守顽固的学监，他颁布禁令，限制活动，甚至连自修时间看闲书、谈天、相互来往都要受到责罚，不久前的那种民主自由空气荡然无存，同学们多是敢怒不敢言。面对这种专制管理和学习环境，茅盾不想再忍受了。放假前的一天，他弄了只死老鼠，又从《庄子·秋水》中抄了几句讽刺挖苦的话一起送到学监的屋里，结果可想而知。寒假在家，茅盾就接到了学校的除名通知书。

茅盾被学校开除的事让母亲大为恼火，但她没有立即斥责儿子，待她从头到尾详详细细地了解了事情的经过后，心中反而有一种欣慰和自豪，儿子德鸿没有做错什么，他是有骨气的，她一方面鼓励和夸奖儿子，一方面又积极想办法让茅盾转学到杭州继续读书。

冬天很快过去了，1912 年春天，茅盾凭着自己的才华考入了杭州的私立安定中学，插班四年级。

在杭州读书的日子里，茅盾没有更多地去游览西湖的风景名胜，而是潜心学习。从水乡小镇走到风景秀丽的名城，他格外珍惜这来之不易的学习环境和机会，尽情地吸吮着知识的养分。

在当时的杭州，私立安定中学师资是上乘的，茅盾在这里跟“钱塘才子”张相先生学习作诗填词，打下了中国诗词的坚实基础，在这里，他还比较系统地掌握了中国文学史方面的大量知识，为他日后的道路拓宽了视野。

1913 年夏，茅盾从杭州私立安定中学毕业了。

自 1910 年春天到 1913 年夏天，在三所中学的读书生涯，不但使他的学识和经历得到增长，还让 17 岁的茅盾成熟了许多。

他有更大的抱负和理想，他要飞得更高更远。

7

1913 年夏天，茅盾考取了北京大学预科。

中学毕业后他回到家乡乌镇。茅盾知道，一个水乡小镇的孩子能够实现去北京读书的愿望，要特别感激母亲。

当时，是母亲在得知北京大学在上海招考预科新生的消息后，力排种种阻力和议论让他前去报考的。也是母亲拿出外祖父给她的嫁妆用以资助他去北京读书的。还是母亲第一次违背了父亲的遗愿，让儿子不走理工之路而攻读他所钟爱的文学。

母亲的安排也是经过了深思熟虑的，因为茅盾的弟弟德济的数理化成绩很好，日后他可以走学理工科实业救国的路。

茅盾在北大预科一学就是三年，这三年中，他没有辜负母亲的期望，也没有浪费点滴时间。北大有许多外籍教师，在他们的指导下，

中学时代茅盾的眼神中已透出几分沉稳和深邃。

茅盾不但英文水平显著提高，还阅读了大量英文版的外国文学名著，了解了世界文学的发展和状况，为他后来的外国文学研究奠定了牢固的语言和知识的基础。

在北大的日子里，他也没有怠慢中文课程（当然更多的是自学为主），利用闲暇和假期时间阅读古代的经史子集、二十四史和其他感兴趣的杂书闲书。

1916 年 7 月，茅盾完成了在北大预科的学业——毕业了。15 年寒窗下来，他没有辜负父母的期望，虽然满怀激情和才智，但他还不知道前面等待他的是什么样的人生道路。

2 走进商务

商务印书馆成立于1897年，可谓是中国历史最悠久的现代出版机构了，那年茅盾才一岁。商务印书馆和北京大学同时被誉为中国近代文化的“双子星”。

茅盾说什么也没有想到，他的漫长的人生路程中，能有十年是跟商务印书馆紧紧连在一起的，而这十年因缘，又如此重要地关联着他的人生道路和事业发展。

1916年夏天，茅盾从北大预科毕业。对于他今后的去向，母亲和祖父都非常关心。母亲还专门给在北京财政部公债司任司长的卢鉴泉写了信，拜托他给茅盾介绍个工作，前提是不进机关和银行界。卢鉴泉还清晰地记得这个从幼年就时时显露国文才华的表侄，也想在他的人生路上再助一臂之力，于是想到了上海的商务印书馆。他找到商务北京分馆的熟人孙伯恒经理，请他设法推荐茅盾去那里工作。孙立刻给上海的张元济总经理写信推荐，听说是卢鉴泉所托之事，张元济很快回复孙伯恒：同意沈德鸿来上海商务印书馆工作，月薪二十四元。卢鉴泉很快便把这一喜讯告诉了茅盾母子俩。这一偶然的机遇，却成为了茅盾文学之路的第一块基石。

张元济（1867—1959），字筱斋，号菊生。原籍浙江海盐。1867年10月25日生于广东，清光绪壬辰（1892年）进士。曾任总理各国事务衙门章京。戊戌变法时光绪帝曾破格召见，政变后被革职。1898年冬任南洋公学管理译书院事务兼总校，后任公学总理。1901年以“辅助教育为己任”，投资商务印书馆，主持该馆编译工作。1903年任该馆编译所长，1916年任经理，1920—1926年改任监理，1926年任董事长直至逝世。他参与规划的《最新教科书》获得很大成功，同业相率仿效。从1915年开始筹备，1919—1937年动用国内外50余家公私藏书影印出版《四部丛刊》《续古逸丛书》百衲本、二十四史三种丛书共610种近2万卷。1949年被特邀参加中国人民政治协商会议，被选为全国委员会委员。后当选第一届全国人民代表大会代表。1959年8月14日卒于上海。

1

商务印书馆在上海闸北的宝山路上，是1907年建成的编译所和印刷总厂的新址。

青年时代的张元济。

茅盾的英文功底很好，进入商务后被分到了英文部，每天阅改函授学员寄来的英文卷子。虽然比较枯燥，但仍然兢兢业业。

一天晚上，他从同宿舍室友那里借得一部本馆新出的《辞源》，顺手翻来就发现许多错处。这样一部还带着油墨味的重头工具书竟然谬误百出，许多条目引文的出处都认错了“娘家”，让他吃惊不小。茅盾没有多想，当晚就拿起笔来就给总经理张元济写了封信，述说自己的感觉和见解。

第二天早上把信发出去了，茅盾又跟平常一样忙着自己的阅改试卷工作。

谁也没有想到，青年茅盾的一颗“小石子”会激起商务的“千层浪”。

第三天的上午，编译所的所长高梦旦把茅盾叫到办公室，微笑着对他说：“年轻人，你的信我们都看了，写得很好，总经理很重视你的才识，和我商量了，把你调出来，和孙毓修先生合作译书，你意下如何？”茅盾起初感到有点意外，接着很痛快地答应下来。

孙毓修50多岁，一副名士派头，是我国最早的儿童文学作家。看到自己身边新调来的这个助手，并没有太当回事，甚至还有点鄙视。茅盾也没有过多的解释和计较，而是用骈体四六句文言文的方式，很快地翻译完了孙毓修交给的卡本脱的《衣》《食》《住》。看到茅盾纯熟的译笔和扎实的文言功底，孙毓修大吃一惊。后来茅盾又表示可以不在译作上署名，不计名利，让孙毓修对他有了进一步的好感。当老先生听罢面前这个不起眼的晚辈，读遍了二十四史、《昭明文选》《资治通鉴》等中国古代所有的重要经典文学著作时，彻底地对他另眼看待了。

茅盾非常喜欢商务印书馆这个工作环境，特别是涵芬楼——那可是当时国内藏书最为丰富的图书馆之一。那里也是他最愿意涉足和亲近的地方。有一次，他甚至对孙毓修说：“我在此不为利不为名，只贪图涵芬楼藏书丰富，中外古今齐全，借此可读点书而已。”

在孙毓修的指导下，茅盾还编纂了中国最早的一部寓言选《中国寓言初编》。

1917年秋天，《学生杂志》的主编朱元善看上了茅盾的才华，他找到高梦旦，请求把茅盾调到身边做助手，孙毓修听说后却不答应，最后商量的结果是让这个才华横溢的年轻人身兼两职，半天编《学生杂志》，半天在国文部编寓言。

1918—1919年间，他又为孙毓修主编的中国最早的一部童话集编写了27篇童话。

茅盾的第一篇翻译小说《三百

高梦旦（1870—1936），原名凤谦，字梦旦，长乐人，生于书香门第。因厌学八股，放弃举业，以笔耕自给。清光绪二十二年（1896），随长兄凤歧赴杭州入林启幕府。光绪二十八年，为浙江大学堂教习。翌年，任浙江大学堂留日学生监督，乘便考察日本。同年冬，回国被聘为上海商务印书馆编译所国文部部长，后任编译所所长。曾翻译日本《法规大全》，编辑《涵芬楼古今秘籍珍本》，编纂《辞源》和《新字典》等。1919年，梦旦推举王云五接任，自己转任出版部长。1924年，得悉王云五研究汉字号码检字法，便毫无保留地把自己长期刻苦钻研的资料、稿件送其参考。王据以改进补充，创出“四角号码检字法”。1928年，梦旦辞去出版部部长一职，只任董事会董事。1936年逝世，葬于上海虹桥路万国公墓。

《学生杂志》创刊于 1914 年，是商务印书馆创办的十大杂志之一。主编有朱元善、杨贤江等。《学生杂志》是以供给中学生课外知识为主的刊物，以中学生为对象，以辅助学业、交换知识为旨趣。茅盾在 1916 年进馆不久，曾协助主编朱元善编辑《学生杂志》，并为该刊写过大量稿件。1921 年，为顺应五四新文化运动的潮流，商务聘请杨贤江出任《学生杂志》主编。他到任后即对杂志进行了改革，为大多数学生所喜爱。在他的努力下，《学生杂志》在思想性、知识性和趣味性等方面均堪称全国学生杂志之冠。《学生杂志》的很多稿件是在校学生的投稿。稿子采用后，一般不付现金稿酬，只送书券。这种做法为商务的图书拓宽了销路。《学生杂志》断断续续存在了 30 余年，在当时的中学生群体中产生了广泛而深远的影响。

年后孵化之卵》，就是发表在《学生杂志》上，署名雁冰。这是英国作家威尔斯的一篇科幻小说。

茅盾的第一篇论文《学生与社会》，第一篇人物评传《履人传》，第一篇外国作家评论《萧伯纳》，第一篇科普读物《探“极”的潜艇》等都是在《学生杂志》上发表的。从此，他与杂志结下了不解之缘，仅 1917 年到 1927 年的十年间就主编和参与了九本杂志的工作。他在《学生杂志》上发表了大量文学评论，使沈雁冰的名字在当时的文学评论界十分响亮。

《学生杂志》封面。

2

1918 年初，茅盾的人生历程中还有一件重要的事情发生。

年底他回家探亲，母亲谈起他的婚事，说他小的时候祖父就为他订了一门“娃娃亲”，是镇上孔家的姑娘，名字叫孔德沚。现在姑娘大了，到了完婚的年龄，但是她不识字，觉得有点配不上风华正茂的德鸿，希望儿子自己来决定。母亲又说：“你如果一定不要，我只好托媒人去退亲，不过对方肯定不允，说不定还要打官司，那就麻烦了。”

德鸿能够感觉到母亲对他说这话时很为难。在那个封建的时代和恪守传统的家庭里，母亲为了儿子的将来，作出这种悖于世俗观念的决定是要有多大的勇气和胆量啊。

母亲还告诉儿子：当年父亲订下这门亲事，是为了偿还对孔家的另一份歉疚。父亲与母亲结婚前曾与孔家一位小姐订过亲，后因八字不合退了。后来孔家姑娘忧郁而死，父亲内心始终压着一块重石，所以有意让儿子跟孔家小女结亲，以偿还父辈欠下的感情债。当时，茅盾的父母订亲时提了两个条件：一是要让未来的儿媳读书识字，二是不要裹足。而孔家并没有把这两个条件放在心上。

对于母亲提出的男女差异的婚姻问题，茅盾也有他自己的看法，男女平等妇女解放也是他们这一辈年轻人追求的目标，想到上一辈孔家那个姑娘的悲剧，他不想使母亲为难，也不愿让女方委屈，既然父母已经给他订了婚约，就按照母亲的安排去做吧。为他和弟弟操劳了半生的母亲身边也需要一个贴心人照顾了。他想：不识字是可以学的呀，他可以教。

五四时代的青年茅盾，脑子里装满了国外的各种新思想。

春节后，茅盾和孔德沚在家乡举行了婚礼。没有铺张，但也热烈红火。一个月后，茅盾返回上海继续他在商务印书馆的工作。妻子则留在乌镇家乡照顾母亲。

从此，这个质朴纯洁的姑娘就走入了茅盾的人生岁月，成了他生活中最忠实的伴侣。

从此，这个善良坚强的女人就辅助了茅盾的文学生涯，成了他事业上最得力的助手。

1918 年 2 月茅盾遵从母亲愿望，与不识字的孔德沚结婚，返回上海后独自留影。

3

1919 年又是中国历史上一个重要的里程碑式的年份。

五四运动也同样深深地影响和打动了茅盾的身心。五四运动也是新文化运动的继续和发展。《新青年》举起“民主”和“科学”两面旗帜，猛烈抨击封建主义旧文化，提倡新文化。提倡白话文代替文言文，并在“文学革命”的口号下，提倡新文学。

五四运动是中国旧民主主义革命的结束和新民主主义革命的开端，中国革命从此进入了一个新的历史时期。

受《新青年》和五四运动的影

《小说月报》1910年7月创刊于上海，商务印书馆主办印行。创办之初，基本撰稿人是鸳鸯蝴蝶派文人。1920年1月第11卷开始进行部分改革，吸收沈雁冰主持新增设的“小说新潮”栏的编辑工作。同年11月，由沈雁冰接编。此时文学研究会正在酝酿成立，沈雁冰为发起人之一，与北京的郑振铎、王统照等人联系，邀请文学研究会同人供稿。1921年1月10日由沈雁冰主编，经过全面革新的第12卷第1号以崭新面貌出版。两年后，沈雁冰辞去主编职务，由郑振铎接任主编。1927年5月至1928年10月郑振铎旅欧期间，叶绍钧（圣陶）代为主编。1930年底叶绍钧、郑振铎相继脱离商务印书馆后，由徐调孚任编辑，直至1932年1月，未及发行的第23卷新年号毁于战火而停刊。

响，茅盾和弟弟沈泽民以及一些同乡的有志进步青年一道在乌镇发起组织了“新乡人社”，还由茅盾主编并办起了社刊《新乡人》，反对封建，宣传民主，提倡科学，改革社会。茅盾还在上面发表了不少政治文章，后来这一政治社团搬到了桐乡，改名为“桐乡青年社”，其活动，在浙江一些地方产生了不小的影响。

这期间，茅盾的视野和笔锋也渐渐扩展到商务以外，他向以宣传社会主义而闻名的《时事新报》的副刊《学灯》和《解放与改造》半月刊投了不少政治性稿子，引起了《时事新报》主编张东荪的注意。后来他还请这个年轻有为的小伙子当了几个星期《时事新报》的代理主编，从而使茅盾有了主编大型报刊难得的经历。

《小说月报》十二卷一期。

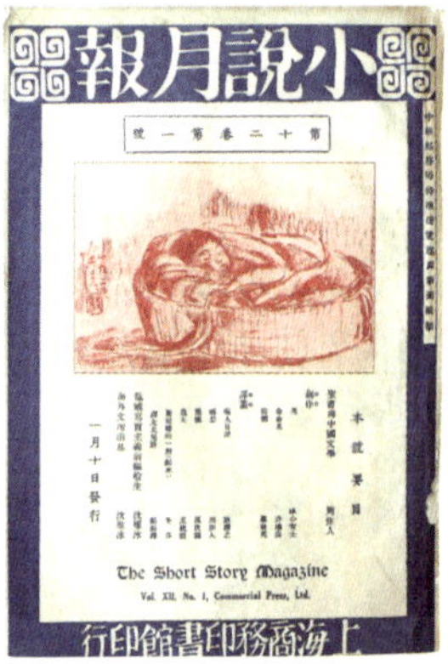

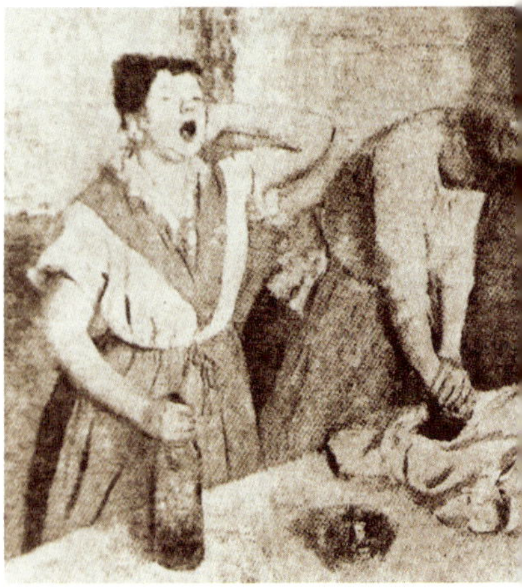

《小说月报》十二卷一期插图《洗衣人》（德加作）。

4

这个时期，让茅盾得到锻炼最大的一项工作是主编并改革《小说月报》。这也是他20年代最重要的文学活动。

《小说月报》从1910年创刊以来，一直是鸳鸯蝴蝶派的主要阵地和堡垒。刊登的内容多是奇情香艳的章回小说、旧体诗词、文言翻译的西洋小说和剧本等。1919年的五四运动后，商务印书馆为了顺应潮流，决定自1920年1月起对刊物进行局部改革，以适应社会和读者的需要。当时《小说月报》的主编王莼农说服了孙毓修和朱元善，把年轻有为的茅盾借到他那里，开辟一个“小说新潮”的新栏目，每期用三分之一的篇幅，专登翻译的西洋小说和剧本，而且一律使用白话文。茅盾当然很乐于接受这个工

徐悲鸿画笔下的郑振铎。

作，他在很短的时间里就设想了栏目的框架，写了《小说新潮栏目宣言》等多篇文章，提出了“为人生艺术”的文学主张，并由此引起文坛的关注，受到了读者的欢迎。

但是《小说月报》这样的局部改良，并没有从根本上改善刊物日渐衰落的状况，销售量已经掉到每期不足两千册。总经理张元济十分着急，决定彻底改革这本已有十年历史的刊物，他和高梦旦相继专程上北京，拜访各界名人。

那天，张元济去看同乡蒋百里，让他寻找能够担当革新重任的合适人选。蒋推荐文学青年郑振铎、周作人给他。

于是，他们又去见正在北京铁路管理学校读书的郑振铎，郑振铎听罢张元济前来拜访的目的，笑着对他说：“张先生可真是舍近求远啊，你辖下的商务印书馆内就有最合适的人选。”

张元济听了不解，请郑振铎明示。

郑说：“沈雁冰是也。”

“沈雁冰？”张元济一时没有回过神来。

“就是沈德鸿啊！报刊上写文章常署名‘雁冰’的人啊。”

张元济恍然大悟，他常常在报刊上看到署名雁冰的文章，也曾为他的一些文章击掌称道，但却从来没有想过这个雁冰就是自己属下的沈德鸿——那个他几年前就非常看重的年轻人。

当离开郑振铎处时，张元济已经做出了决定，就让这个年轻人担当改革《小说月报》的重任。

其实郑振铎极力推荐茅盾担当此重任时，他们还从来没有见过面，郑只是看报刊上署名“雁冰”的文章，知道远

郑振铎（1898—1958），笔名：西谛、郑源新、落雪等。我国著名的社会活动家、作家、文学评论家、文学史家、翻译家、艺术史家，也是国内外闻名的收藏家、训诂家。原籍福建省长乐县，生在浙江省永嘉县（今温州市）。1917年入北京铁路管理学校学习。1919年参加五四运动，同时与沈雁冰等人发起成立文学研究会，曾任上海商务印书馆编辑，《小说月报》主编，上海大学教师，《公理日报》主编。1927年旅居英、法，回国后历任北京燕京大学、清华大学教授，上海暨南大学教授，《世界文库》主编，1937年参加文化界救亡协会，与胡愈之等人组织复社，出版《鲁迅全集》，主编《民主周刊》。1949年后历任全国文联福利部部长、全国文协研究部部长、人民政协文教组组长、中央文化部文物局局长、民间文学研究室副主任、中国科学院考古研究所所长、文化部副部长等。1958年10月17日率领中国文化代表团出国访问，翌日因飞机失事遇难。

《小说月报》十二卷一期插图《跳舞》（德加作）。

1918 年茅盾在商务印书馆编写的童话。

在上海的商务印书馆里有一个文学上的知音。

1920 年 11 月，24 岁的茅盾从辞职的王莼农手中接任了《小说月报》的主编。此前，高梦旦曾问过他全面改革《小说月报》的具体办法是什么？他虽然没有马上回答，但却是心中有数的。改革《小说新潮》的成功实践，给了他信心和勇气，他已下定决心，彻底革新《小说月报》。

很快，茅盾了解了刊物的现状，并向高梦旦等提出了改革刊物的三条意见：

一、现存稿子（包括林译）都不能用；

二、全部从四号字改用五号字；

三、馆方应当给全权办事，不得干涉主编的编辑方针。

鸳鸯蝴蝶派是清末民初出现的文学流派。在五四前后文学革命的时代大潮流中，属于重继承和多保守的一个流派。鸳鸯蝴蝶派小说曾是新文化运动前文学界最走俏的通俗读物之一。代表作之一徐枕亚的《玉梨魂》，曾创下了再版 32 次，销量数十万的纪录。著名作家张恨水的《啼笑因缘》也曾先后十数次再版。鸳鸯蝴蝶派作家的一些作品，并非全都是单纯的“以描写‘才子佳人’为主。它们主要表现旧中国半封建半殖民地的落后思想意识，表现了病态社会中小市民阶层的艺术趣味”，或多或少地抨击了当时社会的黑暗面，讽刺了社会的种种弊端，借才子佳人或凄婉或悲凉的恋爱故事，歌颂或赞扬了抗日青年，反映了当时社会男女不平等、贫富不均匀等丑恶现象。另外，有人取该派最有代表性的刊物《礼拜六》名之，取其休娱、消闲功能而称之为“礼拜六”派。

5

1920 年 12 月出版的《小说月报》上，登载了五篇与革新刊物有关的“特别启示”。还向社会宣布：从十二卷一期起，将“面貌一新，精神不同”；编者要“介绍西洋之新文学，输进新文学应有之常识”，“勉为新文学前途尽一份之天职”。还宣布文稿全部用白话文，封存原有的鸳鸯蝴蝶派全部稿件，不再刊用。这一期上，还公布了革新后刊物的撰稿人名单，有周作人、叶绍钧、耿济之、许地山、郭绍虞、冰心、郑振铎、庐隐、孙伏园、王统照、沈雁冰等。每一个都是新文学革命时期的骁将。

1921 年 1 月，革新后的《小说月报》十二卷一期，以崭新的面貌与读者和世人见面。

改革号的封面很有意思，是一个摇篮襁褓中的婴儿。它昭示着一个文学刊物的新生。

在这一期上，登载了茅盾撰写的《〈小说月报〉改革宣言》。

宣言提出今后刊物的内容，在多种文学形式的前提下，“将以创作和译著为刊物的重心”。办刊方针应革新文学并非模仿西方，而是要“创造中国之新文艺”，文艺要反映人生，反映国民性，高举“为人生的艺术”为主要特征的旗帜等。

革新后的《小说月报》在全国引起了轰动，也受到了广大的读者欢迎。随之而来的是经济上的收益。十二卷一期就印发了5000册，至年底已销量过万册。

《小说月报》的改革成功，使中国诞生了第一个新文学杂志。

在革新《小说月报》的同一时期，中国还发生了一件影响中国现代文学发展的重要事情。

1921年1月4日，中国新文学初期最重要的文学社团之一“文学研究会”，在北京中山公园的来今雨轩宣告成立，参加大会的有几十位在京的重要作家。茅盾也是十二位发起人之一，但因正在上海忙于《小说月报》十二卷一期的编辑发稿事宜，没能前往参加大会。

1月10日，革新后的《小说月报》上登载了文学研究会的成立宣言、简章和发起人名单。

文学研究会成立之后，茅盾主编的《小说月报》曾先后编发了大量文学研究会成员的作品和译作，因此，外界多称《小说月报》为文学研究会的代机关刊物。另外，《文学旬刊》等亦被列入文研会会刊。

文学研究会倡导“为人生的艺术”，在这面旗帜下曾培养和造就了一大批新文学作家。同时在文学道路和理论的探讨上，文学研究会与鸳鸯蝴蝶派、创造社和学衡派进行了激烈的论争，茅盾和郑振铎是与三派论争的主力。特别是在与创造社论争的后期，双方都有些偏激。不过从促进文学理论和创作的发展上看，还是具有十分重大的意义。

革新后的《小说月报》高举“为人生的艺术”大旗，提倡现实主义文学，毫不留情地抨击复古主义、鸳鸯蝴蝶派等封建买办文艺流派，

1919年冬，乌镇的天已很冷，茅盾和弟弟沈泽民的心却很热。

作为文学研究会的主要发起者和成员，他们直到 1921 年 3 月才在上海半凇公园第一次见面。图中左起：沈泽民、郑振铎、茅盾、叶圣陶。

对青年作家的创作也给予大力的支持。另外，还广泛地译载外国文学作品，介绍外国文艺思潮、流派，并注重对 19 世纪俄国文学和对被压迫民族及弱小民族文学的介绍。

茅盾亲自撰写《海外文坛消息》，在连载的三年半时间里共写了 200 多篇。读者从茅盾的笔下，及时地了解到欧美各国最新的文坛信息和动态。

茅盾在主编《小说月报》的几年中，也遇到了不小的阻力，特别是王云五当编译所所长后，馆方不断地阻止杂志抨击鸳鸯蝴蝶派，干涉编辑方针。1922 年底，杂志革新两年后，茅盾愤然辞去了主编职务，由郑振铎接任。郑振铎继续努力贯彻革新后《小说月报》的基本方针。

1921 年春夏，茅盾和郑振铎还创办了《文学旬刊》，这个刊物实际上可以说是文学研究会的会刊。茅盾是编者，也是主要的撰稿者。他为旬刊写了大量的文章，阐述了自己和文学研究会的主张。

文学研究会是五四新文学运动中最早成立的新文学社团之一。它“以研究介绍世界文学、整理中国旧文学、创造新文学为宗旨”，文学主张和创作实践均倾向于现实主义。成立初期，除出版刊物、编辑丛书外，还组织成立了“读书会”。1921 年茅盾革新接编的上海商务印书馆的《小说月报》第 12 卷 1 期出版，成为文学研究会的代会刊。文学研究会成立后还出版了数量可观的《文学研究会丛书》。在创作方法上，文学研究会继《新青年》之后，进一步高举现实主义的旗帜。

文学研究会十分重视外国文学的研究介绍，注重翻译俄国、法国、北欧及东欧诸国、日本、印度等国的现实主义名著。1932 年初《小说月报》停刊后，文学研究会的活动基本停顿。

《小说月报》和《文学旬刊》是文学研究会的两大重要舆论阵地。在新文学的开创发展时期，文学研究会进行过三场重要的论争：

第一场是对以文言文写作才子佳人哀怨艳情题材的，得到封建文化势力庇护的“礼拜六”派的批判。

第二场是与“穿洋服说洋话的复古派”为代表的“学衡派”的斗争。

第三场是与“创造社”的论争。论争的焦点是：作品是作家主观思想意念的表现还是社会生活的反映？创作是无目的无功利的还是为人生为社会的？这场论争一直延续到五卅前夕，由文学研究会主动挂出“免战牌”而结束。

6

茅盾在商务印书馆工作的日子里，结识了许多文学的师长和朋友，

1921 年 1 月 4 日于北京中山公园来今雨轩，文学研究会成立大会成员合影。

涵芬楼前花园是茅盾和 3 岁的女儿都喜欢的地方（摄于 1924 年）。

其中不少成为了他志同道合的文学伙伴和同志，没有他们的真诚帮助和鼎立支持，可以说，年轻的茅盾在主编杂志以及个人的创作和人生道路上，都不可能取得如此辉煌的成就。

茅盾是在主编《小说月报》时与鲁迅建立起深厚友谊的。两年的时间鲁迅为杂志写了《端午节》《社戏》，还翻译了长篇小说《工人绥惠略夫》及其他六部短篇小说，以作为对革新后的《小说月报》的支持。从1921年春天到冬天，他们之间的通信就多达48封。从鲁迅那里，他不仅得到了实实在在的作品支持，还得到了巨大的精神动力。

同样，茅盾也是鲁迅小说的第一个知音。在新文学领域里，他是最早一个充分肯定鲁迅小说在中国现代文学史上地位的人，他评论并热情赞赏鲁迅的作品“真气扑鼻”，称赞《阿Q正传》“是一部杰作”。

从那时开始，他和鲁迅的友谊与日俱增，一直延续到鲁迅去世。

韦韬先生在谈到父亲茅盾和郑振铎的友谊时用了“志同道合”四个字来概括。二三十年代两个人在许多重大文学活动中都是携手并肩，互相配合。

郑振铎主动给茅盾写信，邀他作为发起人之一参加文学研究会，向张元济推荐他担纲主编、改革《小说月报》，并代为组织稿源。这种无私的支持给了茅盾力量。

文学研究会成立后，两人又共同创办《文学旬刊》，并肩“与礼拜六”派、学衡派、创造社论战。后来在五卅运动时，他们又共同创办《公理日报》，同商务印书馆罢工方的代表与资方斗争。

茅盾是鲁迅作品的知音和早期评论者，他的《读〈呐喊〉》写于1923年。

30年代，他们又共同发起创办了大型文学期刊《文学》，做了许多台前幕后的工作。

在当局的文化“围剿”中，《文学》曾面临被查禁的厄运，郑振铎从北京赶到上海，和茅盾共商对策，以连出四期专号的方式，使刊物摆脱了夭折的厄运。

郑振铎是文学圈里交友广、热心肠、办法多、有能力的人，茅盾有困难，总会第一个想到他，而他也总是在第一时间给予朋友帮助。

这种友情和互助一直到 1949 年后，茅盾当了文化部长，郑振铎则当了文化部副部长。两人依然并肩为中国的文学事业奋斗。

1958 年 10 月 18 日，郑振铎率中国文化代表团出访，因所乘飞往莫斯科的飞机失事，遇难身亡。

茅盾是在国外听到这一噩耗的，当晚就提笔写下挽诗。

那晚，他在乌克兰旅馆的 27 层楼上，倚窗眺望，外面风雨凄迷，远处灯光闪烁，郑振铎的遇难令他久久不能成眠，故人故事历历在目，他只有借手中之笔，倾述哀思：

惊闻星殒值高秋，
冻雨飘风未解愁。
为有直肠受臧否，
岂无白眼看沉浮。
买书贪得常倾箧，
下笔浑如不系舟。
天吝留年与补过，
九原料应恨悠悠。

不日，茅盾回国，参加了郑振铎的追悼会，觉得前写挽诗未能尽言，又续写了几句，吊唁之：

紫光一别隔重泉，
沪渎论交四十年。
风雨鸡鸣求舜日，
玄黄龙战出尧天。
红先专后尝共砺，
绠短汲深愧仔肩。
酹酒慰君惟一语，
刚花灿烂正无边。
斯人已去，感怀无尽。

叶圣陶的诚信待人、忠厚稳健和淡泊名利是最令茅盾钦佩的。两人见面于 1921 年的 3 月。叶圣陶从苏州来上海，到中国公学教书。其时郑振铎已经毕业分配到上海西火车站工作。刚好茅盾的弟弟沈泽民要去日本留学，几个人相邀一同在上海半淞公园见面相聚。这是茅盾和叶圣陶的第一次见面。不久，叶圣陶离开上海去杭州、北京教书。

其实，早在 1919 年他们就已经有了文字之交。由于工作关系，茅盾当时十分注意报刊杂志上登载的文学作品，叶圣陶的短篇小说《这也是一个人》就曾引起他的注意。后来又在郑振铎组来的创作稿中看

有着中西文化的积淀，有着年轻人的胆识和智慧，1921 年茅盾挑起了改革《小说月报》的重担。

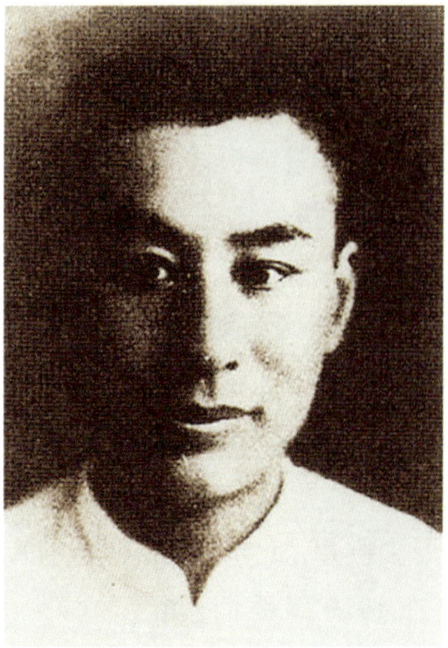

青年时代的叶圣陶。

叶圣陶（1894—1988）现代作家、儿童文学作家、教育家。原名绍钧，字圣陶。江苏苏州人。1907年入苏州公立第一中学堂，1911年毕业后任10年小学教师。1914年开始发表文言小说作品，1919年加入新潮社，1921年参与发起成立文学研究会。从20世纪20年代起，叶圣陶陆续出版了《隔膜》等短篇小说集及长篇小说《倪焕之》。九一八事变之后，发表了《多收了三五斗》等著名的短篇小说。抗日战争爆发后，辗转到四川工作和生活。叶圣陶从1921年起在上海、杭州、北京等地中学和大学任教。1923年起从事编辑出版工作，曾任商务印书馆、开明书店编辑，主编过《文学周报》《小说月报》《中学生》等多种重要刊物，发现、培养和举荐过巴金、丁玲、戴望舒等作家。新中国成立后任人民教育出版社社长、教育部副部长、中央文史馆馆长、全国政协副主席等职。

到叶圣陶的一篇《母》，同样的精彩。当小说在改革号上发表时，茅盾写了评语："圣陶兄这篇创作，何等地动人，那是不用我来多说，读者自能看得出。我现在是要介绍圣陶兄的另一篇小说名为《伊和他》的（登在《新潮》）请读者参看。从这两篇，很可看见圣陶兄的著作中都是他的个性存在着。"

茅盾喜欢叶圣陶的短篇小说，对他的长篇小说《倪焕之》更是褒奖有加。茅盾认为：冷静谛视人生，客观地、写实地描写灰色的卑琐的人生，是叶圣陶早期作品的特色。

两个人在见面之前其实已相互心仪已久。文学研究会在北京中山公园召开成立大会那天，茅盾在上海忙于革新《小说月报》的事没有去，叶圣陶也因远在苏州没有到场。

叶圣陶真正到商务印书馆编译所当编辑是1923年，在上海定居后，他也始终没有放弃教书。曾在多所学校任教。

1925年，茅盾一家搬到景云里，和鲁迅、叶圣陶都成了邻居。两家过从甚密。有几年茅盾不在上海，甚至都把整个家托付给了叶圣陶。

叶圣陶夫人胡墨林参加共产党的介绍人还是茅盾的夫人孔德沚。

叶圣陶也曾代编过两年《小说月报》，那是从郑振铎手中接过去的。这段时间，他慧眼识才，发现和培养了不少的文学英才。茅盾的第一本小说《幻灭》是他编发的。还有巴金的处女作《灭亡》，丁玲的成名作《莎菲女士的日记》等都是他给发在《小说月报》上的。为此，巴金、丁玲一直视叶圣陶为伯乐、恩师。

叶圣陶后来离开商务印书馆，办了开明书店。两人的友谊更加深厚，茅盾后来的主要著作《子夜》《蚀》《虹》《春蚕》都是由开明书店出版，而且书名都是叶圣陶一笔一画用篆书题写的。

作为晚辈的韦韬对父辈的密友这样评价："与他交朋友是一种享受，可以向他托付一切。"话似平平，细细品味，没有比这更精彩的语言了。

3

革命生涯

真要感谢《学生杂志》的主编朱元善，他把茅盾从国文部借出来协助编辑杂志。使茅盾在编辑之余有机会看到编辑部订阅的《新青年》杂志。

这是一份20世纪20年代中国具有影响力的革命杂志，1915年9月15日创刊，从第二卷一期起由陈独秀主持编撰，群益书社发行。曾由李大钊、钱玄同、刘半农、胡适、沈尹默、高一涵、周作人、鲁迅轮流编辑。1918年以后，该刊物改为同人刊物，不接受来稿。《新青年》发起新文化运动，宣传倡导科学（“塞先生”）、民主（“德先生”）和新文学，它在五四运动期间起到重要作用。

茅盾还是第一次认认真真地阅读这本杂志的。他好像找到了寻觅已久的知音，眼前打开了一扇窗，清新的空气扑面而来。《新青年》提倡民主与科学，主张的平等自由、人格独立、个性解放，还有抨击的旧礼教、旧思想、旧文化，都与他的想法如出一辙。那上面还说：国家的振兴和社会改造的希望都寄托在青年人身上。这些思想与他的又是那么吻合。

茅盾一下子觉得，自己在西方的那么多种主义和政治思潮中找到了探求的关注点：社会主义和马克思主义。

陈独秀像。

陈独秀（1879—1942），原名庆同，字仲甫。安徽怀宁（今属安庆市）人。早年留学日本。20世纪初参加过拒俄运动和反清抗袁的斗争。1915年创办《新青年》杂志。1916年任北京大学教授。1918年和李大钊创办《每周评论》，是五四新文化运动的主要领导人之一。1921年7月，在上海举行的中国共产党第一次全国代表大会上，被选为中央局书记。后当选中共第二、第三届中央执行委员会委员长，第四、第五届中央委员会总书记。1927年中国共产党八七会议上撤销陈独秀的总书记职务，其后，开始接受国际托洛茨基派的观点。1929年11月，陈独秀被开除出中国共产党。1932年陈独秀被国民党政府逮捕。1937年8月出狱，拥护国共合作和国民党领导抗日。1938年，被王明、康生诬陷为日本间谍，从此与中国共产党彻底决裂。晚年陈独秀最终的立场是主张无产阶级专政，回到了马克思主义的经典原则上。1942年5月，于四川江津病逝。

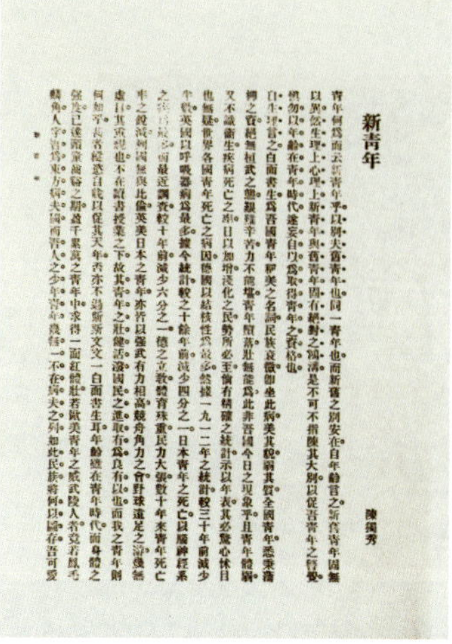
新青年
陳獨秀

《新青年》二卷一期上陈独秀的文章。

1

茅盾能够认识陈独秀是通过张东荪介绍的。

张东荪是梁启超的弟子，当时主编《时事新报》和《解放与改造》，他和陈独秀的关系非常好，两人曾想发起组织上海马克思主义研究小组的。这时，在商务印书馆的茅盾精力充沛，热爱文学也关心政治，完成手头的工作后，撰写了很多研究社会主义的论文，还翻译外国小说和剧本。发表在《解放与改造》和《时事新报·在学灯》副刊上。张东荪爱才，隔三差五就能在自己主编的报刊上看到署名“雁冰”的文章，一来二去就认识了茅盾，并很快成为了可信赖的好朋友。后来张东荪有别的事，还托付茅盾代他主编过几个星期的《时事新报》。

五四运动后，《新青年》内部办刊方针出现意见分歧，陈独秀来到上海，找志同道合的朋友聚会，商量《新青年》搬到上海出版的事宜。他也邀请了张东荪。

聚会那天，张东荪擅自把好友茅盾也带了去。这一去，茅盾不但第一次见到了久闻大名的陈独秀，还见到了陈望道、李汉俊、李达、戴季陶等人。个个都是大名鼎鼎的，又都是第一次见面。大名鼎鼎的各位也都对青年茅盾表示：读过他的文章，但没想到见人如此年轻。茅盾就这样偶然又不偶然地闯进了一群革命者的圈子。

1920 年 5 月，经过改版以后的《新青年》在上海出版了。茅盾此时已经成了这个重要刊物的“铁杆”撰稿人，因为是同人刊物，大家都不取稿酬。这时的《新青年》公开介绍苏俄，公开介绍十月革命，公开研究马克思主义。

7 月，由陈独秀、陈望道、李汉俊、李达、沈玄庐、俞秀松发起，成立了上海共产主义小组。

10 月，茅盾经李汉俊、李达介绍也参加了上海共产主义小组。他是这个小组的第七名成员，第八名是邵力子。

茅盾参加上海共产主义小组后，还是小组秘密发行的党刊《共产党》的撰稿人，这个刊物的主编是李达。茅盾为这个刊物翻译和写了不少关于共产主义和共产党的文章，阐述马克思主义的无产阶级革命与无产阶级专政的学说，呼吁一切权利归劳工，消灭资本主义掠夺制度等等。通过对马克思主义理论的研究和翻译，茅盾初步懂得了什么是共产主义，共产党的党纲有哪些，内部组织是什么样。

1921 年 7 月中国共产党成立，沈雁冰成为第一批党员中的一员。

在步入这个中国工人阶级的先锋行列以后，他的理论探索，思想追求，人生目标，才寻找到真正的归宿。

2

茅盾不但自己成为了共产党的一员，他的许多亲人都和共产党有着不可分的因缘。他有个年轻的远房姑母叫王会悟，从乌镇来到上海，后来嫁给了李达。

1921 年 7 月 23 日至 31 日中国共产党第一次全国代表大会在上海法租界贝勒路树德里 3 号（后称望志路 106 号，现改兴业路 76 号）召开。出席大会的各地代表共 12 人，他们代表着全国 50 多名党员。上海小组李达、李汉俊参加。30 日晚，举行第六次会议时，突然一陌生男子闯进了会场，问他时，他说走错了地方。其实这人是法租界巡捕房暗探。与会人员立即中断会议，代表迅速分头离开。十几分钟后，法国巡捕就包围并搜查了会场，结果扑了空。当晚，李达夫人王会悟出主意把临时会场转移到嘉兴南湖，于是很快找到正在嘉兴读书的茅盾的内弟孔令镜，出力联系会场。31

嘉兴南湖红船。

日，代表们来到南湖，在租借的游船上举行了第七次会议。通过了《中国共产党党纲》《关于当前实际工作的决议》，选举了党的领导机构后，一大胜利闭幕。

中国共产党成立后不久，茅盾因为在商务印书馆担任《小说月报》主编，联系接触面广泛，且又有一定的合法身份作掩护，就安排他做党中央的联络员工作。当时党员的身份是秘密的，党内有纪律，即使是最亲近的人也不能告诉，所以，茅盾入党的事，家人都不知道。他是党中央支部的成员，每个星期支部都要开一次会，地点在陈独秀家。陈独秀住在法租界环龙路渔阳里 2 号，而茅盾家住在闸北，一去一回要穿过半个上海。一般会议是晚上八点到十一点多。每次茅盾都要午夜以后才能到家。开始他总是说在商务印书馆加班，或在朋友处商谈编辑刊物事务，但每个星期都是如此，就难免引起了母亲和妻子的怀疑猜测了。

母亲和妻子是 1921 年春天从乌镇家乡来到上海的，这样也可以更好地支持他的工作，照顾他的生活。

一次，茅盾开完会很晚回家，进门就看到母亲沉着脸在客厅里等他，茅盾知道不能再隐瞒下去了，就把自己在党和所做的事情告诉了母亲，母亲听罢，不但没有埋怨儿子的选择，还让茅盾转告组织，以后可以请同志们到家里来开会。只是说：这件事也应该告诉德沚，不必再瞒她。当时孔德沚正在爱国女校学习文化知识，同学们在学校里也时常谈论共产党和共产主义这些话题。听到德鸿已经是共产党员了，孔德沚很兴奋，也想让他介绍加入。茅盾摇摇头说："参加共产党是件大事，你要先提高自己的理论水平，弄明白共产主义是什么才行，以后多学习学习再说吧。"

孔德沚心里不太服气，但也没有再强求，从此以后，她和婆婆都全力地支持茅盾，为共产党做了不少的工作。

有家庭和亲人的大力支持，茅盾感到特别的欣慰。那几年，他在主编《小说月报》《时事新报》，做了大量编辑组织、写作翻译、评论介绍文学方面的工作，同时，还做了大量党的宣传鼓动和政治理论工作。

建党初期，茅盾先后在共产党创办的平民女学和上海大学教课。后又担任共产党上海区的执行委员、宣传委员、国民运动委员、秘书兼会计，他协助组织了商务印书馆印刷工人工会，发展了馆内的第一批党团员。

1924年春夏的几个月里，茅盾担任《民国日报·社会写真》主笔，写了127篇政治短评，以文笔辛辣的杂文形式，抨击军阀政府和社会时弊。

1925年五卅前，茅盾写了《论无产阶级艺术》，他在这一长篇论文中运用马克思主义的历史唯物主义观点和美学观点，深入细致地探讨了无产阶级艺术的一系列根本问题。他还在论文中整理了自己过去的文学艺术观点，确信指引中国文学创作走上崭新道路的将是无产阶级艺术的基本原理。茅盾的文艺思想在这里由批判现实主义转变到革命的现实主义。

3

茅盾忙于事业、写作和工作，没有再关注妻子想入党的事。

1922年的茅盾。此时的他已是中国共产党最早的党员之一。

1925年4月的一个晚上，妻子突然带着瞿秋白的夫人杨之华兴冲冲地回家来，见面后就大声宣布："沈雁冰同志，从今天起我也是中国共产党党员了！之华是我的介绍人。"

茅盾觉得有点突然，正想开口问个究竟，杨之华却先开了口："雁冰同志，我代表妇女同志向你提出批评，你身为共产党员，又是研究妇女问题的专家，却有着浓厚的大男子主义，一点也不关心德沚同志的政治生命！你应该做出深刻的检讨！"

1925年春茅盾夫妇在上海。

妻子的入党让茅盾有些惊讶，他也感觉到自己这些年的确对德沚在政治上的要求有些忽略，关照也太少了些。连忙向面前两位女性作揖道歉："真要谢谢杨大姐，我把德沚托付给你，果然你就把她培养出来了。"又诙谐自谦地说："我算什么妇女问题专家，纸上谈兵罢了，真正的妇女问题专家还是大姐你啊。"

其实这个时期的茅盾，的确称得上是妇女问题专家。

有人做过统计，1919年到1924年的时间里，茅盾撰写和翻译了近百篇关于妇女问题的文章。基本上都发表在《妇女杂志》《妇女评论》《妇女周报》等报刊上。

孔德沚在政治和文化上的进步，还应该感谢茅盾的母亲。

1918年底茅盾回家乡结婚后，很快就返回上海，新媳妇孔德沚就留在乌镇陪伴茅盾的母亲一起生活。婆媳二人生活简朴，母亲每天上下午都要教儿媳识字。看到德沚好学，还托人送她到石门湾一个女子小学插班读书，后来又跟婆婆学习文言文和作文。1921年她们搬来茅盾身边后，母亲又让孔德沚去爱国女校学习，独自承担起照顾孩子和管理家务的担子。

母亲虽然没有入党，但她是革命的忠实同路人。她关心共产党，关心政治，无私无畏地支持着儿子们的人生选择和理想信念，为了提高自己，跟上时代的步伐，她还从儿子那里找介绍共产党和共产主义的知识读物来阅读。她的开明、进步、大度、善良、坚强都是让茅盾

1920 年 7 月，茅盾和即将去日本东京帝国大学半工半读的弟弟沈泽民（右）、张闻天（中）在上海合影。

引以为豪的，直到茅盾的晚年，母亲仍是他心灵中的大树和信念的支柱。

茅盾的身边还有一个人必须提到——他的弟弟沈泽民。

沈泽民比茅盾小四岁，自幼也是聪慧好学。特别是理工科功课，格外优秀。茅盾学文后，母亲寄希望于二儿子长大后实现沈永锡“实业救国”的夙愿。沈泽民没有辜负父母的心愿，1916 年夏以优异成绩考入南京河海工程专门学校，在读书期间，受到十月革命和五四新思潮的影响，他对政治和文学产生了浓厚的兴趣，读到一半，他突然跟母亲和哥哥提出，要退学改学政治，用政治变革改变中国的落后面貌。

1919 年暑假，他和哥哥茅盾一起组织新乡人社，出版了《新乡人》杂志，宣传新文化，倡导白话文，介绍科学知识。 这一年，沈泽民与同学一起成立了少年中国学会南京分会，一同编辑出版《少年中国》和《少年世界》杂志，同时，为《南京学生联合会日刊》撰稿。在上海《民国日报·觉悟》副刊、《妇女评论》等报刊上他还发表了不少揭露社会黑暗，抨击军阀统治，呼吁妇女解放的文章以及白话文小说、诗歌和科学小品，并翻译了大量国外科学论文和革命文学作品。为新文化运动发展呐喊。

1920 年 7 月，他和好友张闻天一起东渡日本，寻求真理。进入东京帝国大学半工半读。回国后先在安徽芜湖中学教化学，后到上海平民女校、南京建邺大学、上海大学任教。

1921 年，沈泽民也加入文学研究会，先后撰写了《文言白话之争底根本问题及其美丑》等许多有分量的反击复古势力的文章。

这年的五月，经茅盾介绍，他加入上海共产主义小组，成为中国共产党最早的 50 名党员之一。

入党以后，沈泽民又同恽代英、

萧楚女等发起了革命文学运动，大力宣传马克思主义文艺观，积极推动我国无产阶级文学的发展，他在文章中明确提出要求：每一个写革命文学的人首先要做一个革命者。

在20年代中国的政治和文学领域，沈雁冰和沈泽民兄弟，携手并肩发挥着重要作用。

4

1925年的五卅运动，是一次对帝国主义的总示威。积郁了许久的中国人民的民族精神，像地下炽热的岩浆一样，终于在这一刻喷发了。茅盾积极投入了这一伟大的反帝斗争。

5月30日下午，茅盾夫妇和瞿秋白的夫人杨之华一起参加上海南京路上的示威游行。那游行的队伍像滚滚的洪流，把整条道路都淹没在愤怒激昂的人群中。

跟茅盾他们并肩行进的是上海大学的学生宣传队，刚走到先施公司门口，前方就想起了枪声，紧接着潮水般的人群退了下来。他们站不住了，赶紧走进先施公司，几个学生叫着“巡捕开枪了”，随着也跑进来。茅盾上前询问前面发生的情况，才知道是讲演队的人被抓了，群众冲到老闸捕房要求放人，巡捕放了几个人，接着却在甬道处开了排枪，当场死伤十多名群众。里面也有上海大学的学生。

帝国主义分子公然开枪镇压手无寸铁的游行民众，而且气焰嚣张。茅盾他们脱离了危险，回到家中，晚上连夜秉烛写下了一篇悲愤交集的战斗檄文《五月三十日下午》，声援爱国的工人学生们。接连数日，他又写出了数篇散文揭露帝国主义的凶残，歌颂为自由而战的战士的英勇精神。他在散文《暴风雨》中预言：更大的暴风雨即将到来！

茅盾根据党中央的指示，与教育界人士发起并组织了“上海教职员救国同志会”，还和郑振铎、叶圣陶等文学研究会同人联合11个学术团体，于五卅后的第四天，创办了《公理日报》。茅盾和郑振铎等在编辑出版工作中发挥了重要的作用。短短20期的报道，揭露了五卅惨案的真相，教育人民群众认清了帝国主义的真面目。有力地声援了这次斗争。

五卅运动的硝烟未尽，上海商务印书馆的大罢工斗争又开始了。

这次罢工的组织领导人是商务

《路》的封面。

1926 年初，茅盾与恽代英等人代表上海地区去广州参加国民党第二次代表大会，他在开往广州的轮船上。

发行所的廖陈云，也就是陈云。茅盾是商务印书馆内的共产党的领导人之一，他参加了罢工委员会临时党团（作为劳方代表之一）。6 月 21 日商务印书馆工会成立，8 月 22 日罢工从商务发行所开始，很快波及全馆，声势浩大，参加人数多达 4000 多人。这是茅盾第一次亲身参加工人阶级与资产阶级斗争的实际运动，也是出版业第一次规模最大的罢工运动。

茅盾是这次罢工斗争的核心领导之一，他还负责对外宣传，担负起草了罢工的一系列文件和“罢工宣言”，这份宣言登载于 23 日的《申报》上。在罢工的关键时刻，他以罢工中央执行委员会代表的身份，直接同馆方谈判和交涉，并亲手起草了八页纸的“复工条件”。在双方都作出一定让步的前提下，27 日馆方答应复工条件并签字。8 月 28 日，历时六天的罢工取得了胜利。

同日，上海的各大报纸都登载了茅盾代表罢工执委会起草的《复工宣言》。

5

1923 年国共第一次合作时期，茅盾就以个人身份参加了国民党。

1926 年初，他身为上海特别市党部任命的宣传部长和恽代英等五人一起作为上海地区的代表，赴广州参加国民党第二次全国代表大会。

在开往广州的“醒狮”轮上，茅盾时常站在栏杆边眺望远方，海天相接，浩瀚无边，前方的路是广阔的，但也不会是一帆风顺的，有阳光同样有风暴。他希望明日的中国像这脚下的轮船名字一样，是一头昂首跃起的醒狮。

破浪前行的醒狮轮上，茅盾让同行的同志给自己拍下了一张站在高高的平台上，一手叉腰踌躇满志的照片。

在参加国民党二大期间，茅盾还结识了一大批中国的政治家。会议结束后，茅盾又接受中央指示留在广州的国民党中央宣传部工作，给代理宣传部长毛泽东当秘书。

当时，茅盾住在广州东山庙前西街38号，一栋简易的中式楼房里。

这里是《政治周报》的通讯处，也是毛泽东和杨开慧的寓所。他们带着两个孩子住在楼上的两间，茅盾和萧楚女住在楼下的前屋。萧楚女虽长得麻面黑脸，人却热情诙谐。杨开慧一边帮助毛泽东工作，一边忙家务。茅盾和她在一个屋檐下住了两个多月，很少听她讲话，给人的感觉是一个十分恬静贤淑的女人。

毛泽东找他正式谈了话：将向中常委提出任命他为秘书。

茅盾有点疑惑，任命一个秘书何至于要那么高的机构批准？

毛泽东笑笑说："部长之下就是秘书，国民党中央委员会各部都是如此。"

茅盾一听，一个秘书这么大，思想上便感到有些沉重，怕不能胜任。

毛泽东拍拍他的肩膀说："不要紧，萧楚女可以暂时帮助你处理事务。"

茅盾这才松了一口气。接着，毛泽东又说："我正忙于筹备第六届农民运动讲习所，不能天天到部里办公。还有，《政治周报》的事情你也要多做一些。"那段时间，毛泽东请病假，实际上是去湖南考察农民运动。

于是，茅盾一面接替毛泽东主编国民党政治委员会的机关报《政治周报》，写政治文章，一面到宣传部上班。茅盾作为革命家，在广州的政治舞台上感受到了政治的风浪。

3月，"中山舰事件"发生。整个广州处于恐慌和风雨中，月底，茅盾辞去了秘书一职，乘醒狮号轮船返回上海。同样的轮船，归程的心情已是别样。

回到上海，茅盾在商务印书馆的工作出现了问题。他一下子变成了一个失业者。

后来好在他又被中常委任命为上海交通局主任，可是由于局内人事关系的复杂，工作依然不顺利不顺心。

政治风波的涨落，并没有使他在文学上的探索和努力受到影响。他利用晚上的时间，选注了《淮南子》《庄子》《楚辞》等古籍，编译了十几篇希腊神话和北欧神话，还写了《中国神话研究》和《各民族的开辟神话》等文章。

在文学领域里他又找到了生活和创作的动力。

茅盾选注的《楚辞》。

6

1926年10月，北伐军攻克武汉成立了国民政府，武汉三镇很快成为了全国革命的中心。

1927年元旦，茅盾携夫人离开上海，到武汉担任中央军事政治学校武汉分校政治教官，他还为学校从上海招去了200多名新生。

这次茅盾去武汉工作，夫人孔德沚要求同去。这是她从乌镇到上海6年来第一次跟丈夫出行，因为怕丈夫不同意，她没有把怀孕的事告诉他。

茅盾在中央军事政治学校武汉分校讲了一段时间的政治课，课目都是一些比较简单的革命知识。

4月初，茅盾奉命调到《汉口民国日报》担任主笔。这是共产党掌握的第一张大型报纸。社长是董必武，总经理是毛泽民。整个编辑部几乎都是共产党员。

这张报纸和国民党中央宣传部的《中央日报》是直接对峙的两块舆论阵地。

去前，分管中共中央宣传工作的瞿秋白专门对茅盾交代，你去后要着重三个方面的宣传：一是揭露蒋介石反共和分裂的阴谋；二是大造工农群众运动的声势，宣传革命道理；三是鼓舞士气，做继续北伐的舆论动员。

茅盾到报社没几天，蒋介石就发动了四一二反革命政变，革命面临着严峻的形势。茅盾在《汉口民国日报》上连续撰写了30多篇社论，直接声讨蒋介石的反革命目的。

1927年初，大革命时期的茅盾在武汉。

5月13日，夏斗寅叛变，他的部队占领武汉南门汀泗桥，后被叶挺等的部队击溃。不久长沙又发生了“马日事变”，许克祥的独立团屠杀没有掌握武装的共产党和革命群众。茅盾连写四篇社论声援湖南请愿团的斗争。

武汉的形势越来越紧张，国民党的白色恐怖日趋严重。

6月底，茅盾把怀孕7个月的妻子孔德沚送上了回上海的船。7月上旬，他为《汉口民国日报》写完最后一篇社论《讨蒋与团结革命势力》的当天，向汪精卫递交了辞呈，当日和毛泽民一道转入地下。

7月，茅盾奉命去了九江，并转道去南昌参加8月的军事行动。但交通遇阻，董必武让他暂回上海。此时的茅盾已被列入蒋介石第一批通缉的共产党员名单，按照朋友的建议，茅盾暂时上了庐山。但当他想下山时，道路已经被阻断。他在庐山大旅社住下后却又病倒了，思想精神体力都感觉到前所未有的疲惫虚弱，一下子远离了动荡的社会和瞬间变化的政治，他这才深深地感到了迷茫和苦闷。几个月，甚至几年来的一切都好像是一场大梦。

这种复杂的心境和情绪，他在后来写的《从牯岭到东京》中做了真实深刻细致的描述。

7

茅盾是8月中旬才回到上海的。一路秘密而行，下山后乘船走镇江，又换乘火车到无锡，再转夜车进上海。此时的上海已经完全笼罩在白色恐怖中。

为了躲避通缉令的追捕，茅盾藏匿在横滨路景云里11号的家中过着与世隔绝的生活。他让妻子对外人说他去了日本，中断了与外界的一切来往，没有人知道他已经回到了上海的家中。

韦韬先生在回忆父亲的书中写到当时的情况："那时，父亲突然改变了过去天天不落家的'毛病'，整天呆在三楼的书房里写东西，足不出户，使我十分诧异。这段时间大约有一年。在这一年我和姐姐能与父亲经常见面，甚至有了与他亲热一番的机会。也就是在这段时间里，他教会了我们唱《国际歌》……起初，父亲并没有教我们唱《国际歌》，而是在房间里独自低声吟唱，母亲有时也和着他唱，父亲还常纠正她唱错之处。我和姐姐在一旁听多了，也就学会了。有一天，我们就当着父亲的面唱起来。父亲又惊又喜，夸我们聪明，便认真地一句一句教我们，还讲解歌词的意思。"

带着大革命失败的创伤、悲痛和消沉回到上海的茅盾，并没有因此消沉。正像他晚年回忆历史时说的："一场大风暴过去了，但引起这场风暴的社会矛盾，一个也没有解决。……所以革命一定还要起来的。"离离原上草，一岁一枯荣，野火烧不尽，春风吹又生。

大革命的失败让茅盾离开了政治中心，也让他重新审视自己的人生，而选择了文学的道路。中国的革命道路应该怎么走？他要把一个青年进步知识分子、一批知识分子所亲历的场场幕幕用他的笔表现出来，追求、动摇、幻灭又追求，兴奋、

《幻灭》《动摇》《追求》茅盾的中篇三部曲。

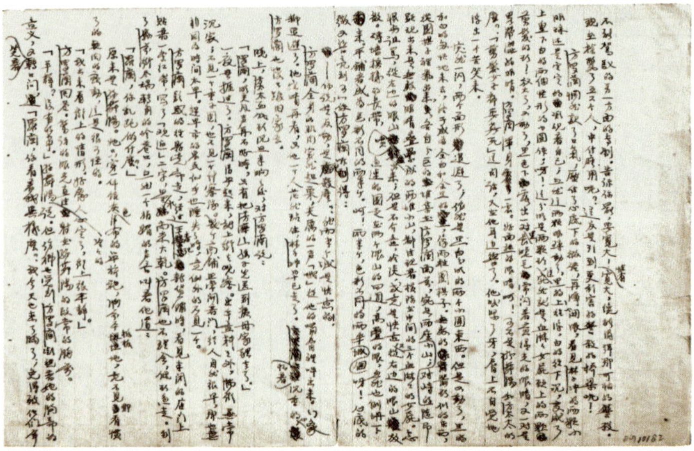

《动摇》手稿。

悲愤、迷茫、困惑……

孤独的写作过程并不孤独，往日的一切都在眼前重现，燃烧着他的心，演变成创作的激情。短短的一个月时间，他的第一部小说就完成了。

他给这部小说起名叫《幻灭》。

《幻灭》描写了女主人公章静在第一次国内革命战争时期一段坎坷的生活经历。表现了她在追求妇女解放、恋爱自由及报效国家所做的努力双双破灭的故事。反映了革命动荡年代青年人的奋斗挫折、奋进彷徨的内心矛盾。整部作品的调子较低，但真实的思想情感和感人的艺术形象，使得这部作品一面世就引起强烈反响，并获得了极大的成功！接着他在近一年的时间里，仍然以大革命前后为背景写了《动摇》《追求》两部小说。

《幻灭》《动摇》《追求》后来组成的《蚀》三部曲，1930 年由开明书店出版，无可争议地奠定了茅盾在中国文坛上的著名小说家地位。

茅盾写作《幻灭》近一半时，曾叫妻子孔德沚拿给住在隔壁的叶圣陶看，想听听他的意见。叶圣陶当晚一口气就读完送来的稿子，第二天便登门拜访，并允诺马上在《小说月报》上分两期连载。叶圣陶还说：他看到稿子上署的不是“沈雁冰”而是“矛盾”两个字。觉得人家一看就知道是假名，小说是写大革命的，万一当局查问会有麻烦，不如在“矛”字上加个草字头，姓茅的人多，不会引起注意，在发音上“茅”、“矛”同音，仍是你的本意。

茅盾点头称道，同意了。

从此，“茅盾”这个笔名，在中国现代文学史和文学画廊中，成为了一个让人永远不能忘记的名字。

4

客居东瀛

革命未到的时候，是多少渴望，将到的时候是如何的兴奋，仿佛明天就是黄金世界，可是明天来了，并且过去了，后天也过去了，大后天也过去了，一切理想中的幸福都成了废票，……这就来了幻灭。这是普遍的，凡是真心热望着革命的人们都曾在那时候有过这样一度的幻灭；不但是小资产阶级，并且也有贫苦的工农。这是幻灭，不是动摇！……幻灭的人，对于当前的骗人的事物是看清了的，他把它一脚踢开，……或者从此不管这些事，护着是另寻一条路来干。只有尚执著于那事物而不能将它看个彻底的，然后会动摇起来。

这是茅盾在他的长篇论文《从牯岭到东京》中的一段话，是他内心的一段真诚告白。

这也是只有亲身经历和感受了革命大潮的浪尖和谷底、成功和失败的人，才能道出的心灵感悟。

在完成了《幻灭》《动摇》《追求》三部作品以后，茅盾也基本完成了他在革命大风暴后那段深刻的反思。

在《从牯岭到东京》中，他还写道：

我承认这极端悲观的基调是我自己的，……说这是我的思想落伍了罢，我就不懂为什么像苍蝇那样向窗玻片盲撞便算是不落伍？说我只是消极，不给人家一条出路么，我也承认的；我就不能自信做了留声机吆喝着："这是出路，往这边来！"是有什么价值并且良心上自安的。……人家说这是我的思想动摇。我也不愿意声辩。我想来我倒并没动摇过，我实在是自始就不赞成一年来许多人所呼号呐喊的"出路"。

今天的庐山牯岭。

富士山远眺。

茅盾对革命的理想信念并没有动摇，幻灭的只是自己心中的那种“革命速胜论”。他承认自己的悲观和消沉，实践已经证明了，照搬引进苏联的城市暴动模式，在中国没有出路，虽然暂时还不知道中国能走的路在哪里，但内心的火是不会熄灭的，因为信念还在，理想还在！

这就是当时的茅盾。他用自己的真实思想，回答来自文学阵营的对他小说的另一种批评声音。

写这篇文章的时间是 1928 年 7 月，茅盾刚刚到日本。

1

1928 年 7 月初，茅盾告别了家人，登上了一艘开往东瀛的日本商船，目的地是神户。来码头上送行的人群中只有陈望道一个人，和他同行的还有一位年轻的女士，叫秦德君。

这次去日本也是陈望道提议的。陈是茅盾在共产主义小组时期的战友和同志。

茅盾终于写完了《追求》的最后一个字，搁下笔才感觉到异常的疲惫，《蚀》三部曲的整个写作日子里，他几乎没有出过家门，一是小说中的人物总是时时催动着他手中的笔，停不下来；再就是国民党的通缉令始终像一把悬在头上的剑，不知什么时候落下来。

那天，陈望道来看茅盾，感觉他就像是大病了一场，于是建议他干脆到日本去休整一段时间，反正很多人早就认为他在那里。另外，陈望道的女友吴庶五刚好也在那边，可以为茅盾安排生活。

朋友的话让茅盾心有所动。晚上，茅盾把陈望道的建议告诉了妻子孔德沚，她听罢也觉得这个想法不错，国内的政治形势、丈夫的身体状况以及日本的写作环境，都很适合他去。只是不知道具体该如何操办。

没想到过了几天陈望道再次登门拜访，告诉他去日本一事的所有手续都已办得差不多了，船票和兑换的日元也很快就能拿到。

这让茅盾有些意外：陈望道兄办事如此雷厉风行。

陈望道还告诉茅盾：“还有一个原平民女校的学生秦德君和你一路去。”又说，“她从江西过来，想通过组织关系去苏联，我劝她先到日本，再从那里到苏联容易些。她同意了。”

茅盾点点头。他在平民女校当过教员，两人同行可以相互照应一下。

茅盾乘坐的日本商轮不大，条件也很一般。船票不贵，旅客也不多。茅盾化名方保宗，秦德君化名徐舫。船上除了他们两个中国人，都是日本人，只有秦德君一个女客。

茫茫海途，除了海和天，一切都消遁了，仿佛远离了尘世的喧嚣。由于语言沟通的障碍，他们俩只能在相互交流中打发时光。

茅盾了解到23岁的秦德君竟然是一个长期从事革命活动和妇女解放工作的四川人，是1923年的老党员，有着曲折艰难而又丰富的经历。她参加过五四运动，还参加过四川学生联合会、少年中国学会、全川自治联合会等，以及她坎坷的爱情婚姻。

船上短短几天的共同生活和倾心交流以及类似的政治生涯和信仰，使两个人一下子走近了许多。

2

在东京，茅盾住在一个叫“本乡馆”的旅馆里。和他同住在一起的还有陈启修。

陈启修比茅盾大十岁，早年曾受聘北大法学院教授，兼政治系主任，开设《马克思主义经济学概论》课程，他是最早把《资本论》翻译给国人的，还是北大马克思学说研究会《资本论》导师，与李大钊一起讲授马克思主义课程。陈启修1925年在德国加入中国共产党。大革命失败后，他遭通缉，流亡到日本，与中共失去了联系。易名陈豹隐，在日本潜心研究马列主义经济学。

俯瞰今日东京。

茅盾的到来让他非常高兴，异域他乡多了一个可以倾述的人，两个人时常在一起聊天，天南海北无所不谈。陈启修的日文、英文、法文、德文都很好，两人外出，他是茅盾最好的翻译。有时，也一起去逛逛旧书店和书摊，挑选几本可看的书。

秦德君则被吴庶五女士安置在离茅盾他们不很远的白山御佃街的中华女生宿舍。

在东京，茅盾不仅写了长篇论文《从牯岭到东京》，还以秦德君的经历为题材写了短篇小说《自杀》，以及《一个女性》《昙》和其他一些作品。这些作品写完之后，他就寄回国内发表。虽然他给自己订了学习日文的计划，但总是被文学写作的冲动干扰，过去的许多人和事在他的脑子里不断地闪现，一

杨贤江像。

杨贤江又名英甫，笔名李浩吾、柳岛生，1895 年 4 月出生在浙江余姚县（今慈溪市）。1911 年冬杨贤江毕业于诚意高等小学堂，第二年秋考入杭州浙江省立第一师范读书。1917 年，杨贤江从一师毕业，去南京高等师范当职员。1919 年 7 月，参加了李大钊等发起的少年中国学会，被推为少中南京分会书记。1920 年冬，杨贤江接受《学生杂志》主编朱元善的邀请，前往上海工作。1922 年 5 月，由沈雁冰、董亦湘介绍，加入了中国共产党。从 1921—1926 年，杨贤江被青年学生当做导师和知心朋友，使《学生杂志》成为"指导青年走向光明之路的'明灯'"。

1925 年爆发了五卅运动，杨贤江站在领导运动的前列。1926 年担任国民党上海特别市党部常务委员兼任青年部长及国民党东南军政委员会委员。1927 年底，和夫人姚漪韵先后东渡日本。旅日期间担任中国留学生中党组织的负责人。

1929 年 5 月，杨贤江回到上海后，担任了中央文委委员，发起组织社会科学联盟。1931 年 7 月杨贤江患肾结核，8 月 9 日在长崎一家医院逝世，年仅 36 岁。

种情感的潜流不停地冲击着思维的闸门。茅盾也隐隐地感到这种过去少有的创作欲望，将会迎来怎样一个丰收的季节。

3

东京，那大城市喧嚣的环境已经不能适应茅盾创作上的需求了，他想找一处相对僻静的住所。他打听到住在京都的杨贤江夫妇。

杨贤江也是茅盾熟悉的朋友，浙江余姚人，出生在一个贫苦的成衣匠家庭。曾在南京高级师范学校任教，和茅盾的弟弟沈泽民都是少年中国学会南京分会的成员，1922 年入党。他在《学生杂志》当过编辑，大革命失败后被迫流亡日本，并广泛收集资料，编著出版了《教育史 ABC》。

1928 年 12 月初，茅盾告别了陈启修，和秦德君一起来到京都。

茅盾的住处紧邻行人过往的街道，离杨贤江夫妇的住处只有几步路。一套四间的房子有两间是空着的，茅盾他们住的是四号门牌。房子的质量很差，风吹过都有些晃动。窗户上糊着纸，晚上门窗都关不紧。室内带厨房厕所，厨房有煤气设备，他们住在靠里边的三蒲草席的小间里，外间六蒲草席的大间阳光很好。住房本身的条件不是很好，但茅盾还是感觉很满意。坐在屋里，透过后窗，可以眺望远处重叠的小山峰，最近边的那座山上还有一簇房屋；入夜，苍翠的峰峦中层次分明的灯光，就像钻石镶嵌的宝冕桂冠，让人遐想。住所旁边还有一个小水池，池边一排樱树亭亭玉立。樱开季节，坐在屋中就可以欣赏日本的国花。

茅盾很满意新居，那村野乡居的味道充满了诗意，随处可以激发灵感，对写作十分有利。

慈溪市于长河镇的杨贤江故居。

日本的樱花时节。

这的确是一段文学创作丰收的季节。茅盾除了写小说、写散文、写评论，还编辑出版了不少的学术著作，如：《中国神话研究 ABC》《北欧神话研究 ABC》《神话杂论》《希腊文学 ABC》《骑士文学 ABC》《近代文学面面观》《六个欧洲文学家》《西洋文学通论》等。

假如不算这些学术研究著作，

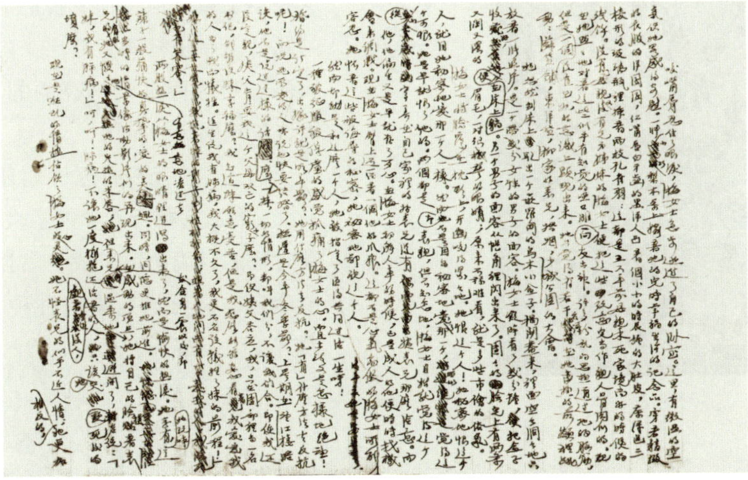

《虹》原稿（写于 1929 年 4 月至 7 月）。

茅盾在日本的一年零九个月里，仅文学作品就创作了长篇小说 1 部，短篇小说 7 部，散文 12 篇。特别是长篇小说《虹》，在社会上和读者中产生了很大的影响。

4

长篇小说《虹》，写于 1929 年 4—7 月。女主人公梅行素的原型是被誉为“蜀中女杰”的胡兰畦。

胡兰畦生于 1901 年，青年时代受北京大学进步学生的思想影响，向往民主、自由，1922 年在成都加入“马克思主义研究会”，开始参加妇女解放运动，成为反封建斗争的一员。1926 年，她奔赴革命中心广州，结识了周恩来、李富春等，还结识了廖仲恺的夫人何香凝。何香凝是她的引路人和保护神，对她的一生有重大影响。1926 年秋，胡兰畦离开何香凝的中央妇女部，前往北伐前线，进入中央军校。校长是蒋介石，实际由邓演达负责。旅法归国的陈毅任中共党委书记。胡兰畦和陈毅为同乡好友。1927 年国共合作破裂，胡兰畦被蒋介石通缉，在国内难以存身，1929 年赴德国留学。

茅盾在日本时，秦德君曾多次向他讲述胡兰畦那带有传奇色彩的个人历史和革命经历，茅盾很受触动，虽然他在多年的革命经历中遇到过不少革命知识女性，但胡兰畦的故事很具有代表性，他决定塑造一个不同于以往他作品中的现代知识分子新女性。

《虹》这部小说围绕女知识分子梅行素走过的曲折道路和成长经历展开。用写实的笔触艺术地反映了五四、五卅时期中国社会的巨大变化和这一历史进程中的某些壮观片段。梅行素虽是一个小资产阶级青年女性，但她具有的反抗精神突破了个人奋斗的局限。茅盾通过这个生动真实的新女性形象，告诉世人，她走的是一条现代革命知识分子的必由之路。

长篇小说《虹》，虽然还没有从根本上解决大革命受挫后的出路问题，但字里行间流露出来的却是风雨过后天际那一抹亮丽的彩虹，而这正是明天的希望。

《虹》之后茅盾原计划还要写一部《霞》，写梅行素参加了大革命，在时代的风雨中锤炼成一名彻底的革命者。只可惜后来的种种干扰，没有成篇，留下了永久的遗憾。

《虹》精装本，开明书店 1931 年 3 版。

茅盾完成了《虹》后不久，中共在日本的地下组织遭受了破坏和重创，杨贤江夫妇决定秘密回国，回到上海继续发展。而茅盾则计划在日本待一段时间看情况后再作打算。

8月里，茅盾送杨贤江夫妇一家登船，看着渐渐远去的回国轮船，岸上的茅盾心中也漾起一种思乡别绪。

茅盾在日本的近两年时间里，中共中央并没有忘记他，曾专门致信中共东京市委，指示他们视茅盾各方面情况，斟酌后可恢复他的党籍，但终未成为现实。

1929年8月，好友杨贤江夫妇离开日本回国，茅盾一直把他们送到船上。

5

茅盾在日本除了文学上的收获以外，个人的感情激流也经历了一次回旋。

韦韬先生在《我的父亲茅盾》中客观地记述了父亲的这段经历：

1929年初冬，母亲从叶圣陶那里得知父亲在日本与一个姓秦的女人同居了！那时叶圣陶是《小说月报》的主编，住在我们隔壁，他的夫人胡墨林是母亲的好友。父亲的稿费收入也由叶圣陶分做两份，小份寄往日本，大份交给母亲。这消息是他从刚自日本回国的杨贤江那里听来的。叶圣陶认为应该让母亲知道。他问母亲："雁冰来信中提到过这件事吗？"母亲回答："没有，一点影子也没有，只是最近信比刚去日本时少了些。"叶说："那就好。"母亲不明其意。叶圣陶分析道："雁冰没把这件事告诉你，说明他并不打算走那条路。你们婚姻的经历不简单，是经过了风风雨雨的恩爱夫妻，还有一双宝贝儿女，这是大家都知道的，雁冰不会，雁冰怎能忍心破坏这样一个家庭？何况雁冰是出名的孝子，他是不会忤逆伯母的，伯母也一定不会同意他走这条路的。你不要着急，要耐心等待。"

叶圣陶还问孔德沚是否要告诉茅盾的母亲？孔德沚说不能告诉，否则她会着急伤心生气的。

孔德沚又去征求丈夫的好朋友

郑振铎的意见，他也同意叶圣陶的看法，认为好友茅盾一定会迷途知返的，嘱咐孔德沚一定要有耐心，要宽容。她点点头答应下来。

1930 年 3 月，孔德沚在得知丈夫要和秦德君一道回国后思忖，这件事情要是不跟婆婆说，她也会很快知道，与其如此还不如现在就告诉她。婆婆听了孔德沚的讲述先是不信，接着就是气愤，她说：千辛万苦筑起来的家决不能打散！德鸿要是带那个女人回家，就不要进这个家门。

孔德沚再次去找叶圣陶和郑振铎，他们嘱咐孔德沚，对茅盾一定要大度不要争吵，要给他改过自新的机会。

茅盾回到上海，暂住杨贤江家，不久就与秦德君分了手，搬回家中。婆婆跟孔德沚认真地交谈了一次，让她放弃在外面的工作，一心一意地在家当好主妇，管好家照顾好德鸿，在事业上全力支持他。然后，母亲又对儿子说："不必再去国外了，今后定下心来，踏踏实实写好小说。"接着又对他们俩说：她已决定回乌镇去，今后你们两个，一个好好地写作，一个好好地管家。

不久，孔德沚果然向地下党组织提出辞去工作的请求，由此而受到了党小组的批评，但孔德沚最终没有改变回家的决定。茅盾也觉得，妻子为了他甚至不惜牺牲自己的政治前途，也要竭尽全力为丈夫创造一个安定的生活环境和创作的空间，让丈夫从今以后没有后顾之忧。

之后的漫长岁月，孔德沚一直伴陪着茅盾，无论是风风雨雨还是风和日丽，都始终尽着一个妻子和伴侣、守护神的职责。

妻子为茅盾所做的一切，茅盾直到晚年回想起来还充满了感激和敬意。

《蚀》，开明书店 1930 年的精装版。

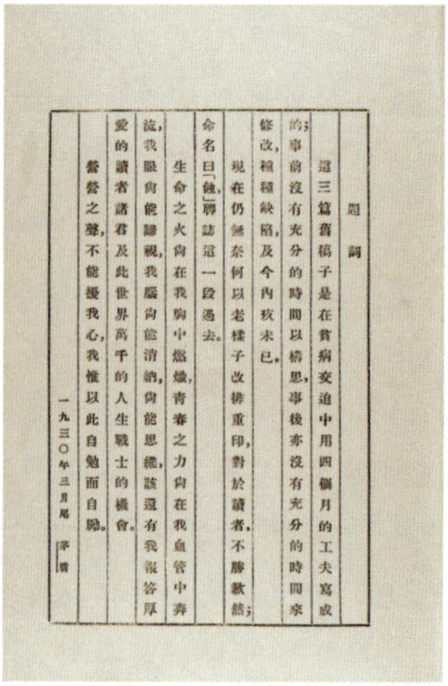

題詞

這三篇舊稿子是在貧病交迫中用四個月的工夫寫成的；事前沒有充分的時間以構思，事後亦沒有充分的時間來修改，種種缺陷，及今內疚未已。

現在仍無奈何以老樣子改排重印，對於讀者，不勝歉然；命名曰「蝕」，聊誌這一段過去。

生命之火尚在我胸中燃燒，青春之力尚在我血管中奔流，我眼尚能諦視，我腦尚能消納，尚能思維，該還有我報答厚愛的讀者諸君及此世界萬千的人生戰士的機會。

營營之聲，不能擾我心，我惟以此自勉而自勵。

一九三〇年三月尾 茅盾

《蚀》出版时茅盾的题词。

5

《子夜》巨著

1930年的春天，茅盾正式参加了中国左翼作家联盟。

此时的“左联”，还受着立三“左”倾机会主义的影响，更热衷于“飞行集会”、散发传单等一些与文学艺术无关的事情，茅盾不赞成这些做法。他虽然加入了左联，却很少参加他们组织的活动，而是把时间和精力更多地用在写作上，半年多的时间里他完成了《豹子头林冲》《石碣》《大泽乡》三篇取材于历史传说的短篇小说和中篇小说《路》。

这一时期，他和鲁迅的交往也更多了，经常一起讨论文坛的动向，研究面对国民党压迫的斗争策略及如何处理协调文艺界的各种矛盾和论争。

这年秋天，“立三路线”受到了批判，左联工作有了改变。茅盾和鲁迅、冯雪峰一起筹备出版左联的机关刊物《前哨》。1931年初，柔石等五位左联青年作家被捕并遭杀害。为纪念他们，4月出版的《前哨》第一期登载了鲁迅亲自起草的抗议《宣言》和文章。刊物一出版就遭到查禁。

1931年5月，茅盾担任了左联的行政书记，负责左联的日常工作。瞿秋白由中央出来后，也参加左联的领导工作。他们和鲁迅一起，以《文学导报》为阵地揭露批判国民党御用文人提出的“民族主义文艺运动”的反动实质。

这一阶段，冯雪峰起草了《中国无产阶级革命文学的新任务》的决议。在这个决议形成的过程中，茅盾和鲁迅、瞿秋白都付出了极大的心血和努力。这个决议也标志着左联旧阶段的结束和新阶段的开始。

《豹子头林冲》手稿。

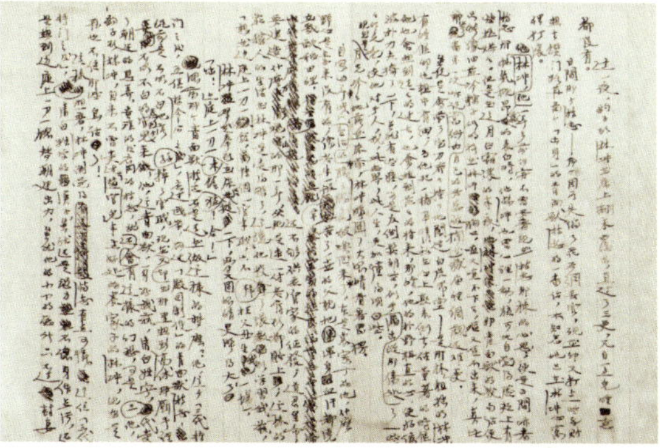

1931年5月，茅盾担任了左联行政书记，负责日常工作。

1931年10月，茅盾提出辞去左联行政书记的职务。因为他已开始实行一项庞大而又重要的写作计划。对于他的辞呈，冯雪峰不同意，而鲁迅则表示支持，他说：“左翼文艺只靠发宣言是压不倒敌人的，要靠左翼作家实实在在地写出东西来。”

早在春夏，瞿秋白在茅盾家避难的那段时间里，就大致看了茅盾这部酝酿中的长篇巨著的大纲和开头部分，还提了不少看法和宝贵意见。

现在，茅盾要排除一切干扰，集中精力完成这件最重要的工作。

1

从日本回到上海后，茅盾的眼疾和胃病都发作了。由于多年开夜车的写作习惯，他的神经衰弱也厉害起来，睡不着就看东西写东西，结果恶性循环，常常彻夜不眠。他去看医生，医生说，一定要少用眼多休息；要做到少用眼就要少看少写，少在书桌前坐。他在家里待不住时，就常去卢学溥（鉴泉）家走走。

卢学溥是他的表叔，也是他学生时代的师长，在他进入商务印书馆工作一事上起过关键的作用，茅盾对他十分敬重，此时卢学溥正在上海家里赋闲。由于以前当过财政次长，又是中国银行的监察人和大银行家，社会关系广泛，他家的客厅里常常是高朋满座，来客中社会高层人士、同乡故旧、三教九流都有，俨然是一个浓缩了的中国小社会。

作为一个眼光敏锐思想深刻的作家，茅盾一下子就对卢公馆这种独特的氛围产生了浓厚的兴趣。由于他和表叔的关系，又是个文化人，来客说什么从来不避嫌，往往还乐于和他攀谈，甚至诉诉心中的苦衷。和他们的闲谈中，茅盾了解了许多当时中国社会的经济状况：在外国买办资本的冲击下，民族经济不振、社会市场萧条、中小工厂倒闭、工人罢工以及证券交易所里的勾当、官商勾结、权钱交易的内幕……

在卢公馆里，茅盾还听到了两个惊心动魄的故事：

一个做股票投机生意的小老板，为了得到和掌握股市发展变化的内部消息，让女儿以色相去巴结讨好股市的操纵者，并设法做他的情妇，以套得情报供老爸赚钱，没想到女儿涉世太浅，竟然成为了别人的玩物。小老板竹篮打水一场空，赔了女儿又蚀财。没脸再见人，上吊自杀了。

一些掌握证券股市命脉的操纵者，用30万大洋买通了两个正在枪炮混战中的军阀一方，让部队在津浦线上北退30里，以此蛊惑证券交易市场，造成公债券暴涨，使投机者从中牟取暴利！

这些赤裸裸又活生生的真实素材深深地触动了茅盾的创作神经，激发了他的灵感和冲动。为了获得更多的第一手素材，他又通过亲戚、新朋故旧等参观考察了丝厂、火柴厂、纱厂、银行、证券交易所、商店等。特别是在证券交易所里目睹那瞬息万变、操纵者的骄奢淫逸、老板们的“悲欢离合”……这些触目惊心的画面，都在他的心中勾画着一座文字构建的“大厦”。

茅盾最初的构思，是想写一部多卷本的都市、农村交响曲。他先从都市部分开始，并且已经在很短的时间里拟出了详细的大纲和故事发展的梗概，定名为《棉纱》《证券》《标金》。后来他又觉得素材尚不足，又进一步调查了大量丝厂倒闭的情况，证实了外国买办资产阶级对中国民族工业的倾轧和吞并。经过整理素材，重新构思后，他决定放弃农村部分，集中笔墨专门围绕都市来写，环境由纱厂改为丝厂，因为这是当时中国民族工业的缩影。

茅盾重新构思小说大纲，也是因为当时正在进行中国社会性质的论战。他想用形象的语言来告诉世人：走资本主义的道路，中国是不可能有真正前途的。

在这部长篇小说的题目上也同样可以看出他想要表达的思想，还没有正式动笔前，茅盾想好了三个名字：夕阳、燎原、野火。从中国现代文学馆所保存的《子夜》原稿的第一页上，我们可以看到，作者真正动笔时选择的小说题目

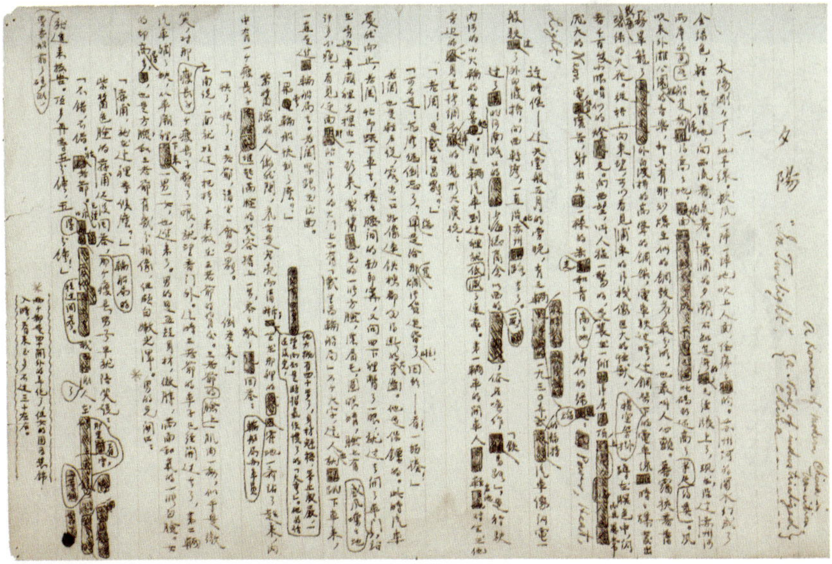
《子夜》（夕阳）原稿。

是《夕阳》。而《子夜》则是他在写作过程中，对小说要表达的命题不断深化，不断解析的结果：《子夜》告诉我们的是发生在午夜最黑暗时刻的故事，但黎明的曙光即将到来。

《子夜》写作大纲完成后，茅盾动笔写了前几章，刚好瞿秋白在他家避难，这就成了他的第一位读者。虽然只有短短的半个月，他们却就小说详谈了好几次。瞿秋白向茅盾介绍工人运动和江西苏区的斗争情况，希望他增加农村斗争的笔墨，强调罢工斗争中的党的领导和给革命间接的同盟军民族资产阶级留一条出路。除了这些原则问题，瞿秋白还提出一些细节问题。茅盾采纳了瞿秋白的一些建议，修改了大纲的部分内容。

《子夜》插图（叶浅予作）。

2

1931年10月，茅盾正式动笔了。这一写就是一年多，直到第二年的12月初，才最终完稿。整个写作过程中，茅盾就像生活在《子夜》的世界，小说中人物事件的喜怒哀乐也深深地影响牵动着他的心，作品中的人物和情节，仿佛就在他身边。

茅盾在《子夜》这部作品中，设计出场的人物近百个，遍及社会的各个阶层和方面。其中最具典型意义的有吴荪甫、赵伯韬、杜竹斋、屠维岳等，另外还有贪婪的军火买办、无聊政客、空谈政治家、大学教授、失意的军人、颓废的文人墨客、土豪地主、进步青年、证券经纪人，女性中有傲慢的贵妇人、堕落的交际花，工厂里有进步工人、工贼流氓以及坚定的共产党员等。几条主副线之间的矛盾冲突交迭发展，构成了一部情节跌宕、场面宏大、色彩斑斓、气势磅礴的文学巨著和社会档案。

茅盾是以写史的态度创作《子夜》的，其情节是定在1930年5—7月这一真实的历史时空里的。它以民族工业资本家吴荪甫和买办金融资本家赵伯韬的矛盾、斗争为主线，生动、深刻地反映了当时的社会面貌。开始，赵伯韬拉拢吴荪甫进行公债投机，吴荪甫又联合其他资本家组成信托公司，想大力发展民族工业，这与赵伯韬产生了矛盾。赵伯韬依仗外国金融资本做后台，处处与吴作对，加上军阀混战，农村破产，工厂的工人怠工、罢工，尽管吴荪甫和同伙竭尽全力，拼命挣扎，最后也没有改变全盘失败的命运。这也说明，在帝国主义的侵略控制压迫下，中国的民族工业永远得不到发展。

这种把纷繁复杂的社会现象和众多世相人物融合贯通来表现、反映时代风云的艺术特色，是《子夜》这部作品的独特之处，也是它的成功秘诀。它开创了中国现代长篇小说描绘宏伟历史画面的先河，

在茅盾写作《子夜》的过程中，鲁迅一直十分关注，经常问到写作的进展情况。

《子夜》出版后，鲁迅收到茅盾的签名赠书，他高兴地说："这一本要保管起来不看的，我要看再去另外买一本。"

鲁迅还在一篇文章中诙谐地说："我们在两三年前，就看见刊物上说某诗人到西湖吟诗去了，某文豪在做五十万字的小说了，但直到现在，除了并未预告的一部《子夜》而外，别的大作都没有出现。"

1932 年 2 月，《子夜》由开明书店初版。叶圣陶亲自为封面题字。问世后三个月就再版四次。

《子夜》的问世，奠定了茅盾在中国现代文学史上的重要地位。

1931 年，瞿秋白在茅盾家避难时，曾对正在写作中的《子夜》提过不少中肯的意见。

《子夜》以它鲜明的政治倾向，宏大的艺术构思和出色的人物形象塑造，获得了国内外文学艺术界的普遍赞扬。

瞿秋白说："这是中国第一部写实主义的成功的长篇小说。"

《子夜》是五四以来新文学发展的重要里程碑，它奠定了长篇小说现实主义的基础。

3

《子夜》写作前后，特别是问世后，茅盾曾多次回到家乡。乌镇本是个丰盈富饶的江南水乡古镇。但上海"一·二八"事变对农村的震荡，东洋货对市场的倾销，农村经济的迅速崩溃，农民的日渐贫困，丰收带来的灾难，阶级矛盾的尖锐化和世态炎凉的人情，都刺激震动着他的神经。使他在浓墨重彩描绘都市风景线的时候，也在酝酿着用

1934年茅盾回故乡乌镇翻盖了三间新房，给母亲居住和自己回乡写作之用。

他的笔书写农村乡镇题材的悲惨故事。

《林家铺子》是茅盾应《申报月刊》主编俞颂华之邀创作的。刚从家乡安顿好母亲回来的他，为回乡的所见所闻心绪难平，于是，很快构思写作了这篇小说，起名叫《倒闭》。俞颂华看了茅盾的小说觉得非常好，只是名字感觉有些不舒服，就和茅盾商量，能否叫"林家铺子"，茅盾也觉得这样改后更含蓄艺术一点，自然没有意见。小说在《申报月刊》创刊号上登出后立即引起很大反响。

不久，茅盾又创作了短篇小说《春蚕》，讲述的是主人公蚕农老通宝的心酸故事。一年到头辛苦养蚕的老通宝，蚕茧丰收了，却卖不出钱来，因为日本蚕丝的倾销，把中国的茧厂挤垮。一年白干了不说，还因买桑叶欠了债，生活没了着落，老通宝也因此大病一场。

茅盾在写作这篇小说时融进了许多童年的记忆，那孩提时的往事都一幕幕出现在眼前。

《春蚕》发表在《现代》杂志第二卷第一期。

1933年，夏衍还根据小说《春蚕》改编了电影剧本，由明星影片公司摄制。这部电影是30年代中国进步电影的先声。

《林家铺子》和《春蚕》都是茅盾短篇小说的代表作。展示的都是30年代初期中国农村经济凋敝、农民破产的凄惨景象。两篇小说都具有鲜明的时代特征、浓郁的地方色彩，其主人公林老板、老通宝也都具有典型特点和普遍意义的艺术

电影《林家铺子》海报。

形象。

接下来，茅盾又应《申报月刊》俞颂华的请求，写了《秋收》以及《残冬》等一批农村题材的短篇小说、散文、速写。构成了一道30年代农村社会生活及人文世情的真实画廊。

朱自清在谈到茅盾的创作时说：“我们现代小说，正应该如此取材，才有出路。”

而《林家铺子》《春蚕》等在思想与艺术上取得的杰出成就，也标志着茅盾在文学道路上的又一突破——将新文学短篇小说发展到一个新的高峰。

4

茅盾这个时期取得了个人文学创作上的重要突破。但他并没有远离文坛和时代，除写作之外，还做了大量的文学建设组织工作。

1932年11月，黎烈文主编的《申报》副刊《自由谈》革新，茅盾和鲁迅相互配合给予支持，光茅盾一人就用化名写了60多篇抨击时弊的杂文，有力地反击了国民党的文化“围剿”。

1933年7月，茅盾、郑振铎办

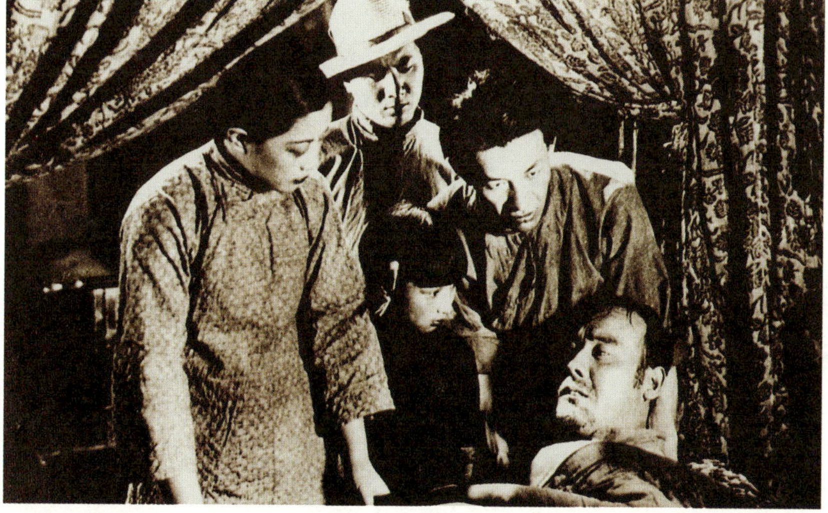
《春蚕》电影剧照。这部中国进步电影的先声由夏衍改编，明星影片公司拍摄。

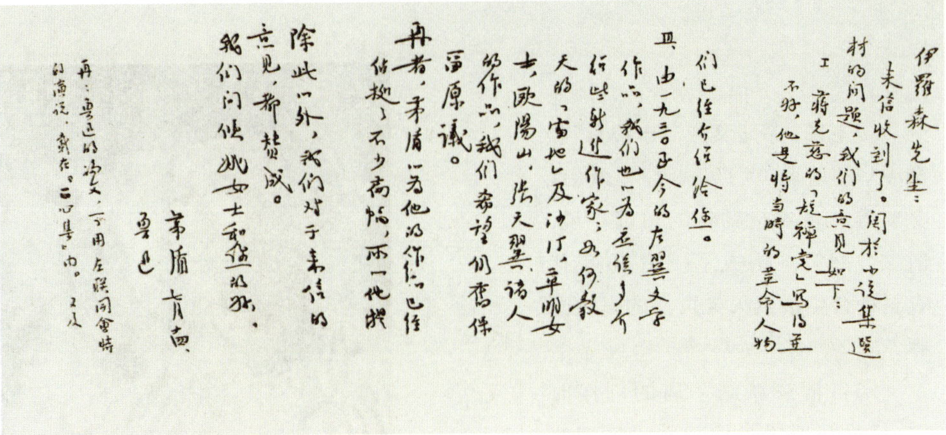

伊罗森先生：
来信收到了。关于小说集选
材的问题，我们的意见如下：
一、蒋光慈的《短裤党》写得并
不好，他是将当时的革命人物
们已经介绍给你。
四、由一九三〇年至今的左翼文学
作品，我们也以为应该多介
绍些新进作家；如何谷
天的《雪地》及沙汀、草明女
士、欧阳山、张天翼诸人
的作品，我们希望仍旧保
留原议。
再者，茅盾以为他的作品已经
占据了不少篇幅，所以他提
除此以外，我们对于来信的
意见，都赞成。
我们问候姚女士和你的孩子。
茅盾 七月十四
鲁迅
再：鲁迅的论文，可用左联开会时的演说，载在《二心集》中。又及

《草鞋脚》拟订选目时，茅盾和鲁迅写给伊罗生的信。

的大型文学杂志《文学》创刊。虽然主编名义上是傅东华，实际的主持人却是茅盾。他为刊物制定了编辑方针，审阅稿件，撰写文章，团结了广大进步作家。几年中，茅盾在《文学》上发表了42篇有关作家和作品的评论，促进了文坛和进步文学的发展。评论老作家及其作品的有《冰心论》《庐隐论》《落花生论》《王统照的山雨》，评论过的年轻作家更是数量巨大，如巴金、丁玲、张天翼、章靳以、臧克家、吴组缃、浦风、田间、夏征农、周文、何家槐、林庚、叶紫、李辉英、葛琴、草明、马子华、杜衡等。

《文学》创刊号。20世纪30年代出版时间最长、影响最大的文学刊物之一，1933年7月创刊至1937年抗战爆发后停刊。

1934年9月，茅盾协助鲁迅创办了《译文》杂志，这是我国文坛上第一个专门介绍外国文学的刊物，也是左翼作家对抗国民党文化“围剿”的新阵地。《译文》的问世，推动了译介和研究外国文学、特别是现实主义作品的热潮。茅盾本人也翻译和介绍了大量的外国文学作品。他还在《中学生》杂志上连续发表了七篇介绍外国文学名著的文章，描绘了西洋文学的发展概貌。这些文章后来结集为《世界文学名著讲话》。

茅盾还热心于向国外介绍中国作家的优秀作品。1934年他和鲁迅一起帮伊罗生编选了一部中国现代进步作家短篇小说集《草鞋脚》，茅盾写了部分作者的简介，鲁迅写序言，题写了书名。集内共收了23位作家的26篇作品。青年作家占到三分之二。

1936年9月，茅盾主编的我国第一部大型报告文学集《中国的一日》出版。全书从全国25个省市的3000多篇来稿中选出了490篇文章，共计80万字。通过千千万万普通人的眼睛和手，写出了1936年的一天中城市和农村的全景图。

1936年茅盾还参加了发生在革命文艺内部的两个口号论争。并在论争后期统一双方认识、结束论争、建立文艺界抗日民族统一战线中做了大量重要的工作。

此外，从1934年到1937年抗战前，茅盾还写了大量的文学作品，并且比较系统地对自己几年来的创作进行了总结，写出了《创作的准备》一书。

5

在这一时期还发生了一件让茅盾和他的亲人悲痛的事情。

1933年11月，茅盾的弟弟沈泽民在鄂豫皖苏区病逝了。年仅33岁。他是留在苏区带领人民坚持对敌斗争的领导人，那时患有严重的肺痨病的他又染上了疟疾，在艰苦卓绝的战斗中得不到及时治疗，吐血而死。茅盾一直认为，弟弟沈泽民懂得英、日、俄三种语言，是一个比他更坚定更成熟的革命领导者，他的文学才华并没有得到很好的发挥。但是他仍然给后人留下了许多政治和文学著译的精神财富。

沈泽民在苏联学习时读到茅盾的处女作《幻灭》后，给哥哥写了一封很长的信，精辟地分析、评价了小说和茅盾当时的精神状态，提

文》杂志创刊上的法国作家里美画像。

《译文》杂志创刊号上普希金的钢笔画。

20 世纪 30 年代的茅盾。

出了中肯的建议和意见。茅盾认为沈泽民这封信是所有评论《幻灭》文章中最深刻的一篇，后来他为信加了标题《关于〈幻灭〉》，发表在《文学周报》上。

沈泽民病逝的消息，茅盾是 12 月中旬才刚从鄂豫皖苏区回来的成仿吾那里得知的。当时鲁迅也在场，得知沈泽民去世的年龄后，他叹息道："啊，他太年轻了！"茅盾没有把失去同胞手足的消息告诉母亲。他不知道该怎样向母亲转述这一噩耗。但是母亲还是知道了，是几个月后从一张国民党的小报上偶然看到这个消息的。巨大的悲痛几乎把她击倒，但当着茅盾和孔德沚的面，母亲没有掉过一滴眼泪，而是坚强地说："像泽民那样的死是值得的，他总算做了一点对国家有益的事。只可惜死得太早了一点。"

1931 年沈泽民夫妇去鄂豫皖苏区前，曾把一包他们夫妇相互往来的书信交给母亲代为保存，如今母亲把思念寄托在这包珍贵的书信上，时常拿出来看看。

茅盾不知道母亲暗地里流过多少眼泪，母亲的坚强，也给了茅盾力量和信念。

1930 年的沈泽民。

大型壁画《中国现代文学名著中的受难者》局部——《子夜》（叶武林绘）。

6

抗战烽火

1933年4月，茅盾在鲁迅的动员下搬进大陆新村，住所和鲁迅的家只有几步之遥。筹办《文学》杂志时，茅盾和郑振铎就一同到鲁迅的家中商量过，并得到了鲁迅的鼓励和支持，后来还与鲁迅共同商议创办了《译文》，商量应付国民党文化“围剿”的对策和办法。现在除了工作，两家生活中的往来也很多。鲁迅夫妇非常喜欢孩子，看到茅盾整天忙于工作，无暇顾及子女，于是，他们凡是带海婴去看影剧时，一定会叫女佣送张便条过来，内容多是“请借阿桑一用，按时奉还”之类，幽默亲切。这里的“阿桑”就是茅盾的儿子韦韬。

茅盾比鲁迅年轻很多，但是鲁迅始终把他当做文坛上并肩的战友、人生中倾心的朋友。1936年初，红军长征胜利抵达陕北后，史沫特莱得到这个消息后立即告诉了鲁迅，她还建议鲁迅和茅盾联名给中共中央发一封贺信。鲁迅把信写好后告诉了茅盾，“长征贺电”就由史沫特莱发往了陕北。

1936年10月19日，鲁迅与世长辞了。茅盾是九人治丧委员会中的一员，其他人是蔡元培、马相伯、宋庆龄、毛泽东、内山完造、艾格尼丝·史沫特莱、沈钧儒、萧三。

鲁迅去世时，茅盾正在家乡乌镇生病，他当天下午收到妻子“周已故速归”的电报后即想返回上海，无奈病痛使他无法下床。鲁迅的去世好像晴天霹雳，因为10月10日

画家高莽的一张肖像画，引来了茅盾的一首诗。

那天，茅盾在上海大剧院看苏联电影《杜勃洛斯基》时，还和鲁迅一家人坐在一起。待茅盾返回上海，鲁迅的丧礼已办完下葬了。茅盾在万国公墓鲁迅墓前久久默哀。

茅盾对鲁迅的感情和怀念是恒久的，关于鲁迅的评论和散文他一生写了 40 多篇。

1

1937 年 7 月 7 日，日军借口演习士兵失踪发动了“卢沟桥事变”，开始了全面的侵华战争，中华民族打响了抗日的第一枪。卢沟桥事变震惊了中外。从此，中国的抗日战争正式开始。

接着“八一三”战火烧到了上海。

1937 年 8 月 9 日，驻上海日本海军陆战队中尉大山勇夫率士兵斋藤要藏，驾军用汽车强行冲击虹桥中国军用机场，被机场卫兵击毙。事件发生后，中国上海当局当即与日方交涉，要求以外交方式解决。但日军却无理要求中国军队撤离上海、拆除军事设施，同时，向上海增派军队。8 月 13 日，日军以租界和停泊在黄浦江中的日舰为基地，对上海发动了大规模进攻。上海中国驻军奋起抵抗，日军参战 9 个师，22 万余人，伤亡 9 万余人；中国 6 个集团军参战，70 余万人，伤亡 25 余万人。淞沪会战期间，上海人民以各种方式积极参加抗战，支援前线。各界群众纷纷组织起来，文艺界救亡协会、学生界救亡协会、上海市纱厂工友救亡协会等团体，开展宣传、募捐、演出、慰劳等活动。全国各界民众也积极支援上海抗战。

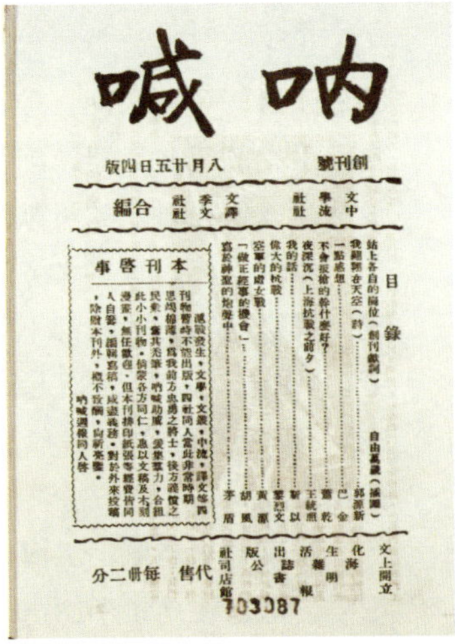
呐喊

創刊號　八月廿五日出版

文學社　中流社　文季社　譯文社　合編

目錄

站上各自的崗位（創刊獻詞）

自由萬歲（插圖）

我們對着天空（詩）……郭源新

一點感想……巴金

不會扳槍的幹什麼好？……蕭乾

夜深沉（上海抗戰之前夕）……王統照

我的話……靳以

偉大的抗戰……黎烈文

空軍的處女戰……黃源

「做正經事的機會」……胡風

寫於神聖的炮聲中……茅盾

本刊啓事

滬戰發生，文學，文叢，中流，譯文等四刊物暫時不能出版，四社同人當此非常時期，思竭棉薄，爲我前方忠勇之將士，後方義憤之民衆，奮其秃筆，吶喊助威，爰集羣力，合組此小小刊物，倘蒙各方同仁，惠以文稿及木刻漫畫，無任歡迎，但本刊排印紙張等經費皆同人自籌，編輯寫稿，咸盡義務，對於外來投稿，除贈本刊外，概不致酬，尚祈亮鑒。

吶喊週報同人啓

文化生活出版社　上海雜誌公司　開明書店　立報館　代售

每册二分

703087

1937 年 8 月 25 日出版的《呐喊》创刊号。

茅盾和巴金、郑振铎等上海进步文艺界人士也都投入了这一抗日救亡的洪流中。

形势迫使《文学》《译文》《中流》《文季》等大型文艺刊物都办不下去了，茅盾和巴金、冯雪峰等商量，决定四社携手办一份战时刊物。8 月 25 日，小型文学期刊《呐喊》创刊。

茅盾使用的铜墨盒。

茅盾亲自写了创刊词，号召作家用自己手中的笔做武器，配合民族解放战争，作出自己的贡献。他还提出：编辑写稿，皆尽义务，外来投稿，只赠刊物，大家都不取分文酬劳。《呐喊》从第三期起改为《烽火》，寓意文坛也如熊熊燃烧的抗战烽火。

战事越来越紧，上海随时面临沦陷。母亲在乌镇不愿出来，茅盾安置好她后便举家迁往内地。几个月里，他跑了广州、长沙、武汉等多个城市，参加各地文化界的救亡集会，还撰写发表了40多篇文章，呼唤民众“让不断的炮火洗净了我们民族百年来所受帝国主义的侮辱”。

1938年3月27日，中华全国文艺界抗敌协会在武汉成立。这是为广泛团结抗日力量而建立的全国性文艺团体，郭沫若、茅盾等45人被选为理事，老舍等担任总务部主任。大会还通过了《中华全国文艺界抗敌协会宣言》《中华全国文艺界抗敌协会简章》等文件。

1938年抗战中的茅盾。

抗战前夕，上海寓所花园中的茅盾。

2

1938年2月，茅盾从广州来到香港。住在九龙太子道的一间只有20多平方米的旧房子里。厨房是几家合用的。

当还在武汉时他就答应了生活书店的邹韬奋等人，准备共同编辑一本刊物《文艺阵地》（开始时选定广州作为编辑地，后来转到了香港）。《文艺阵地》是半月刊，1938年4月16日在广州创刊。《文艺阵地》还是香港文学史上第一本旗帜鲜明的抗日文艺刊物，也是抗日战争时期香港出版历史最长、普及最广、影响最深远的全国性文艺刊物之一。

为了《文艺阵地》的早日诞生，茅盾奔走于香港、广州两地，虽然付出了很多的心血，但当看到那么多作家支持他，寄来稿件，又感到特别的欣慰。那种十几年前主编《小说月报》时的感觉又回来了。第一期出版前，茅盾写了一篇充满激情、希望和信心的发刊词，他感慨地宣布：

这阵地上，将有各种各类的“文艺兵”，在献出他们的心血；这阵地上将有各式各样的兵器——只要是为了抗日的新式或旧式是不应该成为问题的。——这阵地（我敢断言），又将有新的力量，民族的文艺的后备军，来增长声威，补充火力——从今天起，这阵地算是草创起来了，要是没有许多文艺工作者的热情和毅力，这草创也是不易实现的；但是以后，如何构筑阵地，如何配备火力，如何洞明敌情而给以致命的打击，如何搜寻后方的间谍与汉奸而加以肃清，乃至武器的淬厉，战术的讲求——这一切，都有待于更多的文艺同声以及广大的读者们更大的努力和更多的扶植。

《文艺阵地》从一开始问世，就成为了抗战初期文艺界的一面战斗旗帜，它最广泛地联系和团结了全国进步的文艺力量。特别是先后发表在上面的张天翼的《华威先生》和姚雪垠的《差半车麦秸》，引起了文坛和社会各个阶层的高度关注和强烈反响。这两篇小说的的发表，标志着抗战文学作品正在向现实主义文学的深度进军。也为中国文坛培养扶植了张天翼、姚雪垠、李南桌等文学新人。

茅盾在《文艺阵地》的组稿、编辑、校订、印刷、出版的各个环节上，或亲自为之，或亲自过问。刊物因为排印方面曾一度想改到香

《文艺阵地》由茅盾主编，1938年4月16日创刊于广州，16开本，生活书店出版发行。初为半月刊。1938年七八月间，广州遭日军轰炸，移香港编辑，在上海付印。第2卷第7期(1939年1月16日)后，茅盾去新疆，由楼适夷代行编务。第3卷第5期(1939年6月16日)起，刊物随楼适夷转移到上海，在半地下状态中编辑出版。1940年4月16日，第4卷第12期后改出月刊，为24开本。在上海公开发行的为《文阵丛刊》；运往内地发行的则为第5卷第1期、第2期，后即遭查禁。1941年1月10日，刊物在重庆继续出版第6卷，仍为月刊，16开本，由回到重庆的茅盾继任主编。第6卷出6期。1942年11月出至第7卷第4期被迫停刊。后又以《文阵新辑》名义续出，为24开本。刊物历时6年，共出63期。

《文艺阵地》创刊号上登载张天翼的《华威先生》影响很大。

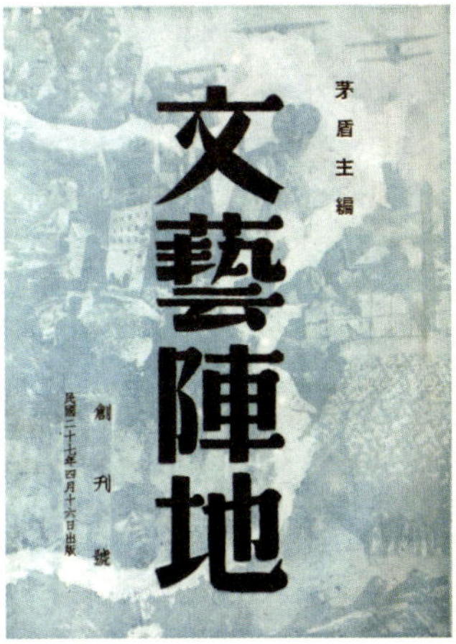

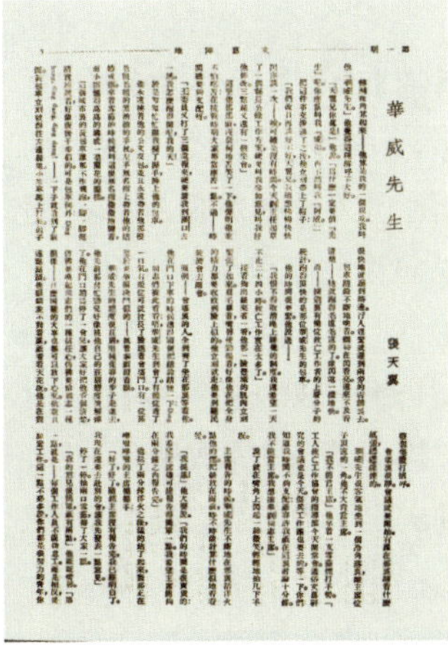
華威先生
張天翼

《文艺阵地》创刊号。(1938年4月16日)

1938年2月途经广州的茅盾和家人拜谒中山纪念堂。

港印刷，但同样遇到了许多敏感字不能用的问题，最终选定了孤岛上海，从第四期起在上海排印。然后再把刊物运抵香港，转发内地和南洋。茅盾让他的内弟孔令镜专门负责发排、校对、付印事项，从而有效地保证了《文艺阵地》的准时出刊。

在香港期间，茅盾一边编辑《文艺阵地》，一边还为萨空了主办的《立报》副刊《言林》做编辑，写连载小说《你往哪里跑》及其他文章。

《你往哪里跑》是茅盾抗战时期写的长篇小说，只完成了第一部，后来在重庆出了单行本，改名叫《第一阶段的故事》，茅盾自己认为作品“写失败了”。

茅盾在港编辑《文艺阵地》时，还得到了中共中央八路军驻港办事处主任廖承志的关心，他派杜埃去拜访茅盾，并带去了《新华日报》。

抗战时期的《文艺阵地》最广泛地团结了一大批作家，当时为刊物写稿的作家还有陆定一、叶圣陶、萧红、老舍、郑振铎、许广平、丰子恺、刘白羽、周而复、骆宾基、臧克家、田间、陈白尘等人。

3

1938年9月，茅盾在一个聚会

8年春，茅盾、夏衍（右一）、潘汉年（中）在广州黄花岗烈士墓前。

1938年茅盾一家在香港九龙太子道寓所的斗室中。

上遇到了从新疆回来的杜重远，他向茅盾介绍了新疆开明的督办盛世才正在发展新疆，他提出的反帝、亲苏、清廉、和平、建设、民族平等六大政策非常得人心，希望内地进步人士能去帮助建设新疆。还说重庆生活书店总经理张仲实已决定去新疆教书，请茅盾再推荐些人去新疆，茅盾向他提到了《立报》的萨空了。杜重远更希望茅盾能亲自去，还送了他一本自己写的《三渡天山》。

当时，武汉、广州相继沦陷，香港的处境也十分危机，茅盾经过思索，决心举家去新疆。他把决定告诉了已经回新疆的杜重远，很快就收到了盛世才的邀请电报。

茅盾把他正在编辑的《文艺阵地》和《言林》妥善地交给了楼适夷和杜埃，于年底带着全家离开香港，途经昆明，于第二年的1月5日乘飞机抵达兰州。没想到在兰州等飞机却耽搁了一个多月，直到2月20日才和生活书店的张仲实和萨空了的夫人孩子一道飞抵哈密。

盛世才派副官带着专车到哈密

迎接茅盾一行，又陪着他们行车千里穿越吐鲁番、天山、大坂等地，3月11日到达迪化（今乌鲁木齐）。初次见面，茅盾感觉盛世才的和气热情就像一个文雅的学者和志同道合的朋友。

茅盾一家被安排在迪化南梁一个大院里住下，第二天晚上，盛世才又举行欢迎宴会为他们接风。在宴会上茅盾意外地见到了在这里担任财政厅长的毛泽民，他是茅盾大革命时期的同事，化名周彬。

在新疆，茅盾被任命为新疆学院的教育系主任，还让他负责组织新疆文化协会，并担任委员长，领导新疆的文化建设。盛世才还给他配备了一个叫李佩珂的助手，做副委员长兼秘书长。张仲实则做了学院的经济系主任和文化协会的副委员长。

茅盾在新疆学院讲授中国通史、中国学术思想概论、西洋史等课程，每周有十七八个小时的课，没有开文学课。他支持学生中的文学爱好者创办了校刊《新芒》，还鼓励并指导他们创作了剧本《新疆进行曲》，直至最后进行演出。

领受了筹办协会的任务，茅盾就开始准备章程，制订一年的工作计划，还打算编撰一套宣传六大政策精神的小型教科书。

初来新疆的茅盾充满了喜悦和热情，每天写文章、编剧本、演讲、参加各种社会活动，既紧张忙碌又很充实。他却没有想到会遭妒忌和闲话。

而毛泽民、邓一鸣等这时也善意地提醒他平时要“多观察、少说话、多做事、少出风头”。因为盛世才这个人难以捉摸，对延安过来的干部虽奉为上宾却从来也不真心相待。有过一定革命斗争经验的茅盾对这些自己听到的、自己看到的与感受到的，也有所警醒。

放暑假了，茅盾和杜重远约好同去新疆的伊犁进行社会考察，不料，盛世才却给了他和王宝乾一个外事任

杜重远（1897—1943），辽宁开原人。早年留学日本，1923年回国后在沈阳开设肇庆窑业公司，曾任辽宁商务总会会长。九一八事变后积极投入抗日救亡运动。1932年春，与李公朴、胡愈之等发起筹办《生活日报》。1933年创办《新生》周刊，自任总编辑和总发行人。1935年5月，被反动当局判处一年零二个月徒刑，成为轰动中外的“新生事件”。1939年，被邀请去新疆创办新疆学院任院长。他聘请茅盾、萨空了、张仲实等人任教，还请赵丹、高滔、于村、王为一等人从事文艺宣传活动。他在新疆学院开讲中国共产党的统一战线课，进行抗日宣传，发表宣传进步思想的文章，遭到新疆督办盛世才嫉恨。1940年，被软禁在家。次年5月，当局又将他逮捕。1944年6月，盛世才派人在他食物中放毒、又注射烈性毒针，将其杀害。

重远之邀，茅盾一家1938年底离开
赴新疆工作。图为进疆前在兰州中
亍社留影。

天池位于阜康县境内的博格达峰的半山腰，东距乌鲁木齐110公里，海拔1980米，是一个天然的高山湖泊。湖面呈半月形，最深处约105米。湖水清澈，晶莹如玉。四周群山环抱，绿草如茵，野花似锦。有“天山明珠”之称。

庙儿沟位于吉木萨尔县城以北10多公里的北庭乡境内，北庭故城亦叫护堡子古城。该城汉代时称金满城，为车师后王庭所在地，著名汉将耿恭曾屯垦于此城。突厥时称“可汗浮图城”。唐贞观十四年(640)唐太宗在该城设庭州，长安二年(702)，武则天在此设立了北庭大都护府，管辖着天山以北、以西直到里海东部和北部广大地域。宋代，庭州城为高昌回鹘后王庭。元代，在此设别失八里元帅府，仍是西域重镇。明代初年，北庭毁于战火。故城一直是天山北麓政治、军事、交通和文化中心与西州、于阗并称西域三大丝都。

务，陪同英国驻华总领事去庙儿沟和天池。

海拔达5445米的博格达主峰在天池东南面，左右又有两峰相连。抬头远眺，三峰并起，如插云笔架。峰顶的冰川积雪与天池澄碧的湖水相映成趣，构成了高山平湖的自然景观。

游览了这两处胜景，茅盾才真正领略到西域疆土的壮美风情。

从天池一回来，茅盾就听说赵丹他们来了，心里不觉一惊。因为不久前他曾给赵丹去过电报，劝他们来这个艰苦的地方一定要三思而行。没有想到他们还是执意来了。

受盛世才委托，茅盾去看望他们。赵丹他们一下来了四对年轻夫妻，见到茅盾格外高兴。寒暄之后，茅盾谈了自己来疆之后观察到的情况和一些感受，特别提到盛世才非常多疑，有时捉摸不透，要谨慎行事、认真工作等。赵丹他们听了一边点头，一边后悔。

茅盾的担心的确是有道理的。杜重远因帮助赵丹他们遭非议，在中秋晚会上发了几句牢骚，盛世才就背地里调查他。这让做事谨慎的茅盾感觉不对，虽然曾私下里劝过杜重远要小心，最后盛世才以杜重

新疆文化协会旧址。(茅盾曾任新疆文化协会委员长)

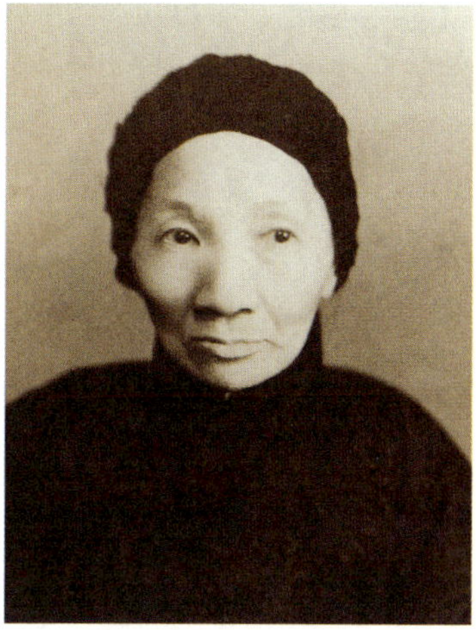

1940 年 4 月 17 日，茅盾的母亲陈爱珠逝世，享年 65 岁。此时，新疆形势险恶，茅盾便借回家奔丧离开了新疆。

远涉嫌阴谋暴动把他软禁了起来。茅盾、张仲实也辞退了新疆学院的工作。只做些文化协会的工作。

1939 年的冬天格外寒冷，新疆的形势也愈加严峻，茅盾、张仲实都感到了压力，却又无法脱身。茅盾曾想通过杨之华的关系去苏联，未成，只得尽量少与外人接触，减少交往，把更多的时间放在家里看书写诗来排遣寂寞。这一年中，他写的多为与新疆现实无关的国际问题的评述。

1940 年 4 月，茅盾突然收到在上海的二叔沈仲襄发来的一封加急电报：“大嫂已于 17 日在乌镇去世，丧事已毕（大嫂即茅盾的母亲）。”

如晴天霹雳，母亲的离去让茅盾悲痛欲绝，他痛哭不止。孔德沚也流着泪说：本就不该来这个地方，老人家去世都不能看上最后一眼。茅盾想到，若是奔丧，盛世才或许能放他们回去。

盛世才听说茅盾要这么远赶回乌镇为母亲奔丧，颇为感动，当时就同意了，还让他的副官卢毓麟协助茅盾在迪化设帐遥祭母亲。而后，又设宴欢送茅盾，希望他过后再回新疆工作。

以后数日盛世才始终没有放茅盾走，直到 5 月 5 日，茅盾一家才总算飞离迪化，躲过了一劫。后来茅盾才得知，盛世才要把他扣在新疆，只是碍于影响才罢手。

他走后不久，盛世才彻底撕破了伪装，实行了严厉统治，杜重远入狱，后惨死狱中。赵丹他们也蹲了大牢，直到几年之后才逃出虎口。

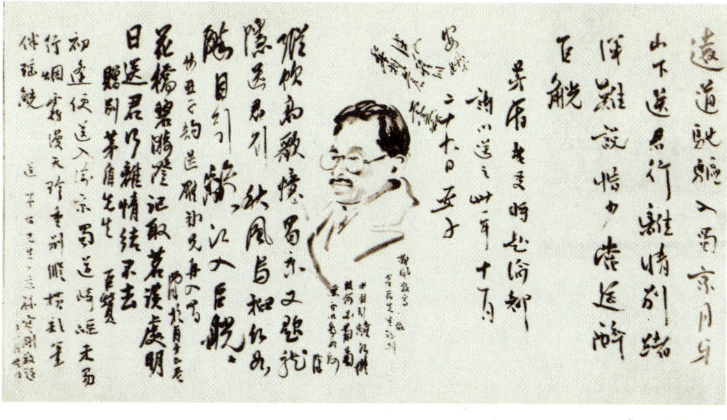

1942 年底桂林文艺界朋友在月牙山为茅盾去重庆饯行，这是柳亚子、田汉、巨赞、孙宝刚等人在一横幅上的题诗，和郁风为茅盾所作画像。

7 寻梦延安

白杨树实在不是平凡的，我赞美白杨树！

……

它没有婆娑的姿态，没有屈曲盘旋的虬枝，也许你要说它不美丽，——如果美是专指“婆娑”或“横斜逸出”之类而言，那么白杨树算不得树中的好女子；但是它却是伟岸，正直，朴质，严肃，也不缺乏温和，更不用提它的坚强不屈与挺拔，它是树中的伟丈夫！当你在积雪初融的高原上走过，看见平坦的大地上傲然挺立这么一株或一排白杨树，难道你觉得树只是树，难道你就不想到它的朴质，严肃，坚强不屈，至少也象征了北方的农民；难道你竟一点也不联想到，在敌后的广大土地上，到处有坚强不屈，就像这白杨树一样傲然挺立的守卫他们家乡的哨兵！难道你又不更远一点想到这样枝枝叶叶靠紧团结，力求上进的白杨树，宛然象征了今天在华北平原纵横决荡用血写出新中国历史的那种精神和意志。

白杨不是平凡的树。它在西北极普遍，不被人重视，就跟北方农民相似；它有极强的生命力，磨折不了，压迫不倒，也跟北方的农民相似。我赞美白杨树，就因为它不但象征了北方的农民，尤其象征了今天我们民族解放斗争中所不可缺的朴质，坚强，以及力求上进的精神。

让那些看不起民众，贱视民众，顽固的倒退的人们去赞美那贵族化的楠木（那也是直干秀颀的），去鄙视这极常见，极易生长的白杨罢，

新新出版社 1946 年初版的《白杨礼赞》的扉页图案。

但是我要高声赞美白杨树！

这是茅盾写于1941年3月的散文《白杨礼赞》中的部分文字，是他根据自己1940年赴延安途中的见闻和感受写的。延安，也是茅盾一直向往的地方，他通过对白杨树不平凡形象的赞美，歌颂了中国共产党领导下的抗日军民和整个中华民族团结、上进、坚强不屈的革命精神和斗争意志。

黄土高原。

1

1940年5月6日的下午，茅盾一行乘坐的苏联交通班机降落在兰州机场。

他们还是住宿在南门外的中国旅行社兰州招待所，一年前去新疆时就住在这里。他们本来已经订好了第二天飞往重庆的飞机，但晚上突然被告知，他们的票被绥远来的傅作义将军带的随员挤掉了，要在兰州多呆几天。暂时去不了重庆，张仲实建议索性到西安去，找找八路军办事处，干脆去延安看看。茅盾觉得这个主意不错，就一同找到西北公路局的沈局长，托他给想个办法。

很快，沈局长便告诉他们：青海的喜饶嘉措活佛因没买到去重庆的飞机票，准备派专车走公路经西安去重庆，活佛同意茅盾他们可以搭他的车。

5月14日一大早，茅盾一行登上了去西安的“专车”。兰州到西安700多公里，正常的话路上要用三天时间，可是茅盾他们的车子整整跑了五天多。

原来，第一天晚上在华家岭住宿后遇到了大风雪，因封路耽误了两天。好在后面的行程还比较顺利。虽然六盘山的路险峻，九曲十八弯，但路况还好。翻过六盘山，眼前一下辽阔了，映入茅盾视野的是那黄土高原上绿色的麦浪和一排排、一簇簇的伟岸白杨树，当汽车下塬时，无数沟壑将高原截成条条块块，似万只斑斓猛虎。汽车也仿佛在峻岭峡谷中穿行。茅盾这才深深地领略到黄土高原的雄壮与伟大。

5月19日下午，专车终于到达了西安。他们一行住进了中国旅行社西京招待所，经理是上海人，也是茅盾作品的热心读者。晚上，大家又到郊外去躲了一次日本飞机的空袭。

第二天下午，茅盾和张仲实到了位于七贤庄的八路军办事处，意外地邂逅才从延安出来的周恩来和从山西前线回来的朱德。茅盾和周恩来是熟人，朱德却是第一次见面，他给茅盾的第一印象是一位话语不多的敦厚长者。周恩来问了他们在新疆的情况，今后有何打算？当知道他们想去延安时，高兴地说："你们不论是去参观还是工作，我们都欢迎。"又说正好总司令也要回延安，可以同他一路走，安全也有了保证。接着周恩来和朱德又给他们讲了当前国内的抗战形势，商定了行程日期。为了安全起见，张仲实第二天即搬到办事处来住，茅盾一家则在行前一天才搬过来。

在西安，茅盾他们参观了著名的碑林，欣赏了那里保存的自汉魏以来的各种名碑。

5 月 24 日上午，茅盾他们随同朱总司令一行三辆卡车的队伍出发了。除了朱德夫妇和随行人员，还有很多奔赴延安的青年人。为了减少路上的麻烦，除了茅盾夫妇外，其余的人包括茅盾的儿子、女儿也都换上了军装。

晚上住宿铜川，茅盾和朱德在一起聊天时，话题竟是杜甫和白居易，茅盾发现，眼下这个名震中外的将军竟然是一个有着极高文学素养的儒将。

抗战期间的朱德总司令。

第二天下午车队行至桥山脚下，朱德又陪他们拜谒了黄帝陵。在千年古柏环抱的帝陵前，茅盾讲了黄帝的"家史"，特别谈到逐鹿之战，以及仓颉造字、嫘祖养蚕、岐伯编《内经》等故事。朱德也讲到我们这些黄帝的子孙一定要点燃民族解放的烽火，把抗日战争进行到底。茅盾还发现总司令有着很不错的演说才能。

下午 4 点多，车队通过了国民党的最后一道关卡，进入了陕甘宁边区。

在行进中，车上的人都兴奋地说着笑着唱着。压抑了几天的情绪一下子都释放了出来。这种欢乐也强烈地感染着茅盾一家，在这块土地上他强烈地感受到欢欣和自由。

今日延安杨家岭。

2

1940年5月26日，茅盾一行到达了延安南郊的七里铺。

朱德的车抵达早一些，各界的欢迎代表和人群已随总司令进了城。茅盾他们下车后就看到了早已等候多时的张闻天和廖陈云（即陈云）。大家都是多年没见，彼此更是亲切万分。他们换乘了小车行驶在南门的一路上，欢迎的人群中还见到了许多熟悉的面孔。

傍晚，延安各界在南门外操场举行大会，欢迎朱总司令和茅盾他们。茅盾第一次看到这种热烈场面，台下黑压压的却井然有序，大家坐在小马扎上，互相喊着号子拉歌，《游击队歌》《大刀进行曲》《八路军军歌》的歌声此起彼伏，随后是朱总司令铿锵有力的讲话，那场景让茅盾永远难以忘怀。

第二天晚上，在中央大礼堂举办的延安各界欢迎晚会上，茅盾见到了毛泽东，他们20年代曾在一起工作过，握手后就并排坐在第一排的长凳上观看鲁艺演出的《黄河大合唱》。台上200多人的合唱团气势雄浑的演唱让茅盾大开眼界，音乐的激流撞击着每一个听众的心扉，感动着在场的每一个人的灵魂。茅盾后来说：“《黄河大合唱》使他这个音乐的门外汉老觉得有种什么东西在心里抓，痒痒的又舒服又难受。它那伟大的气魄自然而然使人鄙吝全消，发生崇高的情感，就像灵魂洗了一次澡似的。”茅盾虽然没有见到冼星海，但他说他从《黄河大合唱》中认识了这位天才的音乐家。

到达延安的最初几天里，沈泽民的夫人张琴秋特意来看望他们，大家分别多年，见面有说不完的亲情话，话题自然也要谈到已逝的沈泽民。张琴秋是延安女子大学的教育长，她说她所在的学校是专门培养女青年的，想让侄女亚男（沈霞）去。还推荐侄子阿桑（沈霜）去读青干校，但沈霜自己想上陕北公学，因为他在斯诺写的《西行漫记》上看到过这个学校。

今日的延安中央大礼堂。

延安时期的毛泽东与周恩来在凤凰山窑洞前。

张闻天和茅盾久别重逢。住在杨家岭的张闻天急切赶到交际处看望他，茅盾第二天又回访张闻天，两个人谈了许多20年代的往事和30年代上海文艺界情况，茅盾表示了他想在延安长住下去的愿望。张闻天很高兴，连说欢迎欢迎。

从张闻天那里出来，茅盾又专门去拜访了毛泽东。茅盾觉得眼前这位伟人和十多年前在广州时没有什么两样，说起话来还是那样谈笑风生。茅盾把杜重远、赵丹他们在新疆的状况告诉了毛泽东，希望能把他们解救出来。毛泽东答应派人去了解。不久，李维汉告诉茅盾，杜和赵都被盛世才抓进了监狱。

过了几天，毛泽东到交际处看望来延安慰问的陈嘉庚后，接着又到茅盾住的窑洞看望他。这一次，他们谈了很久，还在一起吃了便饭。毛泽东给茅盾带来一本还散发着油墨味的《新民主主义论》，随后毛泽东还与茅盾探讨《红楼梦》的许多话题，还问到茅盾下一步的创作活动有哪些打算……他建议茅盾去鲁艺，并幽默地说："鲁艺需要一面旗帜，你去当这面旗帜罢。"茅盾赶紧摆手，说自己不够资格，但愿意去鲁艺。

七月间，毛泽东又把茅盾请到杨家岭自己的窑洞里，他们的这次畅谈持续了较长时间。主要围绕着30年代上海文坛上的斗争和抗战以来国统区、解放区文艺运动的发展状况。谈话过程中，茅盾觉得自己的许多思想得到了梳理和提高。

3

茅盾的住处离鲁艺院部约有一里多地，在桥儿沟的东山脚下。这里是一个削成了峭壁的小山嘴，两孔窑洞，一间是客厅兼饭厅，另一孔是卧室兼书房。向南的窗户上糊的白纸，光线很好。门前是一个可以散步活动的小平台，走下十几个台阶就是一片菜园，碧绿碧绿的，都是学员们所种，很是喜人。再过去还有潺潺的流水。他们平日吃的是小灶，有小服务员专门打水打饭照料。这样舒适安静的环境是周扬特意精心安排的。当时吴玉章是鲁艺院长，周扬是副院长并主持工作。

在鲁艺，茅盾住了近四个月。

他跟周扬说：在新疆一年感觉自己落后了，想补补课，多读些东西，再前后方走走，然后搞创作。

茅盾在鲁艺并没有把自己当客人，做了很多的工作。他在学院的篮球场上给全院师生作了“漫谈自己创作经验”的精彩报告。

1940 年 7 月初，他在文协延安分会的各文艺小组集会上作过一次《论如何学习文学的民族形式》发言。引起了延安文学界的关注。

后来，茅盾又给鲁艺文学系的同学开了一门《中国市民文学概论》的课，这门课讲了五六次非常受欢迎。为此他还写了详细的讲稿，可惜讲稿后来在战火中遗失了。

论述中国的市民文学是茅盾在延安期间文学活动的重要内容之一。

在鲁艺的几个月里，茅盾对这所培养革命文学艺术家的大学有了最直观的了解和认识。鲁艺有近 500 名学生，学校初办时有戏剧、音乐、美术三个系，后来又增加了文学系。为了紧密联系实际，鲁艺还设有文艺工作团、实验剧团、歌舞团、美术工作团以及其他科研组织。

鲁艺的教育方针是：团结与培养文学艺术的专门人才，以致力于新民主主义的文学艺术事业。毛泽东为这个学校题的校训是“紧张、

延安宝塔山。

1940 年 5 月 26 日，茅盾一家随朱德总司令从西安到达延安。他在延安鲁艺为文学系的学员们讲《中国市民文学概论》。

严肃、刻苦、虚心”。

鲁艺的教学方法是启发式的，也就是学生自主研究为主，教师讲解为辅。

除了学习，鲁艺全体学生、教职员工还有一个共同的主课——生产，这也是边区所有人的主课。从茅盾窑洞外的平台上可以看到，每天都有学生戴草帽扛锄头，早出晚归地从沟底的小径去菜地里劳动，洒满一路歌声和笑语。

4

在延安的日子里，茅盾既有文艺界的活动，也有一般的社会活动。

他参加了文协延安分会的会议和讲演，纪念鲁迅诞辰六十周年的活动，鲁迅先生逝世四周年纪念大会。茅盾还为纪念活动与《大众文艺》写了两篇文章，一篇是散文《为了纪念鲁迅的六十生辰》，另一篇是评论《关于〈呐喊〉和〈彷徨〉》。并把自己一直保存着的鲁迅亲笔誊写的一篇答复国际文学社的短文手稿赠送给了鲁迅逝世四周年展览会。

茅盾还定期参加了范文澜和吕振羽组织的中国历史问题讨论会，每周一次在蓝家坪，二三十人坐在小马扎上讨论历史问题，漫谈方式，不求结论；也参加了每周一次的艾思奇主持的哲学座谈会，参加的二十来人都是中央领导和延安著名的哲学家二十来人，毛泽东、朱德、任弼时、张闻天等都常参加，内容从中国的老庄到外国的黑格尔、康德都在研究范围之内；还参加了中宣部在杨家岭小礼堂组织的每周一次的报告会，会议主持人是张闻天。学习马列理论、联共（布）党史、辩证唯物主义和历史唯物主义，凡中央委员和各部门的负责人都参加。

在延安，茅盾还为萧三、方纪负责的《大众文艺》写过几篇文章。辅导文学青年学习写作。

1940 年 9 月，茅盾参加了重庆《文学月报》上关于“文艺的民族形式”的讨论。写了《旧形式、民间形式与民族形式》一文登在《中国文化》上，支持郭沫若、潘

桥儿沟鲁艺。

梓年的观点和看法。批判了林冰主张的向后退的复古路线和“引导”民族形式入于庸俗化与廉价化的危险。

当时延安的交通主要靠步行，茅盾参加的活动有许多都在城里，因此他学会了骑马，“骑术”甚至到了小跑的水平。从桥儿沟到城里，路过王家坪前的桃园时，他会不知不觉地停下来在石凳上休息一会儿，喝杯清茶，看看风景。

5

九月下旬，张闻天给茅盾拿来一封周恩来的电报，说郭沫若他们退出了第三厅，政治部又组织了一个文化工作委员会，由郭沫若主持，很希望茅盾也能前去工作。他觉得茅盾在国统区工作影响和作用更大些。

张闻天告诉茅盾：“文化工作委员会这块合法的牌子是可以做很多工作的，恩来请你去是考虑你在国内外的名声，国民党奈何不了你。”

他接着又说：“这只是我们的建议，你们全家都到延安来了，就是不打算再出去，你和德沚姐商量商量再决定，不必勉强。”

茅盾沉思了一下，说：“不必商量了，我听从分配。”

他又告诉张闻天，两个孩子留在延安。

张闻天安慰老朋友：“孩子留在延安请你们放心，我会照顾他们的。”他还告诉茅盾：“下个月董老要去重庆，你们可以与他同行。路上安全些。”

张闻天走后，茅盾就开始做离开延安的准备了。他和孔德沚很快就离开了鲁艺的桥儿沟，重新搬到了交际处。鲁艺的师生们恋恋不舍地和他告别。

茅盾夫妇在交际处又住了半个

走在延安宝塔山下的毛泽东。

1940年10月茅盾夫妇离开延安前，画家沈逸千为茅盾作的肖像画。

多月，在离开延安前他们向新老朋友们一一告别，还专门去了杨家岭，毛泽东还像以往那样幽默，他得知茅盾的一双儿女还留在延安上学，便风趣地说："你现在把两个包袱扔在这里，可以轻装上阵了。"

延安短短的四个月时光，茅盾学到了很多，看到了很多，也经历了很多。他半生寻觅的梦境，在这里找到了，而且从这里的人们身上看到了中国的希望和未来。现在，要离开这充满阳光的地方，重新回到乌云密布的重庆，投入到那风雨如磐的斗争中去……

那天听到让自己回重庆国统区工作的决定，茅盾送张闻天走到沟底时向老朋友提出这样一个要求：请求党中央研究一下恢复他的党籍问题，以了却十年来的心愿，这样到重庆可以直接在党的指挥下工作。

张闻天认真地把他的话听完，对他说："你这个愿望很好，回去后提交书记处研究后答复你。"

几天后，张闻天特地来传达中央书记处指示：认为他目前留在党外，对今后的工作，对人民的事业，更为有利，希望茅盾能够理解。

对于党中央的决定，茅盾没有再说什么，独自把遗憾埋在了心底，他知道党中央是经过了认真研究后才做出的决定。

1940年10月10日，茅盾夫妇随同董必武的车队缓缓离开了延安。

8

动荡岁月

延安到重庆有1500公里的路程，茅盾夫妇跟着董必武的三辆车却走了一个半月的时间。原因是他们的车子在宝鸡加油遇到了麻烦，当地政府非要他们的每辆车捐上两吨的棉花才给加油，尽管押车副官费尽了气力交涉，还是被扣了一个多月。车到重庆已是1940年11月的下旬了。

1

茅盾夫妇在重庆郊外红岩村的八路军办事处住了两天。住下的第二天周恩来邓颖超就来看望他们，周恩来还详细向他介绍了重庆当前的形势以及今后的工作。他还对其他同志说，茅盾只是穿上一件文化工作委员会的“官方”外衣，不必要求他做什么实际工作，而是要他用笔来战斗，发挥作家的作用。另外想请他担任《文艺阵地》的主编。徐冰还告诉他：你们今后的住处是跟沈钧儒住在一起。

过了一天，茅盾夫妇就搬到了生活书店门市部楼上新腾出来的一个小房间里。

生活书店门市部在市中心的繁华地段。邹韬奋和徐伯昕来看他，并询问杜重远和张仲实他们各自的情况。邹韬奋也告诉茅盾生活书店目前所面临的重重困难：抗战初期开的50多家分支书店几乎都遭到了国民党的查封，目前只剩下贵阳、桂林和香港三个了；国民党利用各种办法收买、威胁，都被他回绝了。韬奋讲，重庆现在的文化出版工作所面临的困难和压迫，特别是图书审查制度比当年的上海还厉害。他想把《文艺阵地》从上海搬到重庆

《文艺阵地》创刊号中的插图“首领们”。

来出版，希望茅盾继续当主编。茅盾提出设法把楼适夷从上海找来给他当助手，邹韬奋同意了。

在地方窄小的生活书店阁楼上，许多朋友来看他，大家相见既温馨又热烈。

过了几天，茅盾又搬到枣子岚垭良庄的一个小山坡上的一栋三层小楼中。房主是四川人住一楼，沈钧儒和他的儿女们住二楼，茅盾夫妇住三楼的一间。另一间住着王炳南和他的德国太太。

一切就绪，茅盾就摊开纸笔写文章了。已经这么多天没有动笔，好像有好多的话要说。到重庆后的第一篇文章叫《旅途见闻》。

12 月 2 日是住下的第二天，茅盾夫妇到天官府街 7 号参加了一个由田汉的《戏剧春秋》社发起并组织，有 30 多人参加的讨论戏剧民族形式问题的座谈会。在挤得满满的会议厅里，茅盾见到了田汉、阳翰笙、老舍、陈望道、洪深、郑伯奇、杜国庠、安娥、姚蓬子、胡风等朋友和同行。茅盾在会上讲了自己新疆历险经过和延安的同志对这次讨论的意见。

在重庆的这段日子，茅盾感觉自己成了张天翼笔下的华威先生。各种各样的社交活动和集会把茅盾搞得筋疲力竭，但很多又都是他不得不去的。

比如 12 月 8 日在中苏文化协会举行的中苏文化人联欢会。中方有沈钧儒、邹韬奋、陈铭枢、郭沫若、王昆仑、张西曼、老舍、洪深、阳翰笙等各界人士。苏方参加的有对外文化协会代表、使馆顾问、塔斯社社长等十多人。郭沫若、茅盾都作了长篇讲话，其讲话后来经过整理发表在《中华文化》上，这篇《抗战期间中国文艺运动的发展》文章是茅盾在重庆期间发表的十几篇中，花费精力最多也是格外重要的一篇文章。

12 月 8 日的晚上，茅盾还参加了在中苏文化协会举行的全国文协总会组织的“关于小说创作”的专题讨论会。到会的除了他和老舍、沙汀、叶以群、潘梓年、胡绳、胡风等，还有几十个文学青年。茅盾的发言主要讲如何观察人物，他告诉文学青年们，要从社会矛盾中去观察人物。这个发言后经整理为《关于小说中的人物》刊登在《抗战文艺》上。

还有文化工作委员会召开的一次讲演会（也是文工委成立后举行的第一次文艺讲演会）。郭沫若主持，老舍作文协一年工作的报告，茅盾作了较长的讲演发言，其发言稿整理后叫《今后文艺界的两件事》，发表在《大公报》上。

这次会议在重庆的文艺界掀起了巨浪，《新华日报》发了消息，《大公报》则有子冈的长篇通讯。

茅盾在晚年的回忆录中这样回顾总结那段时间的文学活动：

“四 O 年末，我在重庆的文学活动大致如下，即参加各种集会，并在会上发言；写了几篇文艺论文，多半就是这些发言的再整理；发言和文章的内容着重于介绍延安和敌后抗日根据地的生气勃勃的文艺运动。”

在重庆的这段日子里，茅盾还为《文艺阵地》的复刊做了大量工作。编委会由茅盾、叶以群、沙汀、宋之的、章泯、曹靖华、欧阳山七人组成。“后台老板”是茅盾，由叶以群实际负责。每期稿件茅盾都一一过目。叶以群成了茅盾家中的常客，后来茅盾发现，叶以群是周恩来专门派来照顾自己的，也是他这个党外人士与党保持联系的联络员。

1941 年 1 月，寄予了茅盾、叶以群等众多作家心血的《文艺阵地》复刊号出版了，其丰富的内容，强大的作者阵容都不亚于抗战初期的《文艺阵地》。其中有沙汀的小说《老烟的故事》，艾青的长诗《马蒂夫人像》，张天翼的《论〈阿 Q 正传〉》，曹靖华翻译的《列宁的故事》，戈宝权翻译的《列宁论文学、艺术与作家》等，茅盾自己写了一篇散文《风景谈》（他的“见闻录”第二篇）。茅盾他们起初担心图书审查会的那帮老爷们通不过，谁想竟然一字不动地登了出来。董必武看了《风景谈》后，笑着说：茅盾写得好，你谈风景，他们就没办法了，审查官低能得很。在复刊号六卷二期上，茅盾又发表了他的散文《白杨礼赞》。

复刊号《文艺阵地》增加了“杂感”栏目，茅盾想让大家重视杂文抨击时弊的作用，重振鲁迅的杂文精神，使这个刊物增加了战斗性和匕首的功能。

1939 年烽火社出版的散文集《炮火的洗礼》。

2

1941 年初，发生了震惊中外的“皖南事变”。

茅盾于当天晚上从沈衡那里得到的消息。

第二天重庆各大报纸都在头条登出“为整饬军纪，解散新四军”的新闻。作为抗议，《新华日报》在两大块被开了天窗的地方印上了周恩来的悼词：“千古奇冤，江南一叶，同室操戈，相煎何急！！”“为江南死难者致哀”。

叶以群也过来向茅盾讲述了这次事件的详细情况和

开天窗为新闻工作术语。在旧中国时期，报刊上有些新闻或言论排版后被国民党政府新闻检查机关禁止刊出，报纸编辑部有意在版面上留下成块空白，不加填补，形如窗洞，故称“开天窗”。这常常是新闻工作者暴露并抗议国民党政府压制言论自由的一种斗争方式。

1939 年，周恩来与叶挺军长（右）、项英副军长（左）在新四军军部。

《新华日报》被开天窗、周恩来为之题写悼词的经过。

叶以群说："现在中央的应变方针尚未收到，估计一两天内恩来同志或徐冰同志会向你传达的。不过我们也要做好大变动的准备。"

又过了几天，周恩来召集民主党派和无党派人士，介绍这次事变的前因后果，并宣告：共产党让步的阶段已经完结，要把抗日战争进行到底。

随后，徐冰找到茅盾，告诉他重庆的环境今后会更加险恶，斗争也将更加复杂，为防止意外变故，集中在这里的文化人要做适当的疏散，部分留下，部分去延安，部分去香港。初步研究，郭沫若先生留下，你才从延安来，目标太大，应暂避一下。走的时间，去的地方，都还没有定，想听听你的意见。

茅盾说："请组织决定罢，我服从工作需要，去哪里都一样。"

皖南事变后，重庆文艺界的一切活动都暂时停顿了。茅盾也暂时不再参加集会，写文章。2 月 5 日清晨，洪深一家五口服药自杀，后从死亡边缘被抢救回来。这件事深深触动了茅盾，政治的黑暗，社会的畸形，人性的被摧残，都让他感慨万端，他不能不动手中的笔一吐

叶挺将军像。

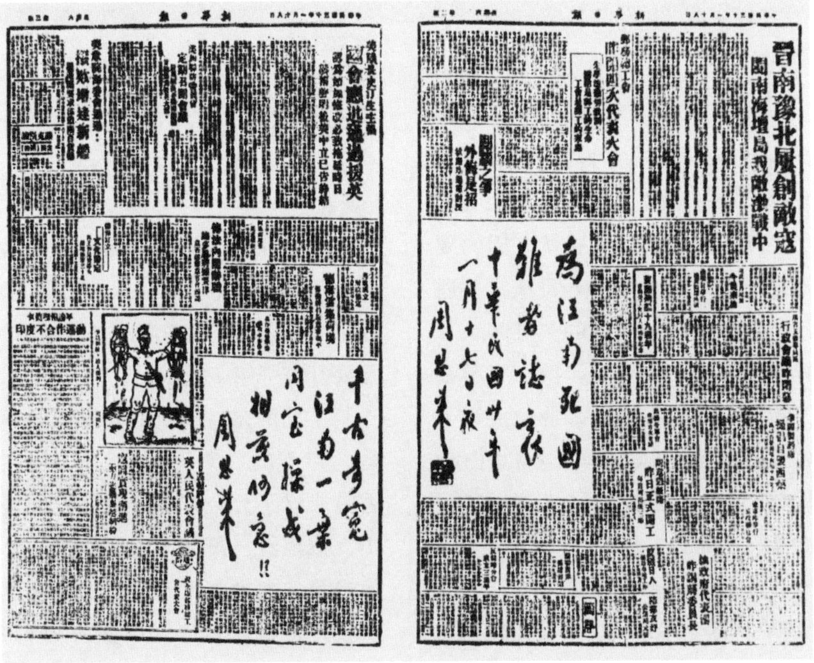

千古奇冤
江南一叶
同室操戈
相煎何急!!
周恩来

为江南死国难者志哀
中华民国卅年一月十七日夜
周恩来

1941 年 1 月 18 日的《新华日报》被开了天窗，周恩来挥笔写下“为江南死国难者志哀”，“千古奇冤，江南一叶，同室操戈，相煎何急”的两段话，成了一座不朽的丰碑。

心中郁闷的块垒。于是连夜秉烛写了一篇杂感《雾中偶记》。

他在文章中诅咒重庆的“雾”，蔑视猖狂的鼠子，他还提起鲁迅那篇《为了忘却的记念》和先生的精神。在文章的最后他写道：“血不会是永远没有代价的！民族解放的斗争，不达目的不止，还有成千成万的战士们还没有死呢！”

匕首般犀利的文章登在了 2 月 25 日的《国讯》旬刊上。

2 月下旬，周恩来在曾家岩 40 号的客厅中见到了茅盾，他开门见山地对茅盾说：“我把你从延安请来，没想到政局发生这样大的变化，现在又要请你离开重庆了。”

周恩来建议茅盾去香港，因为他曾在那里编过《文艺阵地》，比较熟悉。香港地位重要，是共产党宣传政策、争取国际舆论和支持的窗口，又是内地与上海联系的桥梁。万一国内政局剧变，那里是我们的重要堡垒。为了加强香港的力量，除了茅盾外，夏衍、范长江、邹韬奋、叶以群等都要去。周恩来让茅盾去那里开辟一个新的阵线。

周恩来又说：孔大姐可以去延安，和他的两个孩子在一起。

茅盾告诉周恩来：他对中央的安排没意见，孔德沚的事，他回去问问她，让她自己拿主意。

孔德沚听茅盾讲了下一步的行动去向，不假思索地要跟茅盾去香港，她说：“如果我要守着两个孩子，去年就不到重庆来了。”

茅盾和叶以群一起安排好《文艺阵地》的后续事情，就搬到了重庆的南温泉。

这里离重庆20多公里，本是疗养胜地，他们临时住的是黄炎培职业教育社的房子，有山有水有温泉，环境幽静，无人打扰。因为要等待一段时间才能离开重庆，茅盾就安下心来继续写他的“见闻录”，听着泉声，文思泉涌，前一年所经历的一切都映在眼前，他一连写了《兰州杂碎》《风雪华家岭》《白杨礼赞》《西京插曲》和《“雾重庆”拾零》六篇。

特别值得一提的是《“雾重庆”拾零》，茅盾在文章里勾勒了这几个月在重庆生活的观感，狠狠地讽刺了图书杂志审查会的老爷们。这篇杂感在编入《见闻杂记》时被审查会的官员们删砍了三分之一。

茅盾在南温泉一住就是20多天，直到三月上旬的一天，生活书店的程浩飞和新知书店的一位职员搞到一张冯玉祥副官处的证明，他们才启程。护送者打着冯玉祥副官的名义，使他们一路上很顺利，出城后长途汽车昼行夜宿，用了一个星期的时间到达了桂林。

在桂林，飞往香港的一切机票手续都已事先安排妥当，又辗转找人拿到了通行证，第二天傍晚，茅盾就和程浩飞一起登上了飞机，午夜时分安抵香港。开始了开辟“第二战线”的工作。

在重庆赴港途中，茅盾还口占了一首旧体诗：

“存亡关头逆流多，森严文网欲如何？驱车匆走天南道，万里江山一放歌！”

3

这是茅盾在抗战中第二次到香港。1938年那次是创办《文艺阵地》住了十个月。这次来港的任务更重，是要开辟“第二战线”。

不同的是，这次的香港已经不是两年前的“文化沙漠”，文协在香港成立了分会，他的老朋友许地山、戴望舒、萧红、端木蕻良、林焕平等一大批文化人及作家在这里活动，他们还创办了《文协周刊》和文艺通讯员站，指导培养文学青年。不利的方面是国民党的势力也挤了进来，以争夺这块阵地。这也更让茅盾感觉到肩头担子的分量。

茅盾初到香港，住在旅馆里，朋友们得到他来的消息，都纷纷前来看望。许地山多年不见，在港大教书，也主持文协工作，端木蕻良和萧红、夏衍和范长江先后相约一道来。范长江正在筹办《华商报》，已有眉目，预计4月8日创刊。见面就向茅盾约稿。夏衍说：“《华商报》的综合性副刊《灯塔》每周出五期，现在还缺一个长篇连载。”

茅盾笑起来，道：“莫非你们以为我箧中有一部长篇小说打着埋伏？”

夏衍也笑起来，说：“我们听说沈先生在南温泉时，天天伏案疾书，想来总有可以发表的东西。”

“是写了一点，”茅盾承认，“但不是小说，是杂感式的散文，记录这两年的内地见闻，而且没有写完，只写了一两万字。”

“这就足够了，没有写完不要紧，可以先登出来，你一边继续往下写。”夏衍赶紧说。

茅盾看到夏衍这么相邀，况且支持《华商报》办报也是他此次来香港的任务之一，就痛快地答应下来，说：“那好罢，你们后天派人来取稿，我要从头至尾看一遍，再写一个前言。”

范长江满意地说道：“这下我们有两个连载了。”

原来，在这之前邹韬奋也答应了给他们一个连载，题目叫《抗战以来》。有了这两个大牌作家的鼎力支持，《华商报》一开张就会大吉的。

茅盾听说邹韬奋也在香港，就问他什么时间到的。范长江告诉他：已经半个月了，住在九龙，也在筹备一个刊物。

茅盾领受了任务，他给连载的文章起了一个总题目，叫《如是我见我闻》，又赶写了一篇《弁言》放在前面。

时隔一天，茅盾亲自把《弁言》《兰州杂碎》《白杨礼赞》等五篇文章交到夏衍手上，后来，又接连不断地写了十一二篇，长的5000字，短的1000字。

连载的第一天，《灯塔》的编者还写了一段介绍文字，说“名作家茅盾先生，年来漫游大西北及新疆，长征万里，深入民间。《如是我见我闻》长篇笔记，以其年来随时精密而正确的观察，用充满着爱与力的能笔，作深刻而隽永的叙述。尤其主要的是抗战中旧的势力和新的运动的斗争与消长，暴露着黑暗社会孕育着危机与没落，指示出新中华民族的成长与出路！”

《如是我见我闻》在《华商报》的《灯塔》副刊上连载到二十九期，每次长则登半篇，短则登一篇。反响很好。后来因为五月份接受了一个紧急任务，给《大众生活》写长篇连载，才中断了。

茅盾觉得挺不好意思的，就对夏衍说：以后一定再给他提供一个长篇连载，至于杂文会经常地给《灯塔》写的。

邹韬奋（1895—1944），原名思润，祖籍江西余江，出生在福建永安。1921年大学毕业后至1931年，负责《生活》周刊和《时事新报》副刊编务。1932年7月，建立生活书店。次年加入中国民权保障同盟，当选为执行委员。这期间，他写了《小言论》和《韬奋漫笔》等杂文集。1933年7月因受迫害流亡国外，先后写了《萍踪寄语》《萍踪忆语》等四本游记随笔。1935年8月，创办《大众生活》周刊，不久被封。1936年奔走于港沪之间，积极鼓动抗日，年底遭逮捕。出狱后，前往武汉继续参加救国活动。国民党政府聘他为国民参议员。他把《抗战》和《全民周刊》合并改为《全民抗战》三日刊。1941年2月，辞去国民参议员职务，出走香港，并恢复《大众生活》周刊。1943年写下《对国事的呼吁》一文，表达了他对蒋介石实行反动政策的愤慨。不久患耳癌去世。

4

《大众生活》是邹韬奋到香港筹办的，主编也是他，算作1935年《大众生活》周刊的复刊。茅盾和他在香港见第一面就谈到办刊物的事，邹韬奋还建议茅盾也办一个文艺刊物。经过了几个月的筹备，《大众生活》终于有了些眉目。为了尽快创刊，韬奋邀请了茅盾、金仲华、夏衍、千家驹、胡绳、乔冠华组成了一个编委会。商定最晚5月17日一定要出刊。

5月5日，邹韬奋专程从九龙

过海到港岛半山的坚尼地道寓所看望茅盾。茅盾的寓所是一栋带有花园的二层小洋房。房东70多岁，原来是香港某大银行广州分行的经理，现和二太太及一个丫头住在一层，茅盾夫妇住在二层的骑楼里，虽然房间狭窄，但还比较安静，适合写作。邹韬奋看见茅盾就提到，那天会上有人建议《大众生活》应该连载小说，还说："大家都希望请你来写，你名气大，下笔又快，承担这个任务是不成问题的。请你就作为紧急任务赶写一部罢。"

看到茅盾比较为难，邹韬奋又说："这是万不得已，你就把平时积累的素材拿出来编个故事罢。"他又说也可以边写边登，每一期只要有8000字四个页码就够了。

茅盾想了片刻，坚定地说："好罢，我来写！你什么时候要第一批稿？"

茅盾答应了，韬奋很高兴，他扳了扳手指："给你一个星期，13号交稿。我给你留出4个页码，你给我4天印刷时间。"

任务是接受了下来，可是写什么，怎么写呢？茅盾在脑中努力搜索着，很快，一个想法蹦了出来：以一个女青年被骗而陷入特务组织却又不甘沉沦的经历和遭遇为主线，来暴露国民党特务组织的凶残、尔虞我诈、荒淫无耻，以及他们对民主运动进步力量、纯洁青年的残害和镇压。采用日记体来写。

茅盾自己都没有想到，《腐蚀》动笔后写得那么顺利，几乎一气呵成。当然这是因为停止了《如是我见我闻》的写作和创办文艺刊物的准备工作之原因。

《腐蚀》。(1941年10月知识出版社初版)

女主人公赵慧明的自述和内心矛盾斗争，不但揭露了国民党统治的特务罪行，还指出了人性必将战胜兽性、光明必将战胜黑暗。小说在《大众生活》连载后，吸引了香港、南洋的众多读者，反应非常强烈。上海华夏书店还赶印了单行本。但因为太平洋战争爆发，其带来的轰动很快就淹没在了战火中。直到1945年日本投降后，上海知识出版社再次出版《腐蚀》单行本，各个解放区也纷纷翻印，招来了国民党的密令查禁。不少报刊发表文章称为"胜利后一本最受欢迎的书"，"一部用血写成的特务反动分子罪行的记录"。

茅盾又是一个没有想到，作为完成紧急任务赶写出来的作品，竟会产生这样广泛的政治影响，成为他坚持革命现实主义的一部力作。也是作品在国内版本中最多的一部。

在香港，茅盾除完成了《腐蚀》这部长篇小说外，在不到一年的时间里，他就写了100多篇杂文。有讥讽政局针砭时弊的，还有批古驳谬嘲讽御用的，更有提倡自由反对专制、议论国际时事的。此外，他还写了一些政论文。茅盾说，他写这些文章时，很注意运用曲笔，以便躲过审查官的剪刀。正是他的斗争艺术才最大限度地保证了文章的完整性。

5

完成了《腐蚀》的写作工作，茅盾很快就把精力投入到开辟“第二战线”的任务中。

1941年9月，由他主编的《笔谈》半月刊创刊了。在之前的筹办过程中也是几经周折。好在稿件并不发愁，都是朋友支持，刊物以小品文为主要文学形式，外加“庄谐并收，辛甘兼备，也谈天说地，也画龙画狗，也有创作，也有翻译”的编刊宗旨，令大家耳目一新。约稿信发出不久，朋友们的佳作就纷纷涌来。距出版还有一个来月，创刊号的稿件就基本聚齐。茅盾没有像往常那样写发刊词，只是在首页的“编辑室”栏内写了几句话：“首先应当感谢各方友人的协助，使这刊物得以和读者见面。此为‘创刊号’。大凡一种刊物的宗旨和体例，在创刊号中至少可以窥见八九。现在就让‘创刊号’自己说话，编者不再哓舌。”虽然大都是小品文，但却一样可以起引导读者认识真伪，辨别善恶的作用。

《笔谈》由于太平洋战争的爆发，只出版七期就停刊了。在七期中，茅盾负责撰写的有《客座杂忆》和“书报春秋”、“杂俎”两个栏目，基本都是一些补白文字，先后共写了43篇。短的只有三五百字。他感激地说，《笔谈》“虽然只是薄薄的一本，却浸透了作家们辛勤的汗水”。柳亚子、郭沫若、胡绳、张铁生、乔冠华、杨刚、叶以群、戈宝权、胡风、袁水拍、林焕平、骆宾基、凤子、胡考、丁聪、楼适夷等友人都积极写稿、译稿或提供插图等。

茅盾在《笔谈》上还写过两篇比较长的文章，《最理想的人性》是鲁迅逝世五周年的纪念文章，《谈一件历史公案》则是谈宋朝精忠报国的名将岳飞冤狱的。为了纪念鲁迅，他还给《华商报》和《大众生活》各写了一篇文章，《研究鲁迅的必要》与《研究、学习，并且发展他》。

1941年8月，他的好朋友许地山因心脏病猝发而逝世了，茅盾在悲痛中一连写了三篇悼念文章，一是《悼许地山先生》，二是《国粹与扶箕之迷信》，三是《论地山的小说》。这也是他在抗战期间为数不多的作家论。

茅盾一直看重许地山的文学才华，他在30年代就写过《落花生论》，几年后再论许地山的小说，可谓言犹未尽，意犹未尽，茅盾说这是对前文的“补充”。

1941年在香港，茅盾还为朋友做了几件事，一是在叶以群主持的面向文学青年的座谈会上，作了一次题目为《我学文章的经验》的精彩讲演；再一是为朋友俞颂华主编的《国讯》杂志写了一篇短篇小说《某一天》，这也是他这次到香港写的唯一的短篇。1942年1月，延安的《解放日报》转载了这篇小说。

6

1941年12月7日，日军偷袭美国的珍珠港，太平洋战争正式拉开了序幕。

同一天的清晨，香港的启德机场也遭到了日军的轰炸，日军沿广九路向九龙新界发起猛烈攻击。

战争爆发的前几天，茅盾他们已经有所预感和精神准备。史沫特莱回美国前曾向茅盾辞行，她好意地提醒茅盾：日美战端一开，香港将不保，你也应尽快离港。茅盾把史沫特莱的看法告诉了香港的朋友们，大家都将信将疑。结果很快就证实了她的预测。

为了躲避战火，茅盾夫妇一连搬了几次家，但哪里都不是安全的避难所，26日英军向日本人投降了。除夕之夜，茅盾夫妇是在一个三等小旅馆中度过的。和他们住在一起的叶以群每天都出去联系撤离事宜，终于有了结果。

1942年1月9日那天，茅盾夫妇换上新买的黑布短衫裤，带了一点必需的生活用品。傍晚时分，跟着戈宝权夹在难民中，来到了铜锣湾的码头，登上了一艘停靠在暮色中的大船，茅盾在船上见到了邹韬奋、胡绳、于伶等好多熟悉的面孔，大家见面谈的都是这些天的战时经历。天亮前，船上的人又分批改换小船过海到了九龙红磡那边，茅盾夫妇、韬奋、以群、戈宝权他们七八个人被安置在一处讲究的房子

日军偷袭珍珠港。

内休息了一天一夜。

又是一天的清早，他们加入了沿青山道向深圳方向疏散逃难的人流，在荃湾向导又把他们十几个人从洪流中带出来，领上去元朗的小路，翻过小山是东江游击队临时设置的歇脚点，可以稍事休息。进入大帽山后，由东江游击纵队手枪队江队长亲自带人沿途护送，使大家的心里有了些底。经过三天的奔波，他们到达了东江游击纵队的驻地白石龙镇。在纵队司令部里，主人款待他们吃了一顿狗肉，大家都觉得大碗的狗肉比过去吃的什么山珍海味都香。

他们在这里休息了几天，纵队司令曾生和政委林平还为他们举行了盛大的欢迎会，茅盾从他们的介绍中得知：东江游击队也经历了类似皖南新四军那样的挫折，损失了大部分人马，但他们坚强地挺了过来，又重新发展起来。现在，他们承担着保护香港的上千文化人安全通过游击区转移到内地的任务，是何等的艰巨。

为了路上更安全，茅盾他们同行的十来个人，又被分成了两三个组，茅盾夫妇在这里和邹韬奋分了手。他这一组共有九个人，其中五位被护送者，两位带枪的护送员和两个挑夫。

1 月 20 日下午，茅盾一行离开了白石龙，终点是惠阳。

此后长途跋涉的日日夜夜，茅盾他们又经历了许多的磨难和艰险。快到惠阳的夜路上，孔德沚不慎掉下了两丈多深的河涧里，幸好是枯水季节，而且奇迹般地没有受伤，还坚持走到了惠阳。

茅盾一行在惠阳休息了两天。正月初三又乘船逆流而上，元宵节那天到达老隆，第二天搭上安排好的军用卡车去曲阳。经换乘火车，于 3 月 9 日终于到达了桂林。

茅盾掐算，一路风尘仆仆颠沛奔波，竟整整用了两个月的时间。

茅盾一生中这段难得的、惊险又富有传奇色彩的经历，直到 1948 年他再次避难香港时才动笔写成，题目叫《生活之一页》，新中国成立后重新出版时改名叫《脱险杂记》。

他后来才知道，通过这条“生命线”，共产党和东江游击纵队，从香港转移抢救了上千的文化人和知名人士。

7

抗战中的桂林处在大后方。这里浓厚的民主空气，活跃的文化生活和数量可观的进步刊物，吸引、集结了大批的进步文化人，是从香港脱险回到内地的文化人想去的“宝地”。

在桂林，茅盾夫妇费了不少精力才把小家安在了西门外丽君路南一巷的文化供应社的宿舍里。这是一栋新盖的前后楼相连的二层楼房。邵荃麟夫妇和金仲华兄妹住在后楼楼上各一间，楼下邵荃麟家的厨房就给了茅盾夫妇居住。房间很小，放一张双人床和一张桌子就几乎转不开身了。邵荃麟当时担任文化供应社的《文化杂志》的主编。

桂林是客居，社会活动不必参加很多，茅盾住下后的第一件事，就是打算写点东西解决温饱问题。很快他就完成了一部中篇报告文学《劫后拾遗》，刚好学艺出版社求他支援，他了解到这个出版社原来是生活书店桂林分店的化身，就同意给了他们并用预支的稿费解了生活上的燃眉之急。

1942年6月，他酝酿已久的一部长篇小说动笔了，这就是《霜叶红似二月花》。这部规模较大的书他计划分三部来写，第一部写五四前后，第二部写北伐战争，第三部写大革命失败以后。他想把从五四到大革命失败后这时期一些出身剥削家庭的青年知识分子的政治、社会、思想上的大变化大变动，通过他的笔表现出来，但只写了第一部就因故停笔了。

1942年学艺出版社初版的《劫后拾遗》。

茅盾说他在写作《霜叶红似二月花》时，是很用了一番心思的，他想通过这部书的写作，亲自实践一下在小说中体现“中国作风和中国气派”。

在这部长篇小说中，作者的构思和笔触是那样的深邃和细腻，江南水乡的风情乡土、社会风貌、城乡错综矛盾、新旧势力的争斗和倾轧、五四前后风云变幻的躁动，都表现得淋漓尽致。在现代生活的场景中，茅盾创造性地运用了古典文学的表现技巧。

茅盾写作时的环境和条件是很艰苦的。小小的斗室没有电灯，白天只能窝在没有堆放瓶瓶罐罐的半张桌子上写作。不仅要忍受楼上几个太太谈赌经发议论，还要对楼下几个女佣长说短骂山门的干扰有耐心，还要忍受天天都有的空袭警报的烦扰。《霜叶红似二月花》就是在这样特殊的环境中诞生的。

桂林的文艺界朋友多，编刊物的也多。半年之中，茅盾为各种刊物陆陆续续写了短篇小说、报告文学、文艺评论和杂文短论等将近30篇。

他为熊佛西创办的《文学创作》月刊写了好几篇短篇小说，有《耶稣之死》《列那和吉地》《虚惊》等。后来到了重庆，他还继续给这个大型文学期刊写了《委屈》《船上》等篇。

《文学创作》后来成了抗战中

西南地区最有影响的文艺刊物之一，郭沫若、老舍、朱自清、欧阳予倩、沈从文等几十位作家写稿支持它。这个刊物一直坚持到桂林沦陷才停刊。

在桂林，跟茅盾过从甚密的朋友要属柳亚子了。茅盾住处狭小，柳亚子是国民党监察委员，住得宽敞，便常常邀茅盾到家中做客。好友之间天南海北无话不谈，而最多的还是在一起“论史吟诗”。

一次，柳亚子从广西省政府弄到一条游船，于是就组织了一次漓江夜游。他邀集了茅盾、田汉、陈此生、熊佛西、杨东莼等好友及家眷，一起乘船顺漓江而下。朋友们在船上饮酒、吟诗、赏月、观景，玩得酣畅淋漓。天明到达目的地阳朔，再登岸尽情游览名胜，直到下午才游兴未尽地乘汽车返回桂林。这次出游使大家在压抑的动荡年月和沉闷的政治空气中，有了一次难忘的放松和情感宣泄。

柳亚子的诗赋情怀也感染了茅盾，以前很少涉足古体诗词歌赋的他也时有诗词问世。茅盾说：“我在桂林写的那些诗，就反映了我当时的郁闷心情和对北土的思念。”又说：“那时写的旧体诗倒比我在桂林写的其他文章更显露了自己的情感。”

柳亚子塑像。

偶遣吟兴到三秋，
未许闲情赋远游。
罗带水枯仍系恨，
剑铓山老岂剸愁。
搏天鹰隼困潘溷，
拜月狐狸戴冕旒。
落落人间啼笑寂，
侧身北望思悠悠。

寥寥数句，诗者内心浓浓的慨叹郁闷的心情，在诗中缓缓流淌。

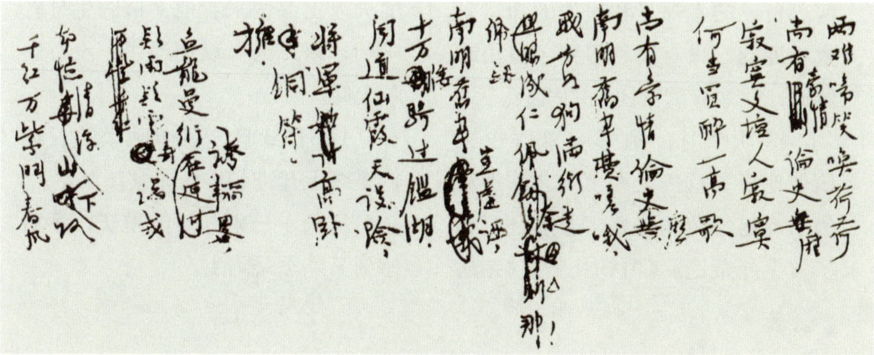

1942 年茅盾在桂林与柳亚子、陈此生等唱和旧体诗的手稿。

在桂林，茅盾夫妇时刻都在思念远在延安的儿女，一晃已经分别快两年了，茅盾同样用诗词来抒发这种血脉情怀：

炎夏忽已尽，
金风扇萧瑟。
渐觉心情移，
坐立常咄咄。
凝望剑铓山，
愁肠不可割。
煎破讵足论，
但悲智能竭。
桓桓彼多士，
引颈向北国。
双双小儿女，
驰书诉契阔。
梦晤如生平，
欢笑复呜咽。
感此倍怆神，
但祝建且硕。

桂林的朋友很多，日子过得也很快。转眼到了十月末。茅盾反复权衡后还是决定去重庆。在那里有中共办事处和周恩来同志，有郭沫若、老舍等一大批的文艺界朋友坚持斗争和工作，还有政治部文化工作委员会常务委员的身份，只要注意斗争策略，就不会有太大的危险。何况自己的幸福是和民族的命运紧紧相连的，只有民族得到了自由和解放，他才有阖家团圆的机会。

这几个月，刚好叶以群也来信催他早去重庆主编《文艺阵地》。为了凑足盘缠和路费，茅盾还赶编了《见闻杂记》《白杨礼赞》《茅盾自选短篇集》几本集子，同时，经孙怀琮帮忙，他还得到了《霜叶红似二月花》的预付稿费三四千元。

他把自己的想法告诉了已经纠缠了他多时的蒋介石派来动员文化人去重庆的刘百闵。刘即刻去邀功，安排他的行程。

11 月底，柳亚子和田汉夫妇请茅盾夫妇到月牙山前的素菜馆，去吃那里被誉为“桂林三宝”之一的豆腐。月牙山是桂林的名胜，群山、漓江、庙宇相互映衬。席间，茅盾不禁感叹：这些年来国事艰辛，文坛又是这般壁垒森严，朋友们多有聚散，今日别离，还不知他日何时再相见。柳亚子、田汉等也是一样心情，纷纷赋诗茅盾。田汉还说，他的儿子海男正好也去重庆，可以同行。海男是国民党军校炮科毕业，随身带有枪械，正好担当“保镖”的重任。

12 月 3 日，茅盾夫妇在田海男的陪伴下启程去重庆，在柳州换车时，遇到了国民党特务的“关照”。田海男被迫改乘第二天的汽车，几个中统特务充当了“保镖”，一直“护送”茅盾夫妇至重庆。途经贵阳的时候，茅盾受寒发了烧，多亏李达的夫人王会悟来看他，请医生打针吃药，第二天早晨烧退了，没有影响上路。

12 月 23 日，茅盾乘坐的长途汽车终于开进了重庆海棠溪车站。

见到了分别几年的重庆，茅盾感到又熟悉又陌生。

9 雾都生活

1945年的夏天，被国民党特务机关秘密囚禁了两年多的萨空了，终于恢复了自由。中统局局长徐恩托人带话给他："人有幸与不幸，最不幸的是杜重远，他已在迪化被盛世才杀掉了。最幸的是茅盾，他因为应蒋委员长之召到了重庆，所以不好意思再把他关起来。你在这里是幸与不幸之间。"

新中国成立以后，萨空了把这段话当做笑谈告诉了茅盾。当时的一切岂是这么轻松简单的几句话，不过他当时决定从桂林回重庆，今天看来仍是及时的、正确的。

茅盾在晚年的回忆录中写道："我在桂林下的决心是正确的，它使我赢得了三年宝贵的时间，得以尽我所能为中国人民的解放事业多做一些工作。"

1

1942年12月13日，茅盾夫妇到达重庆，开始了在特务监视下的三年雾都生活。

重庆的房子并不是那么好找。其住处还是靠生活书店的积极帮忙，茅盾最终选定在唐家沱新村的一栋小楼里，门牌是天津路一号。这里原来是中华职业教育社的房子，借给国讯书店当存放纸型的库房。楼上有两三个书店的职工办公，茅盾夫妇住在楼下。

新住处的一楼正面是一排玻璃窗，视线很好。可以看到窗外门前搭建的架子上爬满了四季豆。茅盾他们一般不走前门，后门出去是一块绿茵茵的草坪，走过草坪就是天津路，再下去就是江边。茅盾一下子就喜欢上了这里幽静清雅的环境，他们还置办了必要的家具，准备长住下去。

茅盾刚住下，对面天津路草坪上也搭起了一个卖香烟的草棚，很显然是特务机关布置的耳目。用于监视茅盾每天的行踪和来往的客人，这个草棚中的小贩一直陪伴了他们几年。

住在这样的地方，茅盾还总结了三大好处：远离市井喧嚣，可以潜心写作；空气新鲜有益健康；不

抗战后期茅盾在重庆唐家
坨新村的寓所中写作。

必躲警报。

唐家沱距市区 30 里地，每天都有两班江轮进城，当天就能往返，很方便。茅盾一两个星期进城一次，一般都是当天回来，有时事情太多没有做完，他就在张家花园文协的楼上住下来，不过，至多一两天。

初到重庆，茅盾没有固定工作，主要是写作。《文艺阵地》因发行受到当局的封锁和刁难，被迫停了刊。

二月初，刘百闵送来一件张道藩的请柬，邀请茅盾到他家里赴便宴。张道藩公开的身份是国民党中宣部部长兼文化运动委员会主任，实际上他是陈立夫、陈果夫手下的一员干将。茅盾几天前曾在一个文化界茶话会上见到过他，还寒暄了几句。这次他专门出面宴请，茅盾决定，即使是鸿门宴也要去会一会。

便宴设在张道藩家的客厅里，作陪的只有刘百闵。张道藩非常客气，笑容可掬，言语滔滔不绝，对茅盾大加恭维赞赏。茅盾则以听为主，适时提出《文艺阵地》被扣查，无法办下去的事。张道藩和刘百闵都摇着脑袋推说不清楚，或曰不属自己管辖。马上又一转话题，提到茅盾给《新华日报》写文章之事。茅盾笑着说："我与《新华日报》是老朋友，1 月 15 日是报纸创刊五周年纪念，我焉能不写文章祝贺？"张道藩连忙解释："我不是这个意思，先生与共产党的关系，我们也清楚。只是政府这次请先生来重庆，是希望先生多方面的为抗战文化工作作出贡献。"接着，张道藩提出，想请茅盾为他的文化运动委员会的工作人员作一次演讲，茅盾痛快地答应下来。他又请茅盾为属下的《文艺先锋》写一个长篇连载。茅盾敷衍手头没有现成的，答应可以给他们写点短文。

3 月 18 日，茅盾践约在中央文化会堂为张道藩的部下们作了一次演讲，题目是《认识与学习》。后来，又把在桂林时酝酿的题材中一部分，写成了中篇小说《走上岗位》，给了《文艺先锋》，算是对主编王进珊屡次追稿的回答。

《走上岗位》这部小说，描写的是抗战初期上海某爱国民族资本家在工人们的支持下迁厂内地的故事。茅盾在写作中避开了对国民党在抗战初期作为的正面揭露，巧妙地采用暗示和侧笔的写法，张道藩们看了很是满意，倒是茅盾自己很不满意，这毕竟是 1943 年那个特殊环境里的特殊产物。1948 年茅盾到香港后，把这部作品给否定了，他选用了其中的部分故事、情节和人物，写了另一部长篇小说《锻炼》。

茅盾的合作态度让张道藩感到高兴，认为是自己感化工作的结果，他总是对茅盾客客气气的，手下那些小喽们看到茅盾更是点头哈腰。这些灵活机智的斗争策略和方法，使茅盾能够比较公开自如地做一些工作，但却在茅盾的一些朋友中产生了微词，觉得他与张道藩的关系非同一般，当叶以群向他转告自己听到的这些闲言碎语时，茅盾有些委屈和恼火，对友人们的误解，他说：“为什么我们的工作方式只能

三年的雾都生活，茅盾一直在国民党特务的监视下，但合法的身份也让他公开地作了大量的抗战文化工作。图为他与老舍、于立群（右一）的合影。

是剑拔弩张呢？……但革命不是为了去牺牲……要我与张道藩翻脸这很容易，然而我的工作就不好做了。想当初让我到重庆来，不是要我来拼命，而是要我以公开合法的身份，尽可能多做工作。”时间是可以证明一切的，经过岁月的磨砺和检验，茅盾用他实际的工作效果，改变和消除了朋友们的种种误解。

2

在雾都的头两年，由于始终处在国民党特务的监视之下，茅盾参加社会活动并不太多，编刊物的想法也没有变成现实，更多的时间用在了写作上。

他除《走上岗位》以外，还写了6篇短篇小说（其中4篇发在桂林）。短论和杂文过于尖锐，写了不到10篇。写得最多的是文艺评论，两年间共写了30多篇。另外，他还翻译了不少介绍苏联卫国战争的小说，仅一年的时间里就翻译了两部长篇，十几个短篇。

抗战后期，在当局严密控制文化的重庆，发表反映现实生活的作品很难，很多作家就转到了译介和研究外国文学方面，而书店的老板也认为这是当时环境下还可以赚钱的书籍，

茅盾是在曹靖华的鼓动下加入这股翻译介绍世界文学名著的潮流中的。

曹靖华正在中苏文化协会主编《苏联文学丛书》。一天，他把一本英文版的巴甫连科的长篇小说《复仇的火焰》交给茅盾，请他帮忙翻译出来。茅盾有些踌躇，曹靖华则说没有关系，这种例子不少，鲁迅翻译《死魂灵》和《毁灭》都是转译的，译品的好坏，主要看译者的中外文学修养和对作品风格的理解。有了这位苏联文学研究权威的撑腰，茅盾听罢就放手翻译起来。

苏联当时是中国的友邦，所以大张旗鼓地介绍苏联卫国战争的文学，图书杂志审查处的官员基本都不查禁。

茅盾翻译完了《复仇的火焰》，还翻译了不少的短篇，平均一个月一篇。接着，曹靖华又约茅盾翻译格罗斯曼的长篇《人民是不朽的》，茅盾答应下来，却因1944年上半年连续生了几场病，这部长篇的译稿拖了将近一年。茅盾比较满意自己的这个译本，好友戈宝权给了他很大的帮助，对照俄文原著进行了逐字逐句的校正。茅盾说“达到了极准确的程度”。

在这些翻译工作之外，1945年初茅盾还编了一本《现代翻译小说选》，并给这部30万字的书写了一篇一万多字的长序。长序中茅盾详细介绍了抗战以来中国翻译界译介世界古典名著，特别介绍了苏联卫国战争前后文学名著和其他国家反法西斯战争文学概况。

为了写这篇序言，茅盾研读了大量的译文和资料，付出了巨大的心血。

在雾都的那两年间，茅盾还写了大量的文学评论。一是纪念文章，二是文艺问题的探讨文章，三是泛论文艺创作和写作技巧的文章，四是作家作品评论。在这四类文章中，第二类最多。因为茅盾对文艺的问题和文坛上的一些现象始终是关注的。

1943年到1944年的上半年，茅盾很少参加社会活动，会议也只参加文艺界的集会及文协理事的例会、读书会、座谈会。另外，茅盾还参加过一次义卖捐赠活动主题是救济贫病作家。义卖了他刚刚出版的新书《霜叶红似二月花》。

茅盾虽是大作家，但他没有名人的架子，只要有机会，他乐于为一些文学青年当义务辅导员。在一次进城的船上偶然结识了唐家沱载英中学的高中学生胡锡培，他把他们“突兀文艺社”的同学们请到家里来聚会，讨论文学问题，还常给他们修改习作，为他们的刊物《突兀文艺》题写刊头，撰写文章。

1944年茅盾还说自己做了一件意料之外的事，帮助胡子婴写成了一部长篇小说。胡子婴是当时重庆妇女运动的重要人物，还是大名鼎鼎的企业家。茅盾夫妇早在大革命时期就与她相识。那天，老朋友来访，提出想写小说，请教写作方法。茅盾与胡子婴谈了一天。两三个月后，胡子婴再来唐家沱，就递给茅盾一叠五万字的稿子，名叫《滩》，茅盾认真看了后，直截了当地指出：这不是小说，只是政治口号加些艺术的形容。胡子婴听了很失望。茅盾分析说：你有生活，有激情，有驾驭文字的能力。鼓励胡子婴重新写，一定能够写好。茅盾详细地跟胡子婴谈了这部小说应该怎样写，特别强调要放开手写，写真环境，写活人物。一晃又是三四个月，胡子婴第三次来唐家沱，带来的已是一部十万字的稿子。茅盾花了半天看完，感觉基本可以，只是还要修改。并提出可以把稿子留下帮助她修改。一个多星期后，茅盾把几十页修改意见交到胡子婴的手上，为了尊重作者的劳动，他没有在原稿上直接改动，而是另纸记下自己的想法和意见。这样的做法令胡子婴非常感动。很快，胡子婴把第三稿修改好送到唐家沱。茅盾征得作者同意后，又亲自动笔对原稿作了一次认真缜密的文字修饰。最后才把稿子推荐给开明书店。

一年后，胡子婴的《滩》问世了，她在作品上用的是笔名“宋霖”。茅盾还为此专门写了介绍文章《读宋霖的小说〈滩〉》。

《滩》是胡子婴的处女作，她最终虽然没有选择文学这条道路，成了一位成功的企业家和政治活动家，但文学上的尝试却让她结识了一位令人尊敬的忠厚朋友。

3

从1944年的9月开始，半隐居近两年的茅盾开始频繁参加各种政治活动和集会。

10月，邹韬奋在上海病逝，临终前他要求参加中国共产党。这让在重庆的进步文化人都很震动。宋庆龄带头发起追悼邹韬奋的数千人大会，愤怒抗议当局法西斯统治。同月，中国民主同盟发表《对抗战最后阶段的政治主张》，要求结束一党专政，建立联合政府，实行民主政治。在这场民主运动中，文化界是绝对的主力军。

1945年2月22日，在重庆的312位文化界人士，联合签名发表了《文化界时局进言》。这个宣言是郭沫若起草的，发表前曾秘密广泛地征集签名，只有国民党的御用文人没有签名。宣言义正词严地击中了蒋家王朝的要害和腐败，提出了实现民主的两大纲领和六点要求。

这份得到了众多代表人物支持的宣言，特别是在《新华日报》等报刊公开发表后，在雾都引起了极大的震动。暴跳如雷的蒋介石下令追查，当查到这次事件的发起者和组织者是文化工作委员会时勃然大怒。3月30日，蒋介石下令解散郭沫若主持的文化工作委员会，试图拔除这颗眼中钉。文化工作委员会解散后，文艺运动并没有停止，进步文艺工作者仍采用各种方式进行斗争。

这一时期，茅盾的杂文写作也多了起来。先后有《狼》《森林中的绅士》《杂感二题》《杂谈文学现象》《生活与"生活安定"》《如何击退颓风》等作品发表。他的杂文对创作不自由和出版业的贫瘠、作家生活困苦以及文学作品中出现的低级趣味的颓风等，进行了深刻的揭露和批判。他在文章中呼吁作家在这个困难环境中"发挥中国文人传统的美德"，让自己"护持正气，砥砺节操"，共同"团结得更紧密"。

另外，茅盾还写了十几篇文学评论。有讨论长篇小说写作问题的，有正确评论姚雪垠的长篇小说《春暖花开的时候》的。因正忙于剧本《清明前后》的写作，茅盾基本没有参加《论主观》的讨论。

1944年4月28日，茅盾收到了中共中央文委给他的慰问信。信中充满了感情和信任，也充满了期望：

茅盾先生：

对于你在文化战线上艰苦的奋

中共中央文委给茅盾的慰问信。

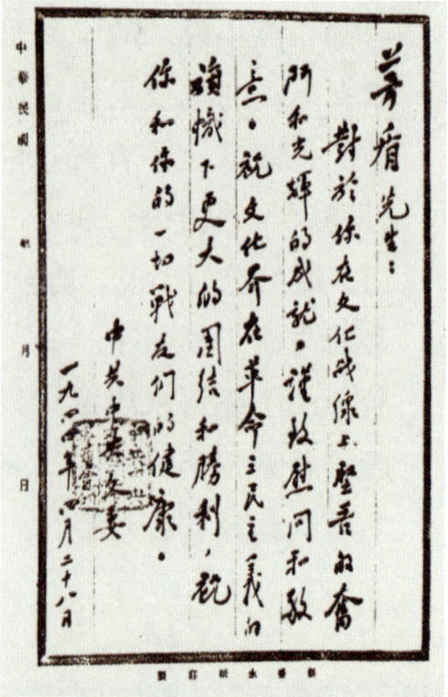
茅盾先生：
對於你在文化戰線上堅苦的奮鬥和光輝的成就，謹致熱烈的祝賀和敬意。祝文化界在革命三民主義的旗幟下更大的團結和勝利，祝你和你的一切戰友們的健康。
中共中央文委
一九四四年四月二十八日

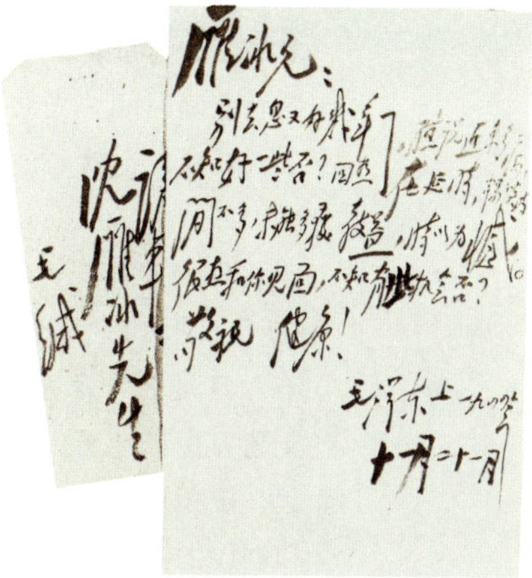
雁冰兄：
别去忽又好几年了，听说近来多病，不知好一些否？回想在延时，畅谈时间不多，未能多获教益，时以为憾。很想和你见面，不知有此机会否？
敬祝 健康！
毛泽东上
十一月二十一日

1944 年 11 月 21 日，毛泽东给茅盾的问候信。

斗和光辉的成就，谨致慰问和敬意。祝文化界在革命三民主义的旗帜下更大的团结和胜利，祝你和你的一切战友们的健康。

中共中央文委

一九四四年四月二十八日

今天看来，这封信不单单是写给茅盾个人的，而是通过他写给所有战斗在文化战线上的人。

1944 年 11 月 21 日，茅盾又收到了毛泽东的问候信：

雁冰兄：

别去忽又好几年了，听说近来多病，不知好一些否？回想在延时，畅谈时间不多，未能多获教益，时以为憾。很想和你见面，不知有此机会否？

敬祝　健康！

毛泽东上

一九四四年十一月二十一日

4

1945 年 6 月 24 日，重庆文艺界为庆祝茅盾 50 寿辰和创作生活 25 周年，举行了大型的茶会。到会祝贺的各界知名人士和文艺界代表多达 500 多人。

这次祝寿活动是热心的朋友们张罗的。这也是茅盾从小到大第一次“过生日”，因为在他的记忆里，沈家有一个不成文的规矩，全家人谁都不过生日。茅盾甚至都记不起自己确切的生日，只记得是“尚未入伏的某月的二十四号”。所以当一些年轻朋友和叶以群几次提及为他祝寿，他都婉言谢绝。

1945 年 6 月初的一天，徐冰和廖沫沙来唐家沱看望茅盾，又谈到祝寿之事，并言是专程为此事登门的。还告诉他：“这是恩来同志的意见，沈先生从事革命文化工作整整二十五年了，今年又恰逢五十寿辰，这是双喜临门，应该庆祝一番。”

徐冰还举例，前几年曾为郭沫若、沈钧儒都祝过寿，希望他不要推辞。

又说：不要以为这只是个人的事，文艺界朋友荟萃一堂，通过这一活动可以扩大民主力量的影响，宣扬正气，打击反民主的势力。

茅盾听后不再坚持自己意见，他又跟大家商量，选定 6 月 24 日。

多少年后，一位热心者经过

多方面的考证，终于弄清了茅盾生日的准确时间：光绪二十二年五月二十五日，也就是公历的1896年7月4日。

商定了日子，6月6日的重庆《新华日报》就登出了一则消息：“本年六月是名作家茅盾的五十初度，文艺界由郭沫若、叶圣陶、老舍发起，正积极筹备庆祝他的五十诞辰和创作生活二十五年纪念。”

茅盾为报答朋友们的厚爱，写了一篇总结回顾自己25年创作生活的文章，发在祝寿活动当天的《新华日报》上，题目叫《回顾》。

祝寿茶会地址选在白象街西南实业大厦，时间是6月24日下午二时。

整个茶会会场布置得朴素大方，正面是一排长桌，为主宾的首席，纵向又有数排长桌，是来宾席。所有的桌上都放着烟、茶、水果等，还有寿桃。正席背后的墙面上挂满了贺幛、卷轴，有冯玉祥赠送的手绘大寿桃卷轴，题诗曰：“黑桃、白桃和红桃，各桃皆可作寿桃，文化战士当大衍，祝君寿过期颐高。”老舍赠的贺联是：“鸡鸣茅屋听风雨，戈盾文章起斗争。”郭沫若的贺词是“人民将以夫子为木铎”。赵清阁赠的“松鹤图”出自她自己的手笔。阳翰笙、于立群等15个人联合签名送了一封贺词，还有很多朋友的贺词贺信。

那天下午，茅盾夫妇早早就吃完午饭从唐家沱赶往城里，因搭车耽误了点时间，等他们匆匆赶到会场，已经快三点了。茅盾一到就看见大厅内外、楼上楼下都挤满了重庆文艺界的新老朋友。大家用热烈的掌声欢迎他们，这场面让茅盾十分激动。大家簇拥着他坐在了首席的正中。

首先致辞的是会议主席沈钧儒。接着柳亚子、邵力子、王若飞、费德林、窦爱士、马寅初、张道藩、刘清扬、白薇、邓初民、常任侠、冯雪峰、傅彬然等相继发言祝贺。白薇还代表广大妇女，向孔德沚鞠躬致意，赞扬她是沈先生最得力的“内务部长”。

在茶会上，于立群朗诵了中华全国文协的贺词。白杨、赵蕴如、臧云远和育才学校的女生们一起朗诵了来自各地的贺电贺诗。才从新疆监狱放回来的赵丹和金山、张瑞

郭沫若为茅盾50寿辰题词。

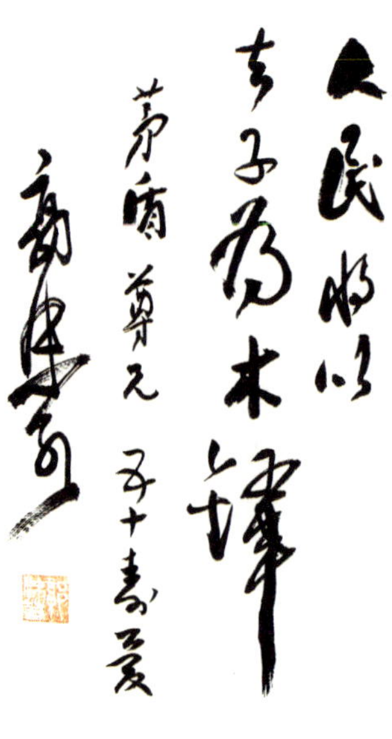

1945 年 6 月 24 日，茅盾在重庆文艺界为他举办的 50 寿辰和创作生活 25 周年茶会上致辞。

芳一起朗诵和表演了茅盾长篇小说《子夜》中吴荪甫和赵伯韬在酒吧谈判的一段，博得了满场的掌声。

在会上沈钧儒和沙千里把一张十万元的支票交给了茅盾，说用这笔钱设定一个茅盾文学奖金。这笔钱是正大纺织染厂的陈均先生捐赠的，后来才知道是董必武的授意。茅盾把这笔奖金交给了文协，奖励青年作家。这笔奖金后来又有各方捐赠，增加到 30 万元。文协成立了由老舍、靳以等七人组成的专门评奖委员会，颁发奖金。鼓励奖掖了青年文学创作。

茶会结束前，茅盾站起来致答谢词，他激动地说：惊动了这么多人来给自己过生日，感到很不安。回头看看自己贡献太小，错误却多，感觉惭愧。自己要战胜体弱多病再多做一点事，再写几部作品。抗战胜利已经在望，但一个民主的中国还有待我们去争取。准备再活20年，为神圣的解放事业作一点贡献，一定要看见民主的中国的实现，否则死也不会瞑目！

茅盾的话说出了在场绝大多数进步人士的心声和期望。大家报以长时间的掌声。

这一天的《新华日报》还发表了《中国文艺工作者的路程》的社论，祝贺茅盾50诞辰。第二版上王若飞的文章《中国文艺界的光荣，中国知识分子的光荣——祝茅盾先生50寿日》，则是党对茅盾25年革命文艺工作最概括的评价。文章中说茅盾有一个最大的特点为人们所不能忘："有所为，有所不为，他经历了好些艰难困苦。只因中有所主，长能适然自得。"

6月24日的《新华副刊》和后来几期的《新华副刊》上，都登载了许多朋友们给他的贺词文章，而直接寄给他的贺信贺电贺词更是雪片般地飞来。

就在重庆为茅盾祝寿的当天，

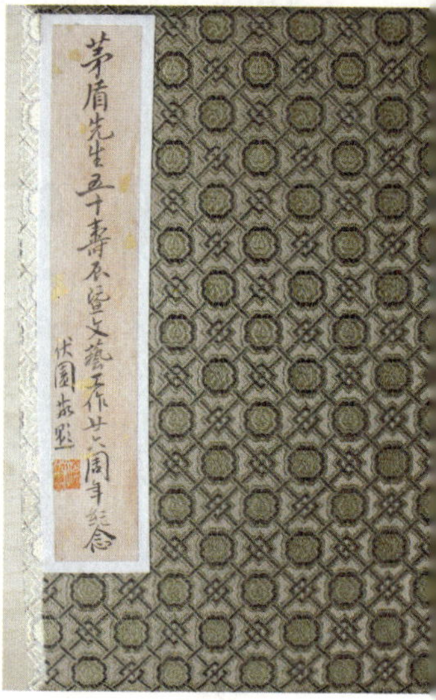

茅盾50寿辰签到簿。

成都文艺界100多人也举行了庆祝活动。叶圣陶激动地站到了凳子上大声呐喊，他说茅盾"二十五年的工作，就好比举着一盏灯笼在黑夜里努力向前走"，"我们要像他那样也拿起一盏灯笼向前走。尽管现在还是黑夜，但光明终将把黑暗照明"。

在昆明文艺界举行的庆祝活动中，朱自清、闻一多、闻家驷、田汉、李广田、李公朴、李何林、光未然等朋友都在会上说了很多，朱

茅盾50寿辰签到簿。

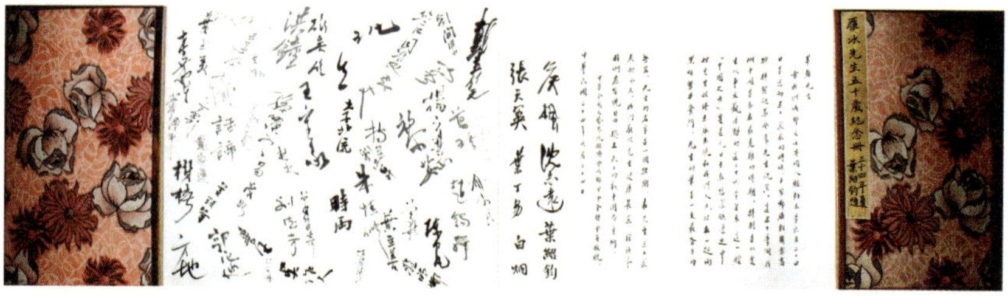

茅盾夫妇步入茅盾50寿辰和创作生活25周年茶会会场。

自清特别提到他最初走上文学创作是得到了茅盾的鼓励。光未然在给茅盾的信中说：前段时间曾听说茅盾和邹韬奋一同遇难了，还为此写了一首诗，给他开了追悼会。光未然把这首《我的哀辞》寄给了茅盾，茅盾晚年写作回忆录时，把这件事写进了书中。

他在回忆录中说："从某种意义上讲，开追悼会和祝寿有共通之处，他们都凝聚着炽烈的友情，而这些友情在平时却往往被忽略。不过，在追悼会上倾诉的友情，被追悼者是再也听不到的了，这也是'不可补救的损失'。我却有幸在祝寿会上聆听热情的教诲的同时，又读到了朋友们以同样的真挚和热情谱写的追悼我的亡灵的诗篇。"

5

写一部暴露国民党黑暗统治的作品，是茅盾抗战后期的强烈愿望。这个想法在1945年逐渐成熟了。

茅盾的《清明前后》的构思，是根据1945年清明节前发生在重庆的一桩黄金提价泄密案引发的。他想通过这个话剧：揭露官僚资本及其爪牙们卑劣无耻的面目和民族资本家的挣扎与幻灭，以及下层普通职员变成替罪羊的结局，向读者和观众展示出抗战胜利前夕，雾都重庆扭曲的社会缩影。这个剧本给读者最后的结论是："政治不民主，工业没有出路。"

《清明前后》写于1945年的6月至8月，是茅盾写的第一个剧本。

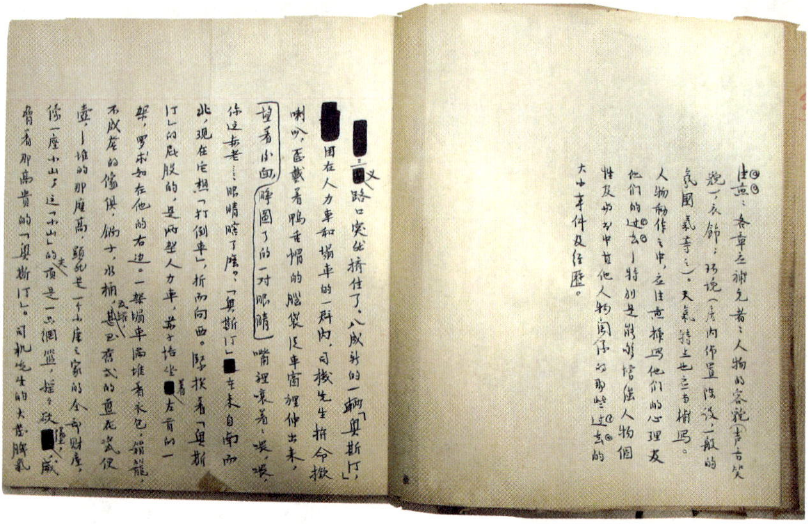

茅盾《清明前后》手稿。

虽然写作的时间才用了两个月，但事先的准备工作却花了两个多月，可以说是很认真地作了前期准备的。茅盾说自己写小说是长项，写剧本是外行，用这个素材舍易求难写剧本，是因为“写成剧本能上演，它的影响将是直接的，集中的，爆发性的” 。为了写好这个剧本，他下了很大的工夫，写了近 3 万字的大纲，几乎相当于剧本字数的三分之一了。同时，他还向曹禺、吴祖光“拜师求艺”，多次求教于他们剧本的写作方法和技巧。

茅盾的剧本写到第二幕时，日本人投降了，尽管他知道经济界会有大变，题材可能过时，还是没有停笔，最终写完了全部的五幕。

《清明前后》剧本完成后，谁来演出还是个问题。这时赵丹来找茅盾，提出自己和徐滔、王为一、朱今明几个新疆的难友组织了中国艺术剧社，打头炮的戏就上演他的《清明前后》，导演由他自己来担任。赵丹的话既让茅盾很感动，也替他担心，他劝赵丹慎重，万一演出失败，会影响新剧团和大家的前途。赵丹信心十足地说：“沈先生，我们愿意冒这个风险，你的剧本我已经看了三遍，剧本有尖锐丰富的现实意义，正是当前最需要的。这个戏一定会取得成功的。”接着赵丹又提出了不少修改意见，比如对话改短、增加情节戏剧性等。茅盾点着头说：“只要能加强演出效果，你尽管全权处理。”赵丹非常高兴，又提出了一些更为具体的修改方案，比如把全剧的高潮从第四幕移到第五幕、那个官僚资本的化身金阉到最后全剧达到高潮时再亮相等。茅盾都同意了。

1945年9月23日,《新华日报》登出了广告：中国艺术社不日公演茅盾第一部剧作《清明前后》。注明导演是赵丹，舞台监督是朱今明，演员阵容有王为一、顾而已、秦怡、赵蕴如、孙坚白等。

《清明前后》彩排那天，茅盾夫妇专门进城来看，感觉很好。

《清明前后》是9月26日正式公演的。一下就演了四个星期，这是谁都没有想到的。开始几场只卖了七八成票，后来就是场场爆满，每个星期日还要加演一场。演出气氛火暴，观众情绪热烈，从头至尾掌声不断。有些工厂要包场，有的工厂还要借剧本回去自己排演。一些工业家还特地宴请茅盾和演出人员，感谢他们在戏里讲出了工业界的困难。

周恩来后来见面称赞茅盾的笔是犀利的投枪，刺的方向很准。还说什么样式都可以试一试，发挥应有的力量。

茅盾的《清明前后》封面。

重庆当局看到这种情况很是紧张，很想查禁该剧，却又慑于形势不敢轻举妄动。

茅盾认为《清明前后》的演出成功，很大程度上应归功于赵丹他们，他拿出演出税的一半宴请剧团的全体功臣们。他还在剧本的后记中对赵丹他们表示衷心的感谢，说："想起他们在新疆所遭遇的冤狱，又是悲愤交加；但是，上帝的还是上帝的，魔鬼的仍归魔鬼，今天我们在破涕为笑之余，欢迎我们剧坛的光辉卓越的战士，那末，我这不成才的习作便算是欢迎他们四位的'秀才人情'，并以纪念我们同在乌鲁木齐那段时间吧。"

6

1945年，无论在茅盾的创作与生活道路上都是非常重要的一年。女儿沈霞在延安医院因流产手术事故不幸去世了。

茅盾是9月20日得到噩耗的。

那天他在城里办完事后感觉身体有点不适，就躺在文协的宿舍里和叶以群闲谈，等待孔德沚来接他回唐家沱。一会儿，版画家刘岘夫妇来了。刘岘刚从延安来《新华日报》工作，听说茅盾在文协休息就特意过来看望他。

茅盾和刘岘算是老朋友，结识于30年代，刘岘在日本学习美术时就为《子夜》刻过一套版画。后

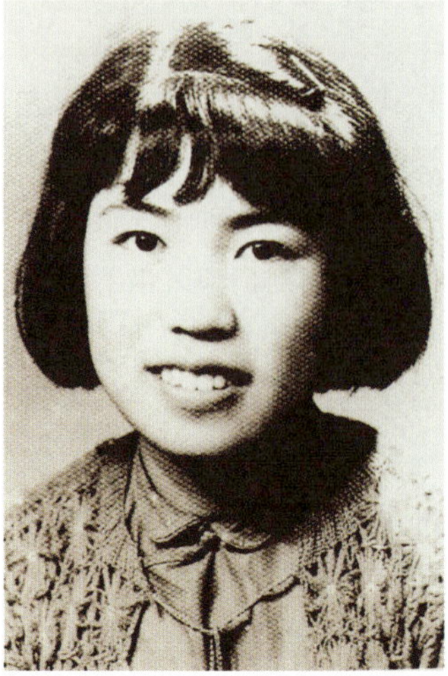

茅盾聪明伶俐才华出众的女儿沈霞。

来两人在延安也曾见过面。老朋友见面自然话多，茅盾打听延安文艺界的情况时，刘岘兴头上说到认识沈霞，又深深叹了口气：

“唉，只是牺牲的太可惜了！”

茅盾一惊，问道：“你说什么，沈霞怎么了？”

刘岘这才意识到茅盾可能还不知道女儿去世的消息。他有点不知所措地说：“沈先生，你还不知道？我……”

茅盾一下从床上坐了起来，追问道：“你快说，沈霞出了什么事？”

刘岘不知道该怎样向茅盾说这件事，向叶以群投去求助的目光。叶以群看着茅盾的情绪非常紧张，就说：“这是真的，沈霞同志牺牲了。恩来同志叮嘱我们暂时不要告诉您，怕你过份伤心，弄坏身体……”

“怎么会死的，出了什么事？”茅盾急切地问。

刘岘说：“据说因为人工流产，手术不慎，出了事故。详细情况我也不清楚。”

茅盾的眼泪像泉水一样涌了出来，几乎说不出话来。

叶以群把一封信递给茅盾，说：“这是张仲实的信，也没有及时交给你。”

茅盾正准备打开来看，听见孔德沚上楼的声音，立即把信收了起来，并向叶以群和刘岘做了个手势。他不想让德沚马上知道这个最不幸的消息。

孔德沚进门，茅盾向她介绍了刘岘，孔德沚听说刘岘来自延安，又看到她可爱的女儿，就提到亚男（沈霞小名）。刘岘夫妇赶快把话岔开，应酬了几句就匆匆告辞了。

当天，茅盾不知道自己是怎样回到唐家沱的。他像得了一场大病，昏昏沉沉地躺在床上，想着这晴天霹雳般的灾难还没有告诉德沚，他只能独自饮泣。亚男只有24岁，那么年轻，还没有尝到人生的欢乐就骤然离开了。他拿出张仲实的信看，信中也是讲的沈霞去世的事。他决定明天要进城去找徐冰问个究竟。

女儿的遗照始终摆在父亲的书桌前。

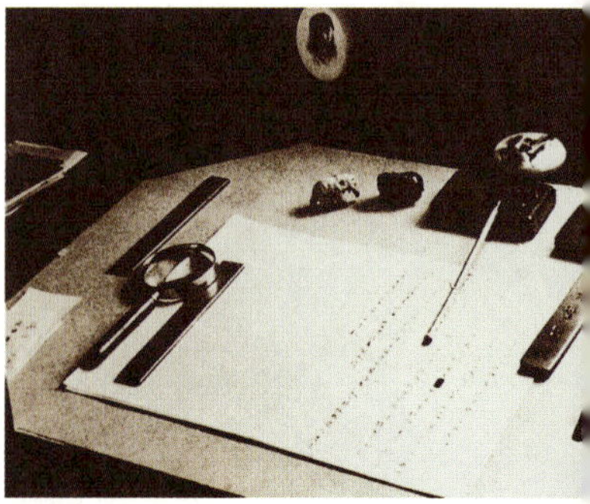

失去亲人后的茅盾一家。女儿的不幸去世，让茅盾夫妇悲痛万分，为了安慰父母，儿子沈霜（韦韬）从延安来到重庆父母身边。

孔德沚感觉出茅盾有些异常，还以为他最近写作《清明前后》太累了，身体不适，也没有多想，只是夜里听到茅盾在梦里哭泣。

第二天早上，孔德沚问茅盾："昨夜做了什么梦，好像是在哭？"

茅盾顺口遮掩道："梦见小时候，梦见妈妈了。"听他这样说，孔德沚没有再说什么。

上午，茅盾告诉孔德沚，他有些急事，一定要马上到城里去。孔德沚看到他的身体比昨天好了许多，就同意了。

在周公馆，徐冰充满歉意地对他说："这件事发生得太意外了，那个医生玩忽职守，已经给了处分，责任完全在我们。迟迟没有告诉您是怕对您的打击太大，影响您的健康，另外，恩来同志想亲自告诉你们，向你们道歉。你们把孩子托付给我们，我们却没有照管好。"徐冰告诉茅盾，恩来当时正在参加重庆国共谈判，太忙了。

茅盾说："请转告恩来同志，我完全能料理好这件事，倘若为我私人的事分了他的心那就是我不安了。"

徐冰听了茅盾的话很感动，他又了解到孔德沚还不知道女儿去世，茅盾打算把儿子沈霜从延安接来，再把噩耗告诉妻子的想法，说："等报告恩来后就尽快把沈霜接来。"

10月8日，徐冰找到茅盾，对他说："重庆会谈即将结束，恩来同志已给延安去电，请他们让您的儿子到重庆来，很可能搭乘毛主席回延安的那架回程飞机。"说完，徐冰又给了茅盾两封信，茅盾一看是张琴秋的，其中一封还是她写给周恩来的。信的内容也是叙述沈霞去世的过程和处理责任医生的情况。

张琴秋的来信主要是安慰他们和责备自己。信中那些文字时时刺痛着茅盾的心，久久不能平静：

姊：

冰哥：

不幸的消息，想必您们已在电报中知道了，希望您俩不要过分的怨伤！这种不幸的遭遇是不可能不使人难过的，是不能不令人惋惜的！我和霜，萧逸都二三日不能进食，不能安睡，后来又想只有更加保护自己的健康，才能对得起已离去我们的阿囡！他们住在我这里，我时时劝他们。沚姊、冰哥！希望您们心放宽些！因为现在事情也不可能挽回了，您俩身体都不好，希望您们多加注意！

我对不起霞，也对不起您们！因为我没有尽最大的力量去照顾她！您们时常来信，同时我也应该多关顾她，可是这次不幸又发生这种突变啊？！详情除副主席当面和您们说外，以后再告。因时间不容多写。附信及照片及东西请收！

琴秋

八月廿四日

随信附寄的照片是张琴秋在沈霞墓前照的。墓碑侧坐着的张琴秋悲伤万分。

10 月 12 日傍晚，茅盾夫妇被八路军办事处主任钱之光的夫人接到曾家岩。在一间小客厅里，茅盾夫妇见到了儿子沈霜。他们一进屋，和衣躺在一张行军床上的儿子就喊着“爸爸、妈妈”站了起来。

孔德沚上前抱住儿子端详着，高兴地叫着：“高了，也长壮了。”接着又看看四周，问沈霜：“亚男呢，你阿姐在哪儿？”

沈霜一下被问愣了，他没有想到妈妈竟然还不知道姐姐去世的消息，讷讷地不知该怎样回答。

屋子里的气氛一下沉闷了，孔德沚感觉到不对，看着大家叫道：“出了什么事，你们不要瞒我！”

“姐姐已经死了。”沈霜声音低沉地说。

“死了，怎么会死的？这不可能！不可能！”

“这是真的，妈妈，姐姐真的死了，所以爸爸才叫我来重庆。”

这简直是晴天霹雳，孔德沚愣了几秒钟，突然号啕痛哭起来。大家只好轮流劝她，茅盾流着眼泪劝她说：“亚男没有了，可是还有阿桑，他就在你的身边呢。”孔德沚听罢，又抱着儿子哭了起来。

儿子详细地把姐姐死亡的经过告诉了爸爸妈妈，茅盾听罢欲哭无声，就像一块沉甸甸的大铅块压在了心上。一连几天，女儿从小到大的种种事情都涌到茅盾眼前，久久挥之不去。后来，茅盾在为萧红的《呼兰河传》所写的一篇文章中，抒发了对女儿的深切怀念和无尽哀思。他把女儿比喻成“一颗未出膛的枪弹”。

儿子回到了父母的身边，多少冲淡了一些茅盾夫妇失去爱女的悲痛，在一起生活的几个月里，茅盾发现沈霜真的长大了，成熟了，他还参加了共产党。闲谈中，他了解到儿子是奉命回来安慰他们的，过些日子，还想回到解放区，投身到火热的革命斗争中去。儿子还说，今后想去搞工业。儿子的理想和志愿让茅盾感到很欣慰，他鼓励儿子有机会认真学一学理工科的基础知识。

儿子回来的日子里，茅盾夫妇也从唐家沱搬回城里，沈钧儒把他的三楼让出来一间，虽然小了点，但茅盾夫妇还是很满意，毕竟不用再奔波于城乡之间了。住址还是1940年从延安回来时曾经住过的枣子岚亚良庄。

这段日子里，茅盾还通过柳亚子介绍，请中央医院的外科主任为沈霜切除了阑尾。使他解除了去农村工作的后顾之忧。

1946年1月，茅盾送儿子到周公馆，准备第二天乘飞机去北平。周恩来请茅盾到他办公室坐坐。他再一次对沈霞的去世向茅盾表示歉意。茅盾说："为了孩子的事已经多次打扰您了，深感不安。"两个人又谈了茅盾的《清明前后》演出后产生的影响和抗战胜利后文艺界的一些情况。周恩来问茅盾，今后有什么打算？茅盾说：准备回上海。

2月，茅盾夫妇还给女婿萧逸写了一封情真意切的信，鼓励他"把悲悼之情转化学习与工作的勇气与毅力"。

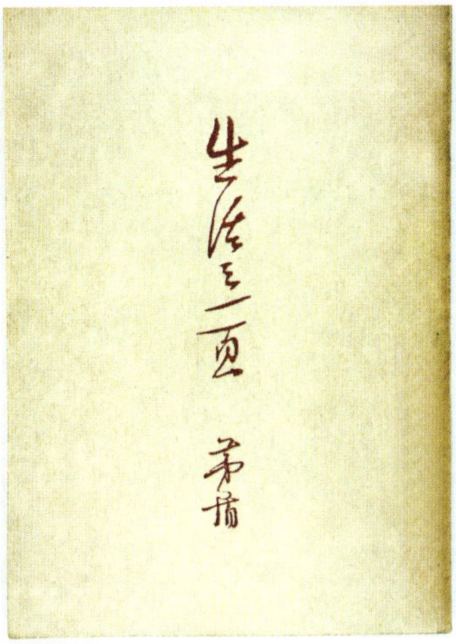

《生活之一页》于1947年上海利群出版社初版。

在离开雾都重庆的最后日子里，茅盾还写了一篇三万多字的报告文学《生活之一页》。

沈霞去世后，茅盾夫妇在女儿的一封来信中看到了过去忽略了的一段话："《劫后拾遗》我们已经读到。我自己觉得遗憾的是这里面竟没有谈到我所最关心的学生与文化人的情况，在这中间我也找不出什么你们在那时究竟是怎样的一点影子来。"

女儿的话深深触动着父亲，原来女儿对父母是如此关心，对父亲的作品是如此关注。茅盾决定要把这段往事忠实详细地记录下来，《生活之一页》记述的就是香港战争时期茅盾一家的生活。茅盾多么希望女儿能在另一个世界，知道他为了弥补这个遗憾所做的努力。

10 访苏前后

1946年3月16日，茅盾夫妇终于离开了生活三年的雾都重庆，飞抵广州。

离开重庆确实费了一番周折，机票还是周恩来托邵力子，邵力子找张治中，而且是临时改变行程飞广州，绕香港回上海，才拿到了两张机票。

在广州，茅盾夫妇下榻在开明书店的二楼。他原打算待两三天就去香港，没想到一住就是一个月。广州的朋友们都异口同声地挽留他们，并让他对广州的文艺界谈谈当前的政治形势和文艺问题。茅盾想起行前周恩来嘱咐他的话，就同意了。他要利用这个机会给大家讲讲新形势下文艺工作应如何适应的方针。

24日，茅盾在广州教育路民众会堂，为1500多听众作了一次报告，题目是《和平、民主建设阶段的文艺工作》，会议对外公开的名义是文协港粤分会等三个文艺团体给他开的欢迎会。茅盾在报告中谈了和平民主问题，当前的文艺工作，呼吁今天的文艺工作者“应当走到群众中间，参加人民的每一项争民主、争自由的斗争”。

这次报告会后，文化界的许多团体和学校都纷纷邀请茅盾去讲演。

在广州逗留期间，茅盾还为刊物写了一些宣传新阶段民主运动和文艺运动的文章。

4月13日，茅盾夫妇告别广州，

《杂谈苏联》于1949年4月重庆致用书店出初版。

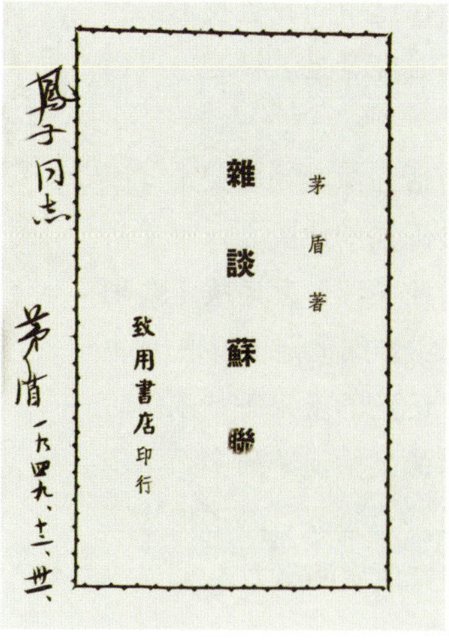

乘“佛山号”轮船到香港，住进铜锣湾畔的海景酒店。

战乱后的香港文化工作正在恢复中，茅盾也就没有看到文化界以前那种兴旺发达的局面，他过去熟悉的朋友寥寥无几。复刊后的《华商报》和文化界相继为他举行了欢迎会、招待会。

因为一时买不到回上海的轮船票，茅盾又给文化界和几所学校做过几次讲演，谈形势、谈文艺修养与写作问题。

恢复中的香港文艺界活动不是很多，熟悉的朋友又少，为了打发闲散的日子，茅盾翻译了苏联卡达耶夫的中篇小说《团的儿子》。

5月初，茅盾写了一篇文章《“五四”与新民主运动》，登在《华商报》上。一方面纪念五四运动，一方面提醒民众警惕带着“民主面具”的“刽子手”。

国内的形势很快发生了变化，国民党顽固派不惜用暴力来阻挠人民的民主运动进程。

10日，茅盾再次在《华商报》上发表文章，抗议国民党的暴行。

在香港，茅盾几次想和孔德沚去女儿当年喜欢游玩的蝴蝶谷走走看看，但终未成行，他怕引来他和孔德沚更多的伤感和痛苦回忆。

1

1946年5月26日，茅盾夫妇乘船到达上海。阔别八年，仿佛只是转瞬之间。放眼看去，上海好像一切都没有变，但对茅盾来说，物是人非，一切都变化太大了。

1946年，茅盾夫妇回到上海后在大陆新村六号寓所门前。

由于事先特意封锁了消息，到码头来接茅盾夫妇的人不多，只有开明书店的傅彬然、孔令境夫妇和一个新朋友欧阳翠。

这几个人中间，欧阳翠对茅盾并不熟悉，她和孔令境熟识，家在大陆新村六号。听说茅盾回上海找住处。就主动地把二楼的正房让了出来，自己搬到三楼去住。

30年代，茅盾一家也曾在大陆新村住过，那时住的是三上三下的

尽管鲁迅已经走了十年，但他始终是茅盾心中最重要的战友和朋友。1946 年 10 月 20 日，茅盾在万国公墓鲁迅墓前与许广平合影。

一栋楼，鲁迅住在九号。

初回上海的一段时间，茅盾几乎都用在接待与拜访亲朋好友、出席各种宴会和集会上了。只有夜深人静的时候，才能挤时间写些非写不可的文章。

国内的政治形势日趋紧张，国共军事对峙的加剧，蒋介石撕毁停战协议，美国军事援蒋的公开化，国民党当局对国统区和平民主运动的血腥镇压等，都激起所有正义人士和民众的愤慨。茅盾从 6—10 月的四个月中，写了近 30 篇杂文，谴责国民党的倒行逆施和揭露美国帝国主义的丑恶面目。

10 月 19 日是鲁迅先生逝世 10 周年的日子。上海各界举行纪念活动。中华全国文协联合 12 个文化团体在辣斐大戏院召开纪念大会，有 4000 多人参加。周恩来亲自出席大会并发表了演说。号召大家以鲁迅的精神“为争取独立、和平、民主、统一的新中国而斗争！”茅盾也在会上讲了话。

20 日的上午，文化界数百人聚集万国公墓鲁迅墓前，举行祭奠仪式。茅盾又和沈钧儒、郭沫若、许广平、周建人、曹靖华、冯雪峰等一起参加。他还写了一篇纪念文章《鲁迅是怎样教导我们的》，呼吁学习鲁迅“如何辨真伪，剥夺假面具，学习他的‘诛心之论’”。

为了抗议国民党当局的倒行逆施，茅盾还和文艺界同仁一起用发表联合签名的宣言方式进行斗争。如《中国文化界反内战、争自由宣言》《为李闻血案致联合国人权委员会书》《我们要政府切实保障言论自由》等。

在参加政治斗争的同时，茅盾也没有忘记文学活动。

他编辑了一本《苏联爱国战争短篇小说译丛》，搜集了几年来翻译的苏联卫国战争题材的短篇小说，并为集子写了一篇题为《谈苏联战时文艺作品》的序。他还写了

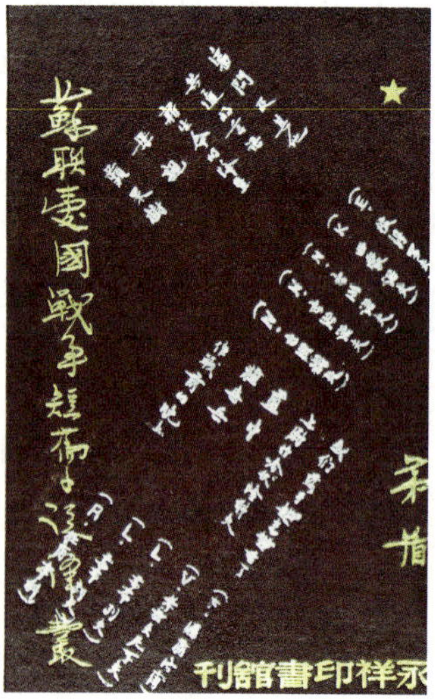

《苏联爱国战争短篇小说译丛》于 1946 年 10 月上海永祥印书馆出版。

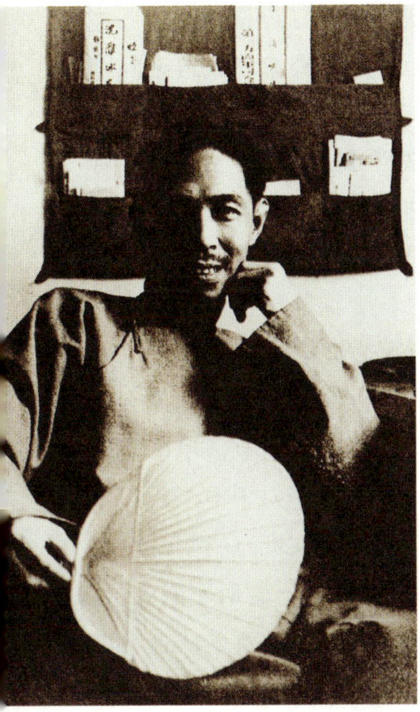
抗战胜利后的茅盾先生。

《关于〈吕梁英雄传〉》《关于〈李有才板话〉》《里程碑的作品——论赵树理的小说》等文章，向蒋管区的人民介绍和宣传优秀的解放区文学。

10月10日，开明书店举行成立20周年纪念会，茅盾在会上致贺辞："斗争需要一些人赤膊上阵，也需要一些人有点保护色，不需要赤膊上阵。不赤膊上阵也可以斗争。"

在茅盾近30年的文学生涯中，有三家书店与他渊源最深：商务印书馆、生活书店和开明书店。他认为，一直采取中间立场的开明书店，骨子里是倾向革命和倾向共产党的。

他还为开明书店20周年写了一篇近一万字的文章，登在《中学生》增刊《战争与和平》上，文章名叫《抗战文艺运动概略》。茅盾借这篇祝贺文章对抗战八年的文艺运动作了一次总的回顾。对大后方、边区和解放区的文艺都给予了很高的评价。

久离上海，久别家乡，茅盾思念家乡更思念逝去多年的母亲。他打算抽时间回乌镇一次，给母亲上上坟。直到七月还是没有抽出时间，于是只得让孔德沚先回去了。

没几天，孔德沚就带着两只箱子回来了，箱子里装的是长了霉斑的线装书。德沚告诉他：母亲的墓在东栅沈家坟地内，她去墓祭了，还雇人给母亲的坟茔培了新土，并在墓前栽了两棵树。又说：过去家中的书籍家具等都被三叔变卖了。孔德沚在整理母亲的遗物中，发现了茅盾两册小学时代写的作文，让植材小学的一位老师留起来作纪念了。听到母亲还一直保存着他儿时的作文册，茅盾的心里一阵心酸。

这一年的10月中旬，凤子找到一个免费旅游的机会，茅盾夫妇还去了趟杭州。在茅盾的记忆里，上次去的是他在那里上了最后一年半的中学。一别30多年，又是怀旧情怀。

这次去杭州约了不少的朋友，除了茅盾夫妇还有凤子、赵清阁、阳翰笙、洪深、陈白尘、葛一虹，一共八个人。游孤山、品西泠茶，在出租的游船上饮酒作诗赏西湖夜景，然后又登岸谒净寺逛庙卜签，仿佛把世间的一切苦难烦恼都暂且放下了，大家都十分开心。

这次同游，给大家都留下了美好的回忆。多年后赵清阁写过一首诗记述：

黄昏品茗西泠前，
文友酒酣夜泛船；
洪老求签卜解放，
茅公知津笑书癫。

2

1946年8月初，茅盾接到一封苏联对外友协请柬，邀请他们夫妇去苏联观光。

邀请信由从南京赶来的苏联大使馆一等秘书费德林亲自送到上海的。其实，1945年底在重庆时，茅盾就收到过邀请，不过当时只是邀请了他一个人，茅盾提出要夫妻同去，才没有成行。费德林告诉他：已跟中国外交部打过招呼，他还建议茅盾走水路，到海参崴再走陆路到莫斯科。

抗战胜利后，美苏政府都曾邀请中国文化界知名人士访问和讲学，曹禺、老舍、冯友兰、华罗庚去了美国，郭沫若已去过苏联，这次就没有再邀请他。

办护照没有费德林说的那么简单，茅盾跑了两趟南京，用了两个月时间，最后托邵力子走了后门才办妥。又因最近一班海船要一个多月后才能到达上海，暂时不能成行。

时间充裕，茅盾可以从容地准备行装。除了必备的生活用品外，他临时读了好几本苏联游记和介绍苏联的小册子，并特地买了一本俄英两用字典。还准备了自己翻译的苏联小说的中译本作为礼物。

朋友们得知他要去苏联，也纷纷设宴预祝他访苏成功。盛情难却，茅盾夫妇竟然连着在外面吃了两个

茅盾夫妇拜访并和柳亚子夫妇合影。（1946年11月在上海柳亚子寓所）。

茅盾夫妇在大陆新村 6 号寓所内。

多星期的酒席。

11 月下旬，茅盾得到苏联对外文协驻沪代表克留科夫的通知：船已到埠，预定 12 月 5 日启程。

接着，中苏文化协会在 11 月 23 日为茅盾饯行。

11 月 24 日，中华全国文协等十多个民间文艺团体在八仙桥青年会为茅盾举行欢送会。

那天到场的有 200 多人，郭沫若、马寅初、叶圣陶、熊佛西、潘梓年、许广平、阳翰笙等都来了。欢迎会由叶圣陶主持，凡讲话的人都对茅盾此行寄予极大希望。茅盾在会上感谢大家的临别赠言，说去苏联观光是他 20 年来的愿望：“一定把能带回来的宝贵的东西都带回来。”他加大声音说：“我们现在去是冬天，回来应该是春天了，但那时中国是否已经是春天尚不能预料，我相信苏联人民会给我们很多热，帮助我们度过冬天，我就是要去把这‘热’带回来，让寒冬早点过去。”

茅盾的答辞得到了朋友们长时间的掌声。

25 日晚上，苏联总领事哈林夫妇又在外白渡桥头的总领事馆设宴。

那晚，豪华气派的总领事馆灯火辉煌，出席宴会的有苏联驻华文化与新闻方面的重要人物乌拉窦金、克留科夫夫妇、罗果夫等，中国外交界、友协、文化界的重要知名人士颜惠庆、黎照寰、沈钧儒、郭沫若夫妇、叶圣陶、洪深、阳翰笙、潘梓年、戈宝权、葛一虹、叶以群等。杯盏之间，中外友人畅叙友情，并即兴赋诗唱和，为茅盾夫妇饯行。

第一个举杯赋诗的是中苏文协上海分会会长黎照寰，他唱曰：

滨楼此夜酒千杯，
为爱人和万意开。

两国英雄醒复醉，
醉中同敬特殊才！

吟罢博来一片掌声。接着郭沫若诗性大发，步黎照寰原韵唱和：

不辞美酒几倾杯，
顿觉心花带怒开。
今日天涯人尽醉，
澄清总得赖群才！

又是一阵喝彩和掌声。田汉说我也来和两位一首：

几度新亭举百杯，
愁颜偏许对花开。
何须痛恨张君迈，
扭转乾坤有霸才！

吟咏到最后，田汉干脆使劲地挥了一下手。众人更是一片叫好声。沈钧儒端起酒杯，面向四座说，听我一首：

一杯一杯复一杯，
贺君万里旅程开。
从知领导归文化，
旋转乾坤仗众才！

沈钧儒的诗音才落，早已等不及的叶圣陶就激动地开始吟诵了：

今宵不惜醉千杯，
语各相投襟抱开。
为送雁冰致一语，
幸将慧识发天才！

叶圣陶不忘感谢茅盾在商务印书馆时对他的提携和帮助。看到这么多的文人吟诗唱和，外交界的宿耆颜惠庆也按捺不住，站起来唱道：

红白旨酒满玉杯，
宾主相对笑颜开。
敬祝伉俪征万里，
不愧我国有奇才！

看到大家都唱和得差不多了，潘梓年才站起来，清了清嗓子唱道：

文化交流杯满杯，
中苏合作鸿运开。
问谁好战追希莫，
举世人民骂蠢材！

大家给以潘梓年热烈的掌声。苏联友人看到聚集在这里的中国文

茅盾和郭沫若（左一）、叶圣陶（右二）、洪深（左二）等在上海。

化界的群才，竟能以一韵同字而出这么多的诗篇，惊讶不已。不断地感叹、称道。

戈宝权没有和诗，但有心的他很快把这些诗都一一记了下来。

茅盾感激大家。诗言志，朋友们言的都是大家共同的心声。

12 月 3 日，茅盾又和孔德沚专门到马斯南路的中共上海办事处去向周恩来辞行。周恩来不在，办事处主任陈家康热情地接待了他们，祝愿他们一路顺风。陈家康又讲到眼下的局势，非打出个结局来不可，恐怕等不到你们回来我们就要离开了。他感慨地说："那就预祝我们在人民胜利之日再见罢！"茅盾也说："我们总会见面的！"

陈家康拿起笔工工整整地在一张纸上写了一首诗，递给茅盾，说是自己昨天胡乱凑成的一首七律，请茅盾指正：

满园缇骑残茸草，
一叶春秋定战和。
耿耿归心唯玉帛，
茫茫来日识干戈。
遥闻新贵朱衣好，
猛觉苍生菜色多。
剩有亭林书百卷，
中原利病在摩挲。

茅盾感觉到陈主任的诗中也寄予了爱恨情仇，但也充满了必胜的信心。

12 月 5 日早晨，茅盾夫妇在戈宝权的陪同下，乘坐苏联领事馆的汽车来到江海关码头。

茅盾写了大量反对内战，支持和平民主运动的文章。

在大陆新村有那么多的朋友送他们，到了码头上，又是欢送他的人群。郭沫若夫妇、叶圣陶、叶以群、臧克家、葛一虹、任钧等都在送行的人群中。还有苏联总领事夫妇、罗果夫、顾利士等苏联友人。郭沫若让于立群把一篮馨香的康乃馨鲜花献给远行者，大家又一起坐上登陆艇，一直开到停在黄浦江中的"斯摩尔纳号"轮船边，一一登上轮船甲板。

在船上，郭沫若又代表大家给茅盾写几句临别赠言，郭沫若一挥而就，又请于立群代为朗诵。当于立群朗诵完最后一句"别了，明年春夏之交的时候，请您们从自由天地更多带回些温暖回来"时，那圆润富有感情的声音感染了每一个在场的人，大家回报以热烈的掌声。

茅盾也掏出笔来，写了几句临别赠言："离开了这么多的敬爱的师友，虽然我是到温暖自由的天地去，我的心情是难过的，我依依不舍，因为你们将在祖国度过阴暗的季候。谢谢我的敬爱的师友，为了你们给我的友爱和鼓励。”

这时，时代出版社又送来一摞小册子，玫瑰色的封面上印着书名《欢送茅盾先生访苏唱和诗辑》。这是多么及时的送别礼物。大家在诗辑上签名，郭沫若又来了诗兴，提笔刷刷地在扉页上落下了几行诗：

乘风万里廓心胸，
祖国灵魂待铸中。
明年鸿雁来宾日，
预卜九州已大同。

众人的依依之情，激荡在每一个人的心中，也融化在滔滔的黄浦江里。

汽笛长鸣，雄伟的“斯摩尔纳号”昂首起航了，茅盾望着渐渐远去的江海关码头和渐渐模糊的送别人群，眼中漾出晶莹的泪光。

3

“斯摩尔纳号”在海上航行了五天。

茅盾夫妇住的是头等舱，旁边是苏联大使馆的三等秘书冉克夫，他略通汉语，可以和他们交流，专程陪伴他们去莫斯科，顺便回国休假。

海上的头两天风平浪静，可是一过对马海峡，风浪就大了起来，到了夜里，狂风怒吼，海浪拍打着舷窗，整条船就像一叶小舟上下颠簸，好像随时会被打到海底。整整一夜茅盾夫妇几乎没有入眠。清晨，风平浪静了，他们走出舱门，惊奇地发现，整条船都披上一层冰甲，像一个披挂盔甲上阵的“战士”。

12月10日的下午，“斯摩尔纳号”抵达目的地海参崴。茅盾因为是苏联请来的贵宾，海关对他们格外客气，所有的行李都免检。他们住在了市里最大的“乞留司金旅馆”一幢老式楼房，内部却非常舒适宽敞。接待他们的是外交部的代表喀尔斯托可夫和苏联旅行社的格罗迭尼娜女士。格女士还坐车陪着他们浏览了冬日的海参崴街景。

虽然经历了几天的海途劳顿，晚上茅盾仍然在旅馆补写了几天的日记，还写了两篇短文《斯摩尔纳号》和《海参崴印象》。行前，叶以群和《时代日报》给他交代了记写《苏联见闻录》的“任务”，用日记和游记的形式记下在苏联的沿

1948年开明书店出版的散文集《苏联见闻录》。

途见闻，并随时寄回国内让大家分享。第二天，茅盾就把晚上写就的文章交给了冉克夫，请他转交“斯摩尔纳号”的船长，带回上海了。

12月13日下午，茅盾夫妇坐上了开往莫斯科的火车，仍由冉克夫陪伴。软卧包厢的条件很好，旅行社的格女士怕车上的伙食不好，还特地给他们准备了两大纸箱的食品。

长龙般的火车奔驰在冰雪覆盖的西伯利亚，12天的旅途中，茅盾饱览了沿途美丽的风景，也目睹了战争留下的创伤。

12月25日清晨，火车到达苏联首都莫斯科。来车站接待的是苏联对外文化协会副会长卡拉介诺夫和协会东方部的主任叶洛菲也夫。下榻的旅馆在市中心，叫“萨伏伊”，一个法国贵族的名字。旅馆不大，很讲究，经营的法国餐吸引了许多莫斯科的外国人。旅馆靠近红场，距大小剧院都很近，交通十分便利。在旅馆茅盾他们好好休息了一天。

傍晚，叶洛菲也夫陪他们在市内观光。一路散步到红场，虽是寒冬，街头的灯火和熙攘的人流却显得温馨、喜气、祥和、平静。因为是圣诞节，还随处可见挂满彩灯的圣诞树和圣诞老人的造型。

第二天上午，茅盾夫妇参观了高尔基文化公园里的“红军战利品展览会”。下午，又去拜访了对外文化协会凯美诺夫会长，转致了郭沫若、曹靖华、戈宝权等人的问候。茅盾向他大致说了这次的访问设想，凯美诺夫会长表示一定竭力实现他的计划。对国内其他人托茅盾代办的事情，他也都答应尽力去办。茅盾还提出，希望能帮助找到在苏联的侄女玛娅。晚上，茅盾夫妇在小剧院观看了高尔基的四幕话剧《小市民》。

12月27日上午，茅盾夫妇参观了列宁博物馆和红军博物馆。下午回到旅馆，碰到了正在等他的中国驻苏大使馆的秘书胡济邦女士（郭沫若曾向茅盾提起过她），她送来傅秉常大使请他们初三晚上赴便宴的请柬。茅盾找到叶洛菲也夫，说理应先去拜会大使。叶当即决定暂停第二天参观，先让他们去大使馆。

第二天上午，茅盾如约见到了傅秉常大使，两人交谈了一个多小时，谈了些国内的政治形势，傅大使对愈演愈烈的内战感到忧虑。回旅馆途中，胡济邦秘书还告诉茅盾：他们的到来苏联方面非常重视，莫斯科电台、《真理报》在第一时间发了消息；还有这样高级的官员陪同，以前是很少见的。晚上，茅盾参观了《真理报》报社。

接着两天，孔德沚因受凉而感冒发烧，看了医生后在旅馆休息。茅盾参观了《星火》和《鳄鱼》两个编辑部，并和《鳄鱼》编辑部举行了座谈会，向他们介绍了中国漫画的发展，递交了中国漫协给苏联同行的信。晚上回来，他还给《星火》

杂志写了一篇《中国民间艺术之新发展》的文章。

12 月 31 日下午，茅盾在苏联对外文化协会的宴会上见到了苏联作家吉洪诺夫、列昂诺夫、戈尔巴托夫、苏尔科夫等。作家协会主席法捷耶夫在外休养没来，他的代表转达法捷耶夫的邀请，请他们参加苏联作家协会 1 月 2 日为他们举行的茶会。

1947 年新年伊始，大家都放假了。

上午，叶洛菲也夫来拜年，进门就说要送给茅盾一件礼物。茅盾还没有来得及开口，一个矮小的中国姑娘就跳了进来。“玛娅”，茅盾夫妇几乎同时意识到眼前这个女孩就是他们日夜思念的亲人。这可真是最好的新年礼物啊！孔德沚的眼泪一下子就涌了出来。茅盾知道，她和自己一样，想起了离去的泽民和亚男。叶洛菲也夫看到眼前的情景，立刻告辞了。

茅盾夫妇在莫斯科见到了沈泽民唯一的女儿玛娅。

孔德沚抱着玛娅，仔细地端详着面前这个大姑娘，急切地问这问那。可是，没有翻译，玛娅一句都听不懂，只是摇头。茅盾急中生智想起出国前才买的俄英字典，立刻拿出来，先从英文找字，让玛娅看俄文翻译，再从俄文找一个答复，茅盾看英文解释，居然也能进行简单的交谈了。大家都很高兴。他们了解到玛娅今年已经 20 岁了，在上大学，学的是无线电，还没有男朋友。玛娅知道了祖母去世、跟她通过信的亚男姐姐也走了、哥哥在解放区工作等。玛娅说：这样谈话太吃力，她下次要带个翻译来。

中午了，茅盾夫妇留玛娅吃饭，她不肯，他们硬是把她留下来，玛娅第一次吃法国大餐，津津有味的样子让他们很高兴。

玛娅刚出世父母就因革命需要回国了，把她留在苏联，像孤儿一样地生活在国际儿童院中，现在长大上了大学，也长得结实健康，这让茅盾和孔德沚放心了不少。

第二天一大早玛娅就来了，身后跟着两个英俊的小伙子：一个是张太雷的儿子，一个是刘少奇的儿子。这次有了翻译，谈话就方便了，内容也丰富了许多。玛娅详细谈了在苏联的生活和学习情况，茅盾和孔德沚谈了沈家家族的历史，谈了他们这些年的经历，谈了玛娅父亲的一生和她的母亲，还介绍了当前的国内形势，三个孩子看到国内来的人感觉很亲，不知不觉就到了中午时分。茅盾夫妇要留吃饭，他们坚决不肯，一起回去了。

这天下午，他们去苏联作家协会参加茶会。出席茶会的有20多位苏联作家，法捷耶夫、马尔夏克等都到会了。茅盾介绍了中国文艺界和作家的情况，苏联同行也介绍了苏联文坛最近的发展。

孔德沚的感冒好了，从1月3日起他们又开始紧张的观光活动。几天下来，参观了列宁图书馆、《儿童真理报》编辑部、高尔基博物馆、红十月工厂、高尔基世界文学研究所、忒列亚考夫画廊等，还欣赏了苏联国家大剧院上演的柴可夫斯基的芭蕾舞剧《天鹅湖》。这也是茅盾第一次看芭蕾舞。美妙绝伦的音乐，风采迷人的舞姿，瑰丽堂皇的场面令茅盾陶醉，也征服了所有在场人的心。苏联朋友对茅盾说：《天鹅湖》自1877年在大剧院上演至今，已经整整70年历久不衰，场场爆满。

接连几天的参观游览，茅盾夫妇都感觉到有些疲惫，孔德沚感冒复发。他们在旅馆休息了一个礼拜，茅盾整理了这些天的参观笔记，又把写好的文章交给叶洛菲也夫，让他寄给上海的戈宝权。叶洛菲也夫对他说：南方天气暖和些，不如先去高加索那边访问。茅盾同意了。

离开莫斯科前，他们还拜访了宁娜·波波娃，她是苏联妇女反法西斯总会的主席。

1月16日，茅盾夫妇登上了开往格鲁吉亚首都的火车。历时四天到达第比利斯后，住在市内的东方旅馆。

从冰天雪地的莫斯科到了绿意满目的第比利斯，感觉好像回到了初春的江南。

到达的当天，他们就拜会了格鲁吉亚的对外文化协会会长弥卡瓦。之后整整一个星期，他们参观了斯大林博物馆、第比利斯电影制片厂、儿童宫、格鲁吉亚国立大学、马恩列斯学院格鲁吉亚分院、斯大林和他的同事们建立的秘密地下印刷所、肯尼大教堂，访问了格鲁吉亚科学院。他们还去了斯大林的家乡——戈里，出席了格鲁吉亚对外文化协会的晚会。在晚会上，茅盾认识了几十位格鲁吉亚艺术家，向他们介绍了中国新文艺的发展状况。

在第比利斯，好客的主人还请茅盾夫妇看了三场歌剧和听了两次音乐会。

1月19日清晨，茅盾夫妇从格鲁吉亚来到了亚美尼亚的首都埃里温。

亚美尼亚对外文化协会的会长卡莱泰尔亲自到车站迎接他们，到旅馆住下后，又和他们共进早餐。卡莱泰尔说：“已经为你们安排好四天的观光节目。”

茅盾夫妇游览了埃里温市区，参观了国立艺术馆、民众图书馆、亚美尼亚历史博物馆、亚美尼亚大学、一所中学和一所市立托儿所，访问了亚美尼亚文学研究所、科学院和科学院属酿酒及葡萄种植研究所，品尝了美酒。还观看了斯宾甲罗夫歌舞剧院上演的民族舞剧《洪都忒》和松杜克话剧院上演的历史题材话剧《亲爱的祖国》。

亚美尼亚对外文化协会还专门为茅盾组织了一次座谈会，邀请了格鲁吉亚的诗人、画家、戏剧家、人民演员等几十人。座谈了两国文艺和文坛发展概况、文艺民族形式问题、汉字拉丁化问题等。

21 日晚上，热情好客的主人为客人饯行。三四十位作家艺术家和茅盾夫妇依依话别，60 高龄的全苏人民艺术家 A. 丹尼爱良女士还特意为"亲爱的中国朋友"高歌了一曲，她是苏联最高苏维埃代表、斯大林奖金的获得者。

22 日，茅盾夫妇满载着亚美尼亚人民的友谊，乘火车经第比利斯返回莫斯科。

回到了莫斯科，他们仍旧住在原来的旅馆和房间。叶洛菲也夫已安排好下一步的访问日程。他们也趁两天的休息，恢复了体力。

2 月 15 日，茅盾访问了卡达耶夫，送了他一本《团的儿子》中译本。卡达耶夫还问到中国的梅兰芳和京剧。

2 月 16 日，茅盾拜访了年过 60 的儿童文学作家马尔夏克。他对中国的新诗、民谣、民歌、民间故事都有很大的兴趣。茅盾送了他一本《马凡陀山歌》，他回赠了一本自己写的儿童诗剧《十二个月》。

西蒙诺夫像。

2 月 17 日下午，茅盾又和刚刚从南方回来的西蒙诺夫见了面。这位 31 岁的最高苏维埃代表，已经得过四次斯大林文艺奖金。他的夫人也是个演员，正在排演丈夫的新作《俄罗斯问题》。交谈中茅盾感到西蒙诺夫说话直爽、也很风趣。

2 月 19 日，茅盾夫妇还访问了吉洪诺夫。吉氏夫妇带着一个三岁的女孩生活。谈话中茅盾夫妇才知道，女孩是他们收养的一个列宁格勒孤儿，列宁格勒被围时，吉洪诺夫就在城中，他有一肚子列城人民斗争的故事，他的书房里挂满了当时列宁格勒的照片。

对四位作家的访问给茅盾留下了很深刻的印象，他用专稿的形式把他们介绍给了中国的读者。

回到莫斯科以后，叶洛菲也夫还陪茅盾夫妇参观了克里姆林宫、列宁山上的莫斯科大学、托尔斯泰博物馆、奥斯特洛夫斯基博物馆、“三八”集体农庄、工业博物馆。他们还看了莫斯科一个选区投票选举最高苏维埃代表的盛况。晚上则观看斯拉夫民间舞蹈和根据格林兄弟的童话改编的童话木偶戏《灰姑娘》。

玛娅听到他们回了莫斯科，又来看望，依然带了个翻译，是陈昌浩的儿子。大家一起出去照了相。蔡畅也来看望他们，并说她要去巴黎参加第一次国际妇女代表大会。茅盾把邓颖超走前托带的一包工艺品给了蔡畅。

茅盾利用这段时间，还为苏联的读者写了一篇五六千字的论文《抗战时期中国文艺概况》，交给了叶洛菲也夫。

2 月 23 日夜里，茅盾夫妇再次离开莫斯科，前往列宁格勒参观访问。

这次的日程是五天。第一天访问了科学院东方研究所，还参观了苏联最大的儿童宫。第二天上午参观冬宫艺术馆，战争破坏的痕迹随处可见。下午游览了列宁格勒市区，晚上又到基洛夫歌剧院观看歌剧《杜布罗夫斯基》。第三天上午参观红旗棉织厂，下午参加列宁格勒作家分会的茶会，在陈列室中看到这里的作家在围城中的作品和牺牲作家的照片。苏联作家共有 900 多人上前线，牺牲 270 人。三点半钟，茅盾夫妇又赶到东方研究所作报告，参观该所的图书馆。晚上又观看另一个版本的芭蕾舞《天鹅湖》。第四天参观涅克拉索夫博物馆、萨尔蒂科夫——谢德林图书馆，这家图书馆的前身是帝国公共图书馆。最后一天参观了普希金博物馆。沙皇夏宫和普希金村，因为雪深路滑而封路，只好舍弃了。

当晚乘车返回莫斯科。列宁格勒的五天访问，几乎是马不停蹄，茅盾夫妇虽然感到比较疲劳，但还

苏联西蒙诺夫著、茅盾译的《俄罗斯问题》于 1947 年世界知识社出版。

《俄罗斯问题》剧照。

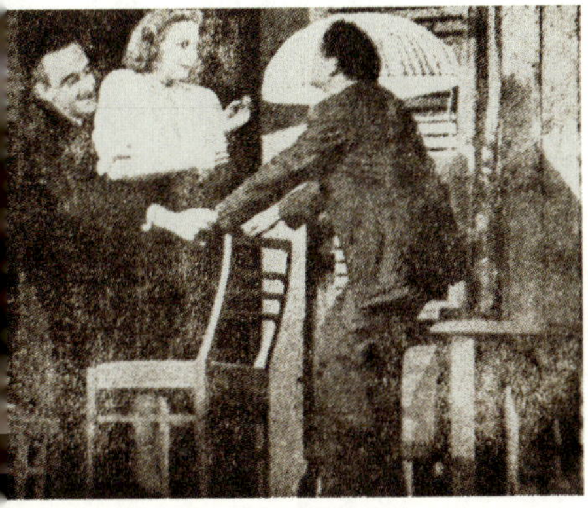

是兴致很浓。

才回到莫斯科，叶洛菲也夫又告诉他们一个新的情况：叙利亚和黎巴嫩有两个访问团几天后要去塔什干和巴库参观，问他们愿不愿去。茅盾当即表示愿意。

3月5日，对外文化协会提前为茅盾夫妇举行了送别宴会。驻苏大使馆的傅秉常大使也应邀参加，苏联作协副秘书长吉洪诺夫和傅秉常大使分别举杯致辞，祝贺茅盾夫妇这次访问成功！茅盾也答谢了各方对他的热情招待。

3月上旬，茅盾夫妇和两个访问团一同乘飞机到达乌兹别克首都塔什干。这次接待他们的主人是共和国的外交部长。这个中亚细亚共和国的灿烂阳光和丰盛的瓜果给茅盾留下了深刻的印象。他们参加了乌兹别克最高苏维埃开幕典礼和庆祝三八妇女节的庆祝大会，拜访了外交部长，访问了科学院，参观了斯大林纺织印染场和飞机制造厂、艺术馆和历史博物馆，凭吊了撒马尔罕十五世纪的文化古迹……茅盾夫妇还去访问了乌兹别克作家协会，开了座谈会。

在乌兹别克的最后一天晚上，外交部长在宾馆设宴给他们送别，在塔什干的各界名流和文艺界人士都参加了。茅盾在答谢致辞中盛赞乌兹别克人民的战斗精神和取得的成就，也祝福全世界要求和平民主的人民大众最后必然成功！

3月14日，茅盾一行人又乘飞机到达阿塞拜疆共和国首都巴库。巴库是有名的石油之城，所以他们参观了巴库的油井、石油工业、石油学院，以及制造采油设备的列宁机器制造厂。

在巴库，茅盾夫妇比叙利亚和黎巴嫩的访问团多逗留了两天，他们出席了阿塞拜疆作家协会举行的欢迎茶会，双方同样进行了文学领域的多方面交流。

茅盾夫妇还观看了乌塞也尔·格其贝创作的第一部歌剧《兰绮丽和麦其侬》，作者被称为阿塞拜疆现代音乐之父。

3月22日，茅盾夫妇第三次回到了莫斯科。

官方拟定的参观访问日程基本都完成了。茅盾开始整理回国的行装，为各个文化部门和同行们采购需要带回的书籍竟然达到了700多本。东西和行李太多，不能乘飞机，茅盾和叶洛菲也夫商量后，仍决定坐火车横穿西伯利亚，再乘轮船回国。但海参崴的“斯摩尔纳号”要4月20日才能启程，还有近一个月的等待时间。

茅盾决定在莫斯科多住一段时间，安安静静地整理这几个月积压下来的日记和笔记，同时也让疲惫的身体得到休息。

既然不能马上走，叶洛菲也夫就又给他们作了一些安排，主要是晚上看演出。

他亲自陪茅盾夫妇参观了国立普希金美术馆。还观看了大剧院演出的歌剧《露莎尔卡》、艺术剧院上演的话剧《胜利者》、莫斯科话剧院根据法捷耶夫的同名小说改编的话剧《青年近卫军》、列宁共青团戏院演出的西蒙诺夫的话剧《俄罗斯问题》等。

茅盾最后在东方大学作了一次《中国新文学的任务》的讲演，很受欢迎。

4月5日上午，茅盾夫妇到中国大使馆话别。下午，又去对外文化协会向凯美诺夫会长辞行。当晚10点，他们登上开往海参崴的国际列车。送行的人中有对外文化协会的卡拉介诺夫、叶洛菲也夫等，还有他们的侄女玛娅。

一路上，茅盾夫妇并不寂寞，两位英俊的苏联军官陪伴他们。看着窗外闪过的西伯利亚冬景，回想着几个月来和苏联朋友们的友情，一切都显得那么亲近，那么温馨，那么难忘。

4月17日清晨，列车到达海参崴。外交部的喀代表和旅行社的格女士早在站台迎候。

一晃四个月，他们仍然住在乞留司金旅馆。接待他们的格女士换上了春装，漂亮得让他们几乎都不敢认了。

4月20日，他们告别了海参崴，再次登上“斯摩尔纳号”轮。外交部的喀代表和旅行社的格女士一直送他们上船后才告别。船长、船员、餐厅服务员也都是老相识，大家握手问候就像是自家人一样亲切。

船离港了。一切都从视线中渐渐模糊，茅盾久久凝望着海参崴的方向，他知道，两国人民的友谊，两国文艺界的友谊，他和这块英雄的土地所结下的友谊，是任何风浪任何险阻都隔不断的。

依然是海上五日。这次没有遇上大风浪，25日下午轮船通过吴淞口，进入黄浦江。熟悉的江水气味沁入心脾，分别近五个月了，上海迎面扑来！茅盾看到江海关码头了，远远的，码头上站满了欢迎的朋友们。他感到自己的呼吸有些急促，高兴和惆怅交织在心中。茅盾

1947年4月茅盾夫妇结束了在苏联近半年的访问，准备回国，在停靠海参崴的“斯摩尔纳号”轮船甲板上留影。

想放声高喊："啊，我回来了，又回来了！"

4

1947年4月，茅盾回到国内。1947年5月，国内的局势已十分严峻。

茅盾通过各种方式把这次访苏的信息传达给社会各界。他在寓所接待记者们，滔滔不绝地谈他访苏的观感和取得的收获。

他写了大量的文章，并应邀到各大学和文化团体去讲演，热情介绍宣传苏联的文学艺术，介绍那里蒸蒸日上的社会生活和人们蓬勃焕发的精神面貌。

4月28日，郭沫若在家里为茅盾夫妇举办"洗尘小集"，邀请了二三十位文艺界朋友，在一起吃晚餐，之后，请茅盾讲访苏观感。茅盾向大家讲了苏联作家最关心的中国的问题……

半年的时间里，他就写了30多篇文章，汇集出版了《苏联见闻录》《杂谈苏联》两本书。让人们认识到在我们的身后，矗立着一个强大的社会主义国家。

5月底，茅盾开始翻译西蒙诺夫的剧本《俄罗斯问题》，依据的是英文版本。这是应《世界知识》周刊主编金仲华的要求翻译的。茅盾是随译随登。为配合剧本发表，他还写了前记、译后记等。

1947年7月，中国人民解放军在全国范围内转入了战略进攻，国民党军队被迫实行全面防御。内战的扩大，军事上的失利，加深了蒋家王朝的崩溃。经济赤字，物价飞涨，茅盾访苏前米价法币五万元一担，等他四个月后回来，米价一担已经涨到五十万元。企业纷纷倒闭，民族工商业接连破产，市场充斥美国货。

《杂谈苏联》于1949年4月重庆致用书店出版。

从苏联归来的茅盾也没有办法写文章搞创作了，他说自己成了苏联问题专家，除了苏联问题的文章外，只写了一篇怀念邹韬奋的散文《记香港战争时韬奋的琐事》、一篇悼念谢六逸的文章，其他文章几乎都不写了。

当局的文网森严，作家们之间的友情则更深厚，大家相互帮助，共度危难。时常在各自的家里小聚，关注时局的发展。

10月下旬，国民党政府解散民

主同盟，加紧镇压民主运动，查禁进步出版机构，限制作家言论出版自由。上海有影响的进步报纸《文汇报》《联合晚报》《新民晚报》纷纷遭到封闭。民盟中以沈钧儒为代表的左派，决定到香港去发展和继续斗争。茅盾虽然是无党派人士，也得到中共方面的通知，分散行动，先去香港，然后再转移解放区。

11 月中旬，郭沫若首先离开。下旬，沈钧儒离开上海。12 月上旬，茅盾和叶以群先去香港，半月之后，孔德沚、于立群和孩子们也安全转移香港。不久，他租到九龙弥敦道一个华侨的房子，他们住在二楼，三楼住着翦伯赞。

5

1948 年，弹丸之地的香港成了中国文化名人和各界民主人士聚集的要地。无论茅盾参加什么活动，都能看到很多熟悉的面孔。大家相互问候后，接着话题一转就是谈论战局。解放军的辉煌胜利，让每一个“流亡客”的脸上都增加了信心。大家兴奋地议论毛泽东的报告《目前的形势和我们的任务》。

1948 年的元旦到了，茅盾在他的迎新献词《祝福所有站在人民这一边的》中写道：“新年见面，例应祝福；我祝福所有的站在人民这一边的人士：更坚决，更团结，把反帝反封建的革命事业进行到底，让我们的儿孙辈不再流血只是流汗来从事新中华民国的伟大建设！”

在香港文协举办的新年团聚会上，到会的有 300 多人。这样的会自 1941 年以来一直没有举办过。郭沫若、柳亚子、翦伯赞、叶以群、楼适夷、林林和茅盾相继在欢迎会上讲话。茅盾建议香港文艺界要加强文艺批评工作，但实际上，茅盾

1947 年 7 月，在画家张悲鹭家中的一次聚会。有:熊佛西、田汉、茅盾、洪深、于立群、张悲鹭。

自己也无暇写文艺理论探讨文章，而是忙于编刊物，做文协工作，参加政治活动，几乎占去了所有的时间。

1948年上半年，茅盾在香港续写了《生活之一页》，这部续写完成的报告文学后来在南洋出了单行本，改名为《脱险杂记》。

下半年，茅盾在香港的生活安定了下来，他担任《文汇报》副刊《文艺周刊》的主编，还担任了《小说月刊》的编委，写了几篇小说和论文。但最值得提及的是他完成了长篇小说《锻炼》的写作。

《锻炼》是茅盾创作的最后一部长篇小说。这部小说最早的设想起于1942年桂林时，茅盾想创作一部规模宏大的反映抗日战争全貌的长篇小说，并开始收集素材的工作。后来在重庆曾用了部分素材写了一部中篇小说《走上岗位》。这次到香港，茅盾感受到空气的宽松和写作的自由，内心燃起了创作这部长篇小说的热望。他想撇开《走上岗位》，只保留书中若干人名和迁厂的故事来写一部系列小说。刚好《文汇报》副刊需要一个长篇连载，茅盾就决定自己来写。由于时间太紧，来不及写出详细的提纲，只写了一个简单的大纲，陆续做了一些笔记，为书中主要人物立了个小传，就真正动笔了。

茅盾计划写连贯的五卷，每卷中的人物大致相同，稍有增减。第一卷叫《锻炼》，写上海战争至大军撤退。第二卷写保卫大武汉至皖南事变。第三卷写皖南事变至太平

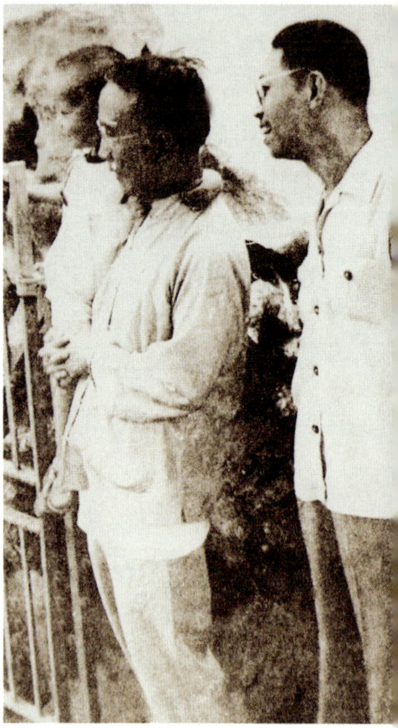

茅盾与郭沫若在香港。

1948年在香港达德学院迎新会上，茅盾夫妇和郭沫若及孩子们留影。

洋战争，第四卷写太平洋战争至日本投降，第五卷写抗战胜利至闻一多、李公朴被暗杀。

完成这五卷本都市大约要三年时间，预计 150 万字。没想到才写完第一卷，国内形势就发生了巨大变化，解放战争进入战略决战阶段，东北解放了，平津被围，解放指日可待。茅盾和一大批滞留香港的民主人士经海路进入东北解放区。他不得不终止了写作计划。

《锻炼》一书以上海八一三战争为背景，描写了资本家严仲平、名医苏子培、乡绅赵朴斋等几家人在抗战初期的不同活动和各自错综复杂的社会关系，真实生动地反映了当时的各阶级、各阶层的动向。全书 20 余万字，具有浓郁的时代气氛和洒脱精练的文笔，颇见茅盾在创作上的艺术功力。

小说共在《文汇报》上连载了 111 天。茅盾离开香港后，才登载完毕。当时茅盾想到解放区后再把后面的几卷写下去，他没同意香港书店出单行本的要求。可是后来，小说没有办法再往下写了，书也没有机会再出版了。直到打倒“四人帮”后的 1981 年，才在香港时代图书有限公司出版。这本书的封面是红色的，用宽厚苍劲的黑色线条勾勒出熊熊烈焰作为衬底。书名、著者及出版者分别采用纯净清新的天蓝色和白色书写。一眼望去，强烈的冷暖对比极易使人联想到白热化的钢水和冶炼淬火时的情景。

新中国成立以后，茅盾再也没有机会和时间进行这部小说的续写，《锻炼》就成为了茅盾长篇小说的封笔之作。

茅盾是 1948 年的最后一天离开香港的，乘的是一艘苏联船，同行的有夫人孔德沚，还有李济深、

1948 年秋，茅盾夫妇在香港寓所中。

《锻炼》最初版本 1980年12月香港时代图书出版有限公司出版。

章乃器、邓初民、洪深等20多人。他们迎接1949年元旦是在北行的海船上。临行前，茅盾写了一篇新年短论登在香港的1月1日的《华商报》上，题目叫《迎接新年，迎接新中国》。他在文章里写道：

新中国诞生了，这是五千年来中华民族的第一件喜事！

……

新民主主义的新中国将是一个独立、自主、和平的大国，将是一个平等、自由、繁荣康乐的大家庭。在世界上，中国人民将不再受人轻侮排挤。人人有发展的机会，人人有将其能力服务于祖国的机会。……

中国人民渴望这样一个新中国，差不多有百年之久了……

茅盾道出的是所有民主进步人士的希望，也是所有中国人民的心声。

在船上，李济深在茅盾的手册上也写出了大家的共同心愿，他写道：

同舟共济，一心一意，为了一件大事，一件为着参与共同建立一个独立、民主、和平、统一、康乐的新中国的大事。

……前进前进，努力努力。

茅盾他们乘坐的轮船向着北方的解放区乘风破浪。

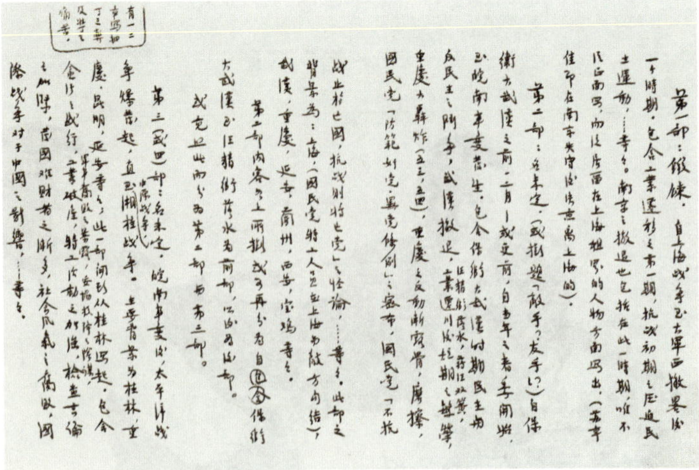
第一部：锻炼。

第一部《锻炼》原稿。

11

迎接春天

1949年1月26日，东北各界在沈阳举行盛大的集会，欢迎北上到达东北解放区的各民主党派、人民团体和无党派民主人士30多人。他们都是准备来参加即将举行的新政治协商会议的。茅盾也参加了这次欢迎会。他还在会上发表了题为《打到海南岛》的演讲。

这期间，他们还应邀参观了沈阳、哈尔滨等城市的名胜古迹和小丰满水电站等。

2月1日，北平和平解放了。下旬，茅盾从东北来到北平，临时住在了北京饭店。他和郭沫若等文艺界人士发起组织了全国文学艺术界联合会，并担任了筹备委员会的副主任，与此同时，他还积极参加中华全国文学艺术工作者第一次代表大会的筹备工作。

6月，新政治协商会议筹备委员会在北平成立，茅盾成为筹委会的常务委员。

7月2日，中华全国文学艺术工作者第一次代表大会在北平开幕。这是一次中国文学艺术界进步人士实力的大检阅、大聚会。郭沫若在会上作了总报告，茅盾作了题为《反动派压迫下斗争和发展的革命文艺》的报告。对十年来国统区文艺运动的斗争发展情况作了概括

1949年2月，刚进北京的茅盾夫妇在作为临时寓所的北京饭店房间内。

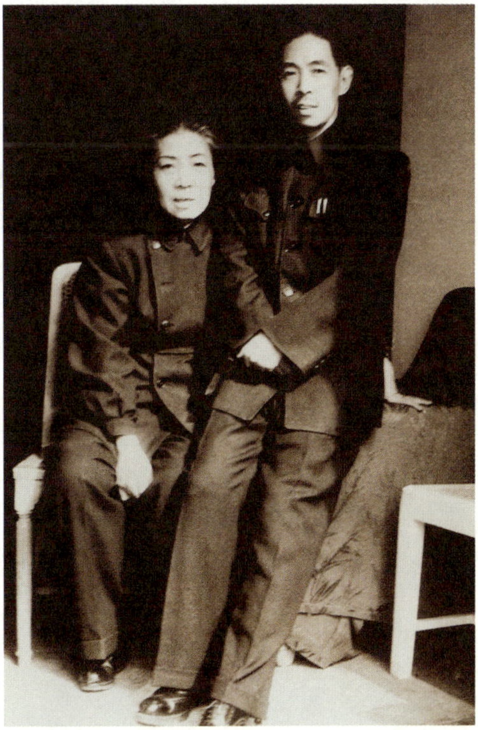

1949 年 6 月新政治协商会议筹备委员会常务委员合影。自左至右，前排：谭平山、章伯钧、朱德、毛泽东、沈钧儒、李济深、陈嘉庚、茅盾。中排：黄炎培、马寅初、陈叔通、郭沫若、蔡廷锴、乌兰夫。后排：周恩来、林伯渠、蔡畅、张奚若、马叙伦、李立三。

性的总结。7 月 19 日大会闭幕，茅盾当选为中华全国文联的常务委员和副主席。

7 月 23 日，中华全国文学艺术工作者协会成立，也就是后来的中国作家协会。茅盾当选为主席，承担起了领导全国文学工作的重任。

9 月 21 日，中国人民政治协商会议第一届全体大会在北平举行。茅盾又当选为大会主席团的常务委员。会议通过了具有临时宪法性质和作用的《共同纲领》。茅盾作为全国文学艺术工作者联合会的首席代表，在会上发言说：全国文艺工作者全心全意拥护会议通过的文献，将和全国人民一道，竭尽全力去发展新民主主义的文化事业。他还在会上当选为中央人民政府委员会委员。

9 月 25 日，全国文联的机关刊物《文艺报》创刊了。茅盾为新诞生的刊物写了《一致的要求和期望》，在这篇重要文章中，他提出在革命彻底胜利和新中国即将诞生的新形势下，文艺界同仁应该努力去做的工作：加强理论学习、加强创作活动、加强文艺的组织工作，继续对封建文艺以及买办文艺、帝国主义文艺展开顽强的斗争。

新中国诞生前夜，茅盾怀着满腔的热情和激情为中国的文学艺术事业工作着。

1

1949 年 10 月 1 日，亿万人民盼望的新中国成立了。

作为一个从中国共产党建党之初就为着党的理想和目标而奋斗的同路人，作为一个在中国文学艺术领域里战斗了数十年的骁勇战士，作为一个在文学创作上成绩卓著的著名作家，茅盾的喜悦心情是无法用语言来形容的，唯有用自己最大的工作热情和创作激情来回报这个梦寐以求的时代和人民当家作主的国家。

那个政治压迫、精神压抑、人身安全没有保证的岁月过去了，那种颠沛流离充满艰难困苦的生活一去不复返了。在一个安定自由的生活环境中，茅盾计划续写未完成的三部长篇小说，他想把最好的作品献给读者和人民。

同样，夫人孔德沚也在憧憬着今后的生活，她一直喜欢杭州，她想在美丽的西子湖畔买一栋房子，营造一个家，一个真正属于他们自己的小家，让奔波了大半辈子的德鸿，能有个舒适安定的环境，专心致志地写他的小说。

但是，一切都不可能按照他们的想象去发展。

一天，周恩来找到茅盾，提出准备让他出任新中国的第一任文化部长。

茅盾感到有些意外，赶紧对周恩来说："不行，这个担子太重了，我恐怕干不了。"接着他又向周恩来详细述说了自己酝酿已久的创作规划，特别强调自己想尽快实现这个目标。

周恩来认真地听完茅盾的陈述，平静地对他说："雁冰同志，你这个计划是不现实的，虽然我理解你的心情和愿望。"

茅盾还想说什么，周恩来抬了抬手，说："你想，你已经被选为全国文联副主席和中国文学艺术工作者协会主席，你能抛开你领导的全国作家，逃离尘世去专门创作吗？"

1949年9月，由蔡楚生摄赠的政治协商会议第一届全体会议文艺界小组同志合影。左起，前排：艾青、巴金、史东山、马思聪；后排：曹靖华、胡风、徐悲鸿、郑振铎、田汉、茅盾。

茅盾还是不同意，又说了一些不能干的理由，周恩来看看一时还不能说服茅盾，没有再强求。

过了几天，茅盾接到了毛主席要召见他的通知，他知道主席找他肯定是关于文化部长的事情，于是又把早已准备好了的五年创作计划装到了包里。

到了毛主席那里，茅盾看到周恩来也在。他才落座，毛主席就开门见山地对他说：“恩来对我讲了，你不愿意当文化部长，他劝不动你，只好来搬我这个救兵了。你先说说不愿当文化部长的理由。”

茅盾看到主席亲自找他谈这件事，感觉有些压力，但还是把他的想法又讲了一遍，他认真地对主席说自己不会做官，恐怕担不起这样一个重担，还强调自己有好几部长篇小说要写，说罢，从包里拿出创作计划递给主席看。

毛主席接过去从头到尾看了一遍，然后用手拍着计划稿纸说：“嗯，好呀，这个计划很不错呀！恩来，你说怎么办？”

周恩来说：“是否能找到一个两全其美的办法，既当了文化部长，又不影响搞创作？”

毛主席提高声调说：“我看可以这么办。雁冰兄，你刚才讲的是小道理，现在我来讲讲我的大道理。”主席放缓了声调继续说，“全国刚刚解放，百废待兴，军事、政治、经济、科教、文化都要兴，文化是有关意识形态的一个方面，所以文化部很重要，文化部长也很重要，你的担子不轻。现在想当文化部长的人不少，但我们偏偏选中了你，因为我们相信你，这是全国人民的需要。在大道理面前，小道理应该服从大道理，你说是不是？”

毛主席说完，眼睛直望着茅盾，等待着他的回答。

茅盾觉得毛主席这一席话，讲得有理有节有力，但他还是不太甘心，就说：“郭老可以当文化部长呀，为什么不请他？”

毛主席又说：“郭老是可以的，但他已经担任了中国科学院院长和文化教育委员会主任两个职务了，再要兼文化部长，别人的意见就更多了。至于不会做官，我和恩来也不会做官，大家都在学做官，这也是革命党需要嘛。”

主席都这样说了，茅盾无法再推脱和解释了。

停了片刻，毛主席看到茅盾没有再说什么，就说：“这样吧，为了使你做官和当作家两不误，我们想了一个办法。”他转过脸说，“恩

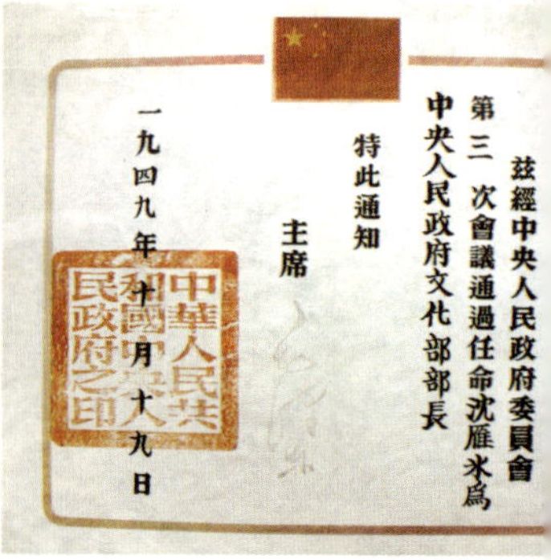
茲經中央人民政府委員會第三次會議通過任命沈雁冰爲中央人民政府文化部部長
特此通知
主席
一九四九年十月十九日
中華人民共和國中央人民政府之印

任命状。

1950 年 5 月 13 日，茅盾与郭沫若等在北海团城与文物捐赠者熊述匋合影（左起：马衡、郑振铎、郭沫若、熊述匋、周扬、茅盾、丁西林）。

来，给雁冰先生配备一个得力的助手，实际工作由他去做，你就有时间写你的小说了。”

茅盾这次真的没有话说了，盛情难却。

1949 年 10 月 19 日，毛泽东签署中央人民政府任命通知书：

兹经中央人民政府委员会第三次会议通过任命沈雁冰为中央人民政府文化部部长。

特此通知

主席　毛泽东

一九四九年十月十九日

自此，茅盾担任了文化部长，一做就是 15 年。他不得不放弃了当专业作家的念头，担当起了文化领导工作的重任。

茅盾的儿子韦韬在《我的父亲茅盾》一书中这样总结父亲的部长生涯：

虽然毛主席说了具体事务可交副部长们去做，但作为部长，父亲从未想过要推卸自己的职责。于是，作为作家的茅盾终于让位于作为政府高级官员的沈雁冰，并且陷入了一个两难的境地：既要维护人民政府的威望，又要对得起作家的良心，而在这之后最艰难的，就是如何面对接连不断的政治运动。

2

作为新中国的第一任文化部长，茅盾一上任就遇到了大量的政治性工作和事务性工作。

1949 年的 10 月 25 日《人民文学》创刊。他亲自担任主编，并为刊物写了《发刊词》，阐明了刊物

1952年4月，写作电影剧本收集资料，茅盾在上海市委招待所。

的编辑方针和任务。

1950年3月，茅盾当选为中国保卫世界和平委员会副主席，理事会的理事和执行局长。随着新中国的发展，接待和外事活动越来越多。十几年中，茅盾多次代表中国参加国际上的保卫世界和平理事会的重大会议，阐述和传递中国人民的声音和立场；数次率中国文化代表团访问了世界上的许多友好国家，送去中国人民的友谊和问候；在国内，茅盾接待了不计其数的来自世界四面八方的国际友人和文化艺术代表团，让远方来的朋友们感受到中国人的热情好客和友善礼仪。

作为中国文化文学艺术部门的最高领导，他还时刻关注着文化文学艺术领域的改革、发展和走向，在各种文学艺术会议和活动中忠实地宣传党和国家的大政方针，尽已所能地把握政策和策略的尺度。特别是对于文学艺术界的一些突如其来的运动，都尽量去冷静思考，从容面对。

新中国成立以后，土地改革、镇压反革命、三反五反、肃反等各种政治运动一个接着一个，他都积极拥护。他知道，这是为了捍卫和

1951年9月，茅盾和夏衍在文化部会见苏联作家爱伦堡。

1954 年 2 月，茅盾和周信芳（右一）在南京慰问中国人民解放军华东地区战斗英雄。

1953 年 1 月茅盾率中国文化代表团访问波兰，在格但斯克市与群众联欢。

1954 年 6 月茅盾在斯德哥尔摩出席缓和局势国际会议。

巩固一个新生的共和国所必须的措施，尽管也有过头的现象，但那是时代洪流中的回旋，九个指头和一个指头的关系。可是不久，文艺界开始批判电影《武训传》《〈红楼梦〉研究》、胡风文艺思想，以至于后来的“反右”斗争、批判“丁陈反党集团”等政治运动，让茅盾感到了不解、困惑和汗颜。对很多过头过火过激的说法做法，他都不敢苟同，却又无法阻止和阐述自己的观点和看法。由于他所处的位置和威望，他甚至还要说服自己去跟上政治风浪的步伐，违心地做一些政治表态和写一些言不由衷的文章。这种内心的折磨和痛苦是常人所不能理解和感受的。

茅盾对毛泽东的信任是坚定不移的，他始终觉得毛泽东是伟人，对他发动的政治运动的动机没有怀疑过，他只是对于运动中的扩大化和过火行为不满。但他也越来越觉得自己跟不上毛主席的思想了。

“反右”运动中，他看到那么多向党善意提意见的同志被扣上政治帽子，打成“右派”，他也不赞成采用“引蛇出洞”的方式，认为这是一种不得人心的做法。他的这些想法和说法，也遭到指责和批判。

中国作协召开批判“丁陈反党集团”的大会，他也不得不在大会上表态发言，他了解丁玲，她曾是他在平民女校的学生，在那个风雨如磐的战争年代，他们曾经一起战斗过，是真正的战友，从心里就根本不相信丁玲会反党，但形势是大势所趋的，不是随便哪一个人能够改变的。茅盾想出了一个摆脱这种纠缠的方式。他给当时的中国作协党组书记邵荃麟写了封信，述说自己的身体之苦。因为得了脑病，不

1956 年 10 月 16 日，鲁迅新墓在上海虹口公园落成，宋庆龄、周扬、许广平等参加迁葬仪式，茅盾在仪式上讲话。

能用脑，无法继续参加作协的会议，而且也无法再给报刊写批判文章了。作协根据他的请求，同意了，茅盾终于暂时摆脱了那种说违心话、做违心事的困窘。

在政治上，茅盾有的时候也是“忍辱负重”的。在国统区战斗的年代里，茅盾的笔是非常犀利深刻的，针对那些他认为不符合革命文艺的思想、思潮和做法，他从来都不留情，他有独立思考的习惯，在一些大是大非面前，从不人云亦云，跟着别人后面说三道四。他从尊师、战友鲁迅的身上，学到了很多的东西，特别是勇敢的战斗精神和巧妙的斗争艺术。可是，他现在是一个大国的文化部长，他的一言一行，不是单单代表他自己，还要代表一种政治需要。他的独立思考的习惯，受到了严峻的考验和挑战。他也深刻体会到了那种“人在江湖，身不由己”的滋味。60年代初，茅盾有一次和孔德沚闲聊，谈到鲁迅在30年代嫉恶如仇的故事，说到当时文艺界流传的一句话“老头子又发火

1954年5月，茅盾在柏林召开的世界和平理事会特别会议上作题为《和平、友好、文化》的发言。

1956年9月1日，世界和平理事会授予齐白石1955年度国际和平奖仪式在北京举行，茅盾和郭沫若向齐白石颁发获奖证书。

1955 年 8 月，茅盾和最疼爱的孙女在上海。

了时，”茅盾感慨地对孔德沚说：“鲁迅 1936 年就逝世了，这也许是他的幸运，假如先生活到今天，以他这种脾气秉性，恐怕日子不会好过的，说不定早成‘右派’了。”

这看似随便说出的故事，却具有发人深思的深刻内涵。在难以独立思考的年代，他还是执意要独立思考，这种思考带来的是更多的困惑和更多的痛苦。

1957 年茅盾在家中的工作室里。

3

即使当着文化部长，每天沉浸在政治风云和各种各样的工作琐事中，茅盾仍旧没有完全放下他的笔。他还是企图做到从政与创作两不误，文学和创作是他生命的一部分，是他的一种生活方式。只要能有片刻属于自己的时间，他都会拿起笔来写上一会儿。当然，就是这些有限的时间，也要首先让位于写那些带有浓厚政治性内容的任务性文章。

不能提笔写小说，是茅盾感到最痛苦的事情。

每当夜晚来临，他忙完了一天的行政工作，从文山会海中脱身出来，洗却一身凡尘，端坐在书桌前，看着摆在面前的纸笔时，一种创作的冲动就会油然而生，他难免会想到没有实现的那个写作计划，几部小说中的人物故事也会忽然从脑子中跳了出来。

早在当文化部长之初，全国的镇压反革命运动完成后，他应公安部长罗瑞卿之邀，曾写了一个反映镇反题材的电影剧本。为了这个剧本的写作，茅盾曾经两次去上海收集资料，最后于 1953 年完成了这个电影剧本的初稿，罗瑞卿看后比较满意。他又拿给电影界的行家蔡楚生和袁牧之看，他们却觉得很不理想，过于小说化了，而且文字太长，足足可以拍三集，要想拍摄必须重新改写，并大大压缩内容。但当时茅盾没有这么多时间，旁人又不好给他这个大领导大作家修改，后来三拖两拖，内容就过时了。电影虽然没有拍成，茅盾的创作心思却没有泯灭。

1955 年初，茅盾给周恩来总理写了一封信，提请总理减少他的出国任务，也不再担任世界和平理事会的常委，他诚恳地说：

“五年来，我不曾写作，这是由于我文思迟钝，政策水平思想水平低，不敢妄动，但一小部分也是由于事杂，不善于挤时间，并且以‘事杂’来自我解嘲。总理号召加强文艺实践，文艺界同志积极响应，我则既不做研究工作，也不写作，而我在作家协会又居有负责者的地位，既不能以身作则，而每当开会，我这个自己没有艺术实践的人却又不得不鼓励人家去实践，精神上实在是既惭愧又痛苦。虽然自己也知道，自己能力不强，精力又衰，写出来的也未必能用，但如果写了，总可以略略减轻内疚吧？年来工作余暇，也常常以此为念，亦稍稍有点计划，陆续记下来些。如果总理以为还值得我一试，我打算在最近

1957 年茅盾在北京书市与读者见面。

将请一个短时期的写作假，先把过去陆续记下来的整理出来，写成大纲先拿出来请领导审查。如果大纲可用，那时再请给假（这就需要较多的日子），以便专心写作。”

总理看了茅盾的信，他是很理解这位作家部长的，但他没有批准茅盾辞卸世界和平理事会常务委员的提议，而是在茅盾的信上写了专门的批语：“拟给沈部长一个假期专门创作。”

茅盾因此得到了三个月的创作假。利用这90天的假期，续写《锻炼》和《霜叶红似二月花》是远远不够的。茅盾准备创作一部反映资本主义工商业社会主义改造的长篇小说。三个月的时光一晃而过，他连收集素材带写大纲，只完成了一小部分的初稿，假期就没有了。只得又回到繁忙的工作中。他无法再安心写作了，眼看着光阴一天天过去，小说没有任何进展。茅盾为此曾向作家协会的创作委员会发过一次大牢骚：希望他们帮助自己解决没有时间写作，整天忙于文山会海的境况。

创作委员会的同志，尽管很同情这个作家领导的苦闷，但作为下级，也没有办法解决部长和作协主席没有时间创作的问题。

1958年，茅盾在给作家协会办公室转书记处的个人1958年创作规划中，再次提到“时间被切的零零碎碎”，没有时间写作的境况，苦闷至极。

之后在一系列政治运动和斗争中，茅盾还是没有彻底放弃写长篇小说的念头。

1959年7月，茅盾夫妇和儿子一家同游颐和园。

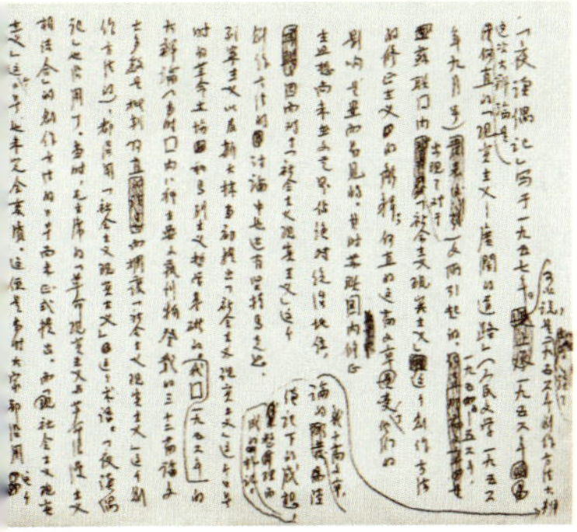

《夜读偶记》写作过程手稿。

1958年的秋天，茅盾有一次跟《中国青年报》社的同志谈话，无意间透露了他在写着一部长篇小说的信息，报社同志立即恳求他完成后在《中国青年报》上连载，茅盾同意了。但是直到1959年春天也没有小说完成的消息。报社同志写信催问，茅盾回信说他自去年秋天跟报社同志说过这件事后，至今没有时间动笔，一是出国，二是身体闹病……十分焦虑和苦恼，“不过，始终老想完成这个‘计划’的”。或许茅盾不能完成这部小说的原因，不止是信上说的那些，多变的政治气候和如何把握才能使小说适应形势，也是他不言中的重要方面。

此后，茅盾甚至跟家里人都没有再提到过这部刚刚开了头的小说。他的小说创作梦终于破灭了。他的这部小说手稿也从来没有给第二个人看过，直至“文化大革命”到来。

1970年孔德沚因病去世了。茅盾处在人生的最低谷，儿子韦韬为了照顾父亲和他同住。大孙女小钢是爷爷最喜欢最疼的孩子，她可以随便出入爷爷的书房，还可以随便翻看爷爷书柜书桌上的书籍。她把爷爷的十卷本选集都看了，还能提出自己的意见。一天她在一个书柜的抽屉里发现了裹得严严实实的两个纸包，打开一看，是两部作品的手稿，一部是电影剧本，一部是写了一半的长篇小说。看笔迹是爷爷的作品，可以前没有见到过，就津津有味地看了起来的。刚好叫爷爷看到了，茅盾没有阻止她，只是说了一句：“这是两部没有完成的作品。”小钢很懂事，知道这是爷爷收起来的，一般不让别人看的东西。所以看完后又包好放回了原处。不久，茅盾把这两部手稿默默地拿出来亲手烧掉了。

这就是茅盾在新中国成立后未写完的两部长篇作品。几年以后，儿子韦韬也想看看这两部作品的手稿，可是到处也找不见了。他问父亲，茅盾淡淡地说：“已经撕了，当废纸用了。”他还告诉儿子，这两部作品写得都不成功，留之无用。

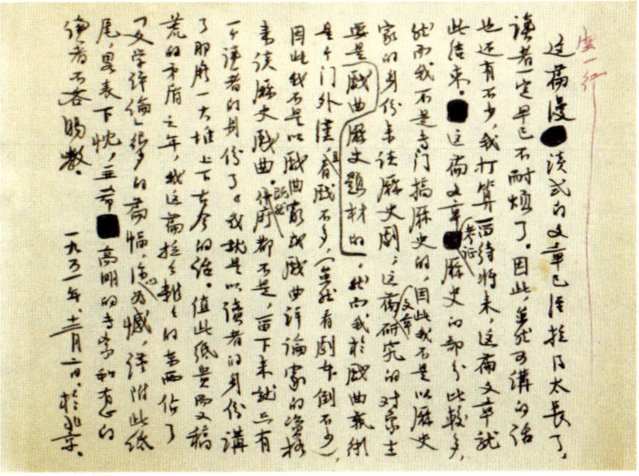

《关于历史和历史剧》的手稿。

1962 年夏天，茅盾在家中写作。

4

在“文革”前的 17 年里，茅盾虽然没有写成一部长篇小说，但他仍然在百忙的工作中和政治风云的缝隙里，写了数量可观的散文、杂文、文学评论和文学理论方面的文章。

50 年代初期写得最多的是倡导作家深入生活、写工农兵、反映火热现实生活和社会主义建设题材的文章。

50 年代中期写得最多的是贯彻“百花齐放，百家争鸣”方针、宣传提倡社会主义现实主义创作方法的文章。

50 年代后期到 60 年代初期写得最多的是关注、批评创作上出现的问题，对新人新作的评论、推荐和奖掖，以及革命现实主义和革命浪漫主义相结合的问题，关于历史和历史剧问题的文章。

60 年代前期主要有写农村题材问题、写英雄人物问题、如何写短篇小说问题的文章。

新中国成立后的 17 年中，茅盾完成的重要著作有：

1958 年 4 月完成了长篇论著《夜读偶记》。

从 1956 年的下半年开始，中国的文艺界对社会主义现实主义的创作方法问题展开了大讨论。《夜读偶记》是一部运用马克思主义辩证唯物论原理，对文艺思想史上的重大问题进行透彻论述的学术专著。是茅盾为了参加这次讨论而作，全文七万余字。为了完成这部重要的著作，茅盾阅读了大量的论争文章，对这些丰富的材料进行了深入细致的分析，从而对文学领域中现实主义和反现实主义的斗争进行了论述。专著还论述了中国文学现实主义传统的发展过程，论述了世界观与方法论、理想与现实的关系。

《夜读偶记》最初登载在《文艺报》上。1958 年 8 月出单行本。

《关于历史和历史剧》是一部近 10 万字的长篇论著。发表在 1961 年 10 月和 12 月号的《文学评论》上。它是新中国成立以后茅盾撰写的最长的一篇文学论文。

1960 年前后，为了贯彻“古为今用”的方针，我国文艺界掀起了创作历史剧的热潮，《关于历史和历史剧》是茅盾阅读了 50 来种新编的《卧薪尝胆》的剧本，并且深入地研究了历史资料的真伪，及其对历史剧创作影响的问题之后，所引发的思考和论述，是一篇详细论述在历史题材中如何运用现实主义创作方法的论文。

在这部文学理论研究专著中，他总结比较了我国古典历史剧创作和当前历史剧创作的情况，深刻论述并指出历史剧创作可以进行艺术虚构，但不能背离历史真实，不应改写历史、捏造历史。提出：还历史本来面目，反映历史矛盾本质，是最好的“古为今用”。

《关于历史和历史剧》是新中国成立以后茅盾倡导和捍卫现实主义传统的一个写照。

《读书杂记》是茅盾1962年5月至7月间，阅读了两年来的近百篇短篇小说后写的文学评论札记。全书共收了14位作家的45篇作品札记。

培养文学新人，推荐优秀作品是茅盾走上文坛数十年来的一贯作风。中国现当代文坛上有多少老中青作家都得到过他的扶持和帮助。新中国成立后，他也一直如此。从1954到1964年的10年间，茅盾用阅读作品，写札记的方式评论、指导了大量的中青年作家和文学工作者。

1962年10月，茅盾还出版了《鼓吹集》和《鼓吹续集》两部文学评论集。这是他从新中国成立到60年代初，多年来的重要文学评论和理论文章的一次大检阅。

1964年7月，茅盾发表了评论文章《读〈冰消春融〉》。

《冰消春融》是作家杜埃的一篇讲述抗日战争时期故事的作品。发表在1964年3月4日的《南方日报》上。之后，由于国内的政治气氛越来越压抑，形势越来越紧张，茅盾搁笔不再写了。《读〈冰消春融〉》也就成了他在“文革”前所写的最后一篇文章。

新中国成立后在茅盾写的文章中，还有一篇是不供发表的，这是他写给儿子儿媳的一首诗，也是儿子结婚时收到的父亲母亲唯一的特殊的珍贵礼物。这首诗是用整齐的小楷写在一张粉红色的宣纸上，是茅盾从北京快信寄给南京工作的儿子的：

祝韦韬小曼结婚之喜

我们为你俩祝福：开始共同的快乐的生活，建立新的美满的家庭；

我们为你俩祝福：在生活上，学习上，工作上，互相督促，相敬相亲；

《鼓吹集》
1959年1月
由作家出版社
出版。

我们为你俩祝福：在新中国的建设中，服从祖国号召，恭恭敬敬，诚诚恳恳，老老实实，努力做一双有用的螺丝钉；

我们为你俩祝福：在伟大的毛泽东时代，在伟大的党的教育下，有无限光明灿烂的前程！

你俩的爸爸妈妈：沈雁冰
孔德沚

这首贺诗写于1951年。

5

1962年3月，茅盾到广州参加文化部和剧协召开的话剧、歌剧、儿童剧创作座谈会。这次会议被大家称作“广州会议”。

周恩来总理亲自参加了这次会议，他还在会上做了《关于知识分子问题的报告》。周总理在这个报告中，对建国13年来我国广大知识分子作出的贡献给予了很高的评价。参加会的陈毅副总理也讲了话，他在讲话中强调：经过了13年的改造和考验，应该取消“资产阶级知识分子”这顶帽子了。他的话博得了大家的热烈掌声。茅盾在祝贺会议召开时说：这样的会是历史上空前的会议。经过了一系列的政治风云和文艺批判运动，广州会议给文艺界、知识界带来了一股清新之气，产生了极大的影响，同时也调动了广大知识分子的积极性。

1962年夏天，茅盾率中国代表团赴苏联参加莫斯科裁军大会。行前，周恩来总理向他作了详细的指示。在国外，茅盾完全遵照周总理的指示办事，会议进程中，他也随时随地向国内请示汇报情况。但当代表团回国以后，却被说成是犯了右倾的错误，受到了批评。代表团所有的成员都觉得必须要说明解释，茅盾阻止了大家，因为他知道，他们的辩解不但无用，而且会伤及到周恩来总理，他告诫同志们要懂得“忍辱负重”。这也是茅盾在“文革”前的最后一次出国。

为了调节这次出国带来的不快心境和身体的劳顿，7月下旬，茅盾决定带着一家人去大连度假。7月底，茅盾一家住进大连枫林街的市委招待所。但只休息了两天，下了一次海，茅盾又受郭小川、邵荃麟之邀，参加了中国作家协会在大连召开的“农村题材创作座谈会”。后来这个会议被简称为“大连会议”。

这次会议请到的作家大都是写农村题材的，大家有着一个共同的困惑，就是不知道该怎样来反映大跃进以来的农村变化，又不违背党的农村政策，防止题材作品公式化、概念化的毛病，并就这些问题进行了研讨。茅盾在发言中谈到了他读林则徐日记的体会，写工人农民，不能只写两头，也应该写处于中间状态的人，并且可以作为典型来写。茅盾还以作家马烽的《三年早知道》为例子，赞扬作品中的中间状态人物写得生动。在大力塑造英雄人物的年代，提出写中间人物的典型，结果必然犯了大忌。“大连会议”也成了后来批判“中间人物论”的代名词。后来，会议的主持者邵荃麟遭到严厉批判，茅盾也因散布“中间人物论”而受到攻击。

1963 年 12 月和 1964 年 7 月，毛泽东先后两次对文艺界作出批示，批评文联所属各个协会，“十五年来，基本不执行党的政策，当官做老爷，不去接近工农兵，不去反映社会主义的革命和建设。最近几年，竟然跌到了修正主义的边缘”。又说“许多部门至今还是‘死人’统治着”，“许多共产党人热心提倡封建主义和资本主义的艺术”。还特别指出：文化部是帝王将相部、才子佳人部和外国死人部。一下子就把茅盾在文化部和中国作协 15 年所做的工作全部否定了。

茅盾作为文化部长和中国作家协会的主席，自然感觉到巨大的精神和政治压力。数十年的政治风浪和人世沧桑使他明白，也许就要到了他“卸任”的时候了。

不久，电影《早春二月》和《北国江南》遭到各地报刊的批判。

12 月，夏衍根据茅盾的小说改编的影片《林家铺子》也遭批判。“美化资本家”，“鼓吹阶级合作”等帽子漫天飞来。

1964 年底，一次国务院的全体会议后，周总理把茅盾留下来谈了话，谈到文化部这几年的工作没做好是因为作为他副手的副部长没有选好，是党的责任。也知道茅盾一

茅盾在第三次全国文代会上投票。

直不想当这个部长，过去没有同意，现在可以答应他卸下这副担子了。还说请茅盾出任政协副主席。茅盾没有提出异议，又问：作协主席也干了十几年了，可不可以这次也一起调换调换？周总理说：“作协的问题主要也不是你的责任，你不当作协主席还有谁能当呢？”

1965 年 1 月，在第三届全国人民代表大会上，解除了茅盾的文化部长职务。接着他当选为全国政协副主席。

卸去了干了 15 年的文化部长，茅盾的外事活动和各种文化活动都少了许多，除了政协和统战部的一些会议和外事活动外，文艺界的活动基本都推掉了。

他已经停笔不再写任何文章了，闲暇的日子一下多了起来。他要回过头认真地看看这些年所走过的道路，他也要弥补一下忙碌的这些年所对家人们亲情的歉疚，多做些家务。当然，最主要的是，他要停一停脚步，静下心来独立思考一下。

12

沉默风暴

1966年4月18日，《解放军报》发表了《高举毛泽东思想伟大红旗，积极参加社会主义文化大革命》的社论。

1966年4月26日，中共中央政治局扩大会议批判了彭真、罗瑞卿、陆定一的“反党错误”，停止并撤销他们的职务。

1966年5月16日，中央发布《五一六通知》。

1966年8月，中共八届十一中全会召开，通过《关于无产阶级文化大革命的决定》。

1966年8月18日，毛泽东在天安门广场第一次接见全国各地的红卫兵代表，把“文革”的烈火播向四面八方。从此，一场“红色风暴”席卷神州大地。带来了史无前例的“十年浩劫”。

1965年初，茅盾终于卸下干了15年的文化部长职务，同时在第三届全国人大会议上当选为全国政协副主席。

1

“文革”初起，茅盾对这场来势迅猛的政治风暴还是持认同态度的。他觉得毛主席的主观愿望是好的，为了反修防修，担心中国变色，导致资本主义复辟。他虽然无法理解抄家、破“四旧”、斗“走资派”等过激过火现象，觉得这些行为像历次政治运动一样，是一暂时现象，但很快这种善良的愿望就被严酷的现实打破了。

1966年8月24日，老舍在被红卫兵批斗之后，投北京太平湖自尽。这让茅盾震惊万分。事隔不到一个星期，茅盾的家也被抄了，撕掉了《红楼梦》《西游记》两部书，还要对墙上照片中身着八路军军装的萧逸进行污蔑，被茅盾严厉制止了。萧逸是茅盾的女婿，新中国成立前夕遭特务暗杀。

不久，铺天盖地的大字报给他扣上了“老右派”、“三十年代文艺黑线的祖师爷”、“头号资产阶级反动学术权威”的帽子。被诬蔑为“裴多菲俱乐部式的团体”的中国作家协会，也被“彻底砸烂”了。只是由于茅盾的名字在周恩来开列的“应予以保护”的名单中，才使他免受“牛棚”之苦。

1968年4月底，茅盾听到弟媳张琴秋“畏罪自杀”的噩耗，再一次万分震惊。张琴秋是早期参加革命的老党员，经历过无数的生死考验，而且又是身穿睡衣，从被关押处四楼的男厕所跳下来的。茅盾知道她是绝对不会自杀的，但又没处去为她申辩。这给茅盾夫妇的打击是太大了，他从此彻底沉默了，而孔德沚也因过度惊吓，身体垮了。

1969年9月3日，越南的胡志明主席逝世。茅盾接到通知去越南大使馆吊唁，他在人民大会堂集合时遇到了同去吊唁的宋庆龄、陈毅、徐向前、聂荣臻、李富春、邓子恢、郭沫若、傅作义、许德衡、李四光……这次吊唁是茅盾在“文革”中的最后一次公开露面。这一年的国庆节，他没有接到通知去天安门参加庆典。茅盾的名字也从国家领导人参加重要活动的名单中彻底消失了。

不久，秘书、警卫员、专车、“大参考”等待遇都没有了。最让孔德沚忧心忡忡和不安的是，不知道什么时候就大祸临门，不知道什么时候茅盾也会被突然拉出去带着高帽游街挨批斗。而茅盾自己却什么也没有说，只是每天在家里平静地捧着一本线装古书在看。

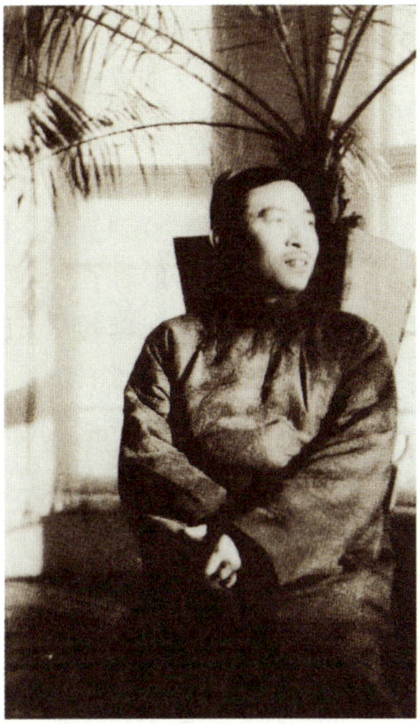

1966年的冬天格外寒冷，被扣上“头号资产阶级反动学术权威”帽子的茅盾不得不搁笔闲居在家里。

茅盾没有进“牛棚”，他“靠边站”了，用沉默面对这个纷乱杂陈的世界。

2

1970年初，茅盾遭受了一个更沉重的打击。夫人孔德沚因肾炎误诊，没有能够得到应有的治疗而不幸去世了。

“文革”开始后的一系列打击让善良忠厚的孔德沚难以承受，她的精神和肉体都几乎垮掉了。糖尿病、心脏病、高血压以至后来得的肾炎，都在摧残着她，而红卫兵抄家、茅盾被免职靠边站、随时可能降临的灾难、儿子韦韬因“五一六”受审查、孙女小钢上山下乡等，也都使她的精神受到折磨，积郁成疾后有一天终于崩溃了。

孔德沚去世前的三天已经是滴水不进了。1月28日清晨，茅盾看到昏睡不醒、喘着粗气的夫人有些不妙，赶紧叫车找人，把她送到了北京医院的急诊室。这时她已经不能说话，医生诊断为肾炎晚期引起的尿中毒。谁也不知道她什么时间得的肾病，以前只知道她有糖尿病和心脏病。顾不得追究，赶紧抢救，并且使用了各种办法仍不见好转，她随后进入昏迷状态。29日凌晨2点27分，73岁的孔德沚停止了呼吸。

当茅盾3点20分带着孔德沚的衣服赶到医院时，人已经转移到了太平间。守望着躺在眼前的孔德沚，茅盾失声痛哭！这个陪伴了他大半生，一路走来的人，在他最需要她的时候，就这样匆匆地走了。儿子看着阿姨给母亲换好了衣服，怕父亲过分伤心，劝他先回去休息，天亮后再带孩子们来向奶奶告别。上午，茅盾带着三个孩子赶到医院，他们哭着和奶奶见了最后一面，茅盾再次默默地流泪。他在孔德沚遗体前留下了最后一张合影照。

1月31日，孔德沚的遗体火化，茅盾带着孩子在孔德沚的遗体前默哀三分钟，作最后的诀别。在外地干校劳动改造的儿媳陈小曼，没有能够赶回来。去八宝山火葬场送行的除了几个家人，还有玛娅、慧英，叶圣陶和儿媳满子，以及孔德沚的好友陆缀文。过了几天，陈小曼才请准了假回来奔丧。

孔德沚的骤然离去，让茅盾彻底心灰意冷了。他每天望着天花板自责，后悔没有照顾好病重的妻子，没有察觉她得了肾炎，导致误诊不治之祸。往日充满了温暖气氛的小楼，如今变得冷清空寂，毫无生气。茅盾因此大病一场，住了近一个月的医院。

后来他在给亲属的一封信中曾回忆当时的心情：“德沚去世后，有一个时期精神消沉，自念恐亦不久于人世。”

为了照顾孤寂悲痛中的父亲，韦韬夫妇带着三个孩子和老保姆搬回来住了。儿孙们的亲情，给了困难中的茅盾些许生活的乐趣和精神的安慰。但他的消沉情绪并没有好转。

消沉的情绪，也改变了茅盾的性格。孩子们发现，老人不像“文革”初期那样保持沉默了，开始当着家人和亲属，对这场运动中发生的各种事情，发表评论述说自己的看法。他多次在儿子儿媳前面表示对“文革”的愤懑和批判，有时候，听到各种各样的传闻和小道消息，也会痛心疾首，重复着“天怒人怨”！“天怒人怨！”这四个字。

3

消沉的情绪，也让茅盾更加怀念逝去的亲人和过去的老朋友。

思念德沚，必然就会思念到母亲。

在那个年代里，茅盾最怀念的莫过于母亲了，母亲去世后，茅盾常常会梦见她，然而，几十年来，他却没有写过一篇悼念母亲的文章，母亲对他恩重如山，他那支写过千百万字文章的笔，却不知怎样才能把母亲的形象完整地描述出来，母亲是他心目中中国理想女性的完美化身，他想把母亲的形象融入他的小说中。他也的确这么去做了，在塑造小说《霜叶红似二月花》的女主人公张婉卿时，母亲的形象就不时地在茅盾眼前呈现，封建中国那个高尚、完美、智慧、坚强，有远见卓识的女性，俨然就是母亲的化身。

1970年4月17日是茅盾母亲去世30周年忌日。他还没有从丧妻的悲痛中完全走出来。相隔30年，最关心他、爱他的两个伟大的女性都离他而去了。他比任何时候都更加怀念母亲，特别是昨夜他又梦到了母亲，往事像潮水般涌来，茅盾再也无法阻止内心的思念，提笔写下了一首《七律》：

乡党群称女丈夫，
含辛茹苦抚双雏。
力排众议遵遗嘱，
敢犯家规走险途。
午夜短檠忧国是，
秋风落叶哭黄垆。
平生意气多自许，

1970年冬天，茅盾在家中小院里与孙辈合影。此时朝夕相伴几十年的夫人孔德沚刚刚去世。

不叫尔曹作陋儒。

在怀念慈母的深深情感中，同样融入了茅盾的不折之志。也许越是这样的时候，越要记起母亲的教诲，学习母亲的坚强，

思念德沚，同样会怀念到女儿亚男。

屈指算来，亚男也离开他25年了。但她好像又从来没有离开过他，在他心中始终是那么年轻那么美丽。20多年来，他在文章中写到过她，却很少在生活中提到她，谁也不愿意再过多触碰那心灵上的伤疤。

茅盾夫妇一直珍藏着女儿的一个小包袱，那是萧逸牺牲后，他的战友送来的，小包袱里是女儿的遗物，遗物里有两本女儿读高一时的作文册。茅盾第一次发现，女儿亚男的作文和作文上的批语都是那么的精彩。“锦心绣口，核吐成珠，是有目共赏之文。”“理直气壮，大有怒发冲冠之势，民气如此，何患强梁。”“写来如绘，文中有画，阅者亦几疑置身其中矣。”这宛如他少年时代的翻版和再现啊！

1971年冬天，儿媳小曼在家中整理图书，忽地听到传来一阵抑扬顿挫的读书声，仔细聆听读书声来自书房，原来是茅盾在朗诵女儿亚男的作文，忽而激扬长歌，忽而悲怆低吟，听起来十分凄凉。小曼知道这是爸爸在思念姐姐了。后来的岁月里，家里人时常会听到他这种独自吟咏的声音。

茅盾曾经感慨地对小曼说：“亚男是非常聪明的，她的文笔很不错，俄文又学得好，可惜死得太早了！也许是名字取坏了，‘霞’虽然绚丽灿烂，但多出现在日出日落的时候，短暂而且容易消散，不像‘霜’能冻结成冰。当然，这可能有点迷信，但我总觉得是我把她的名字起坏了。”

4

1971年9月13日，“文革”的副统帅林彪叛逃，乘飞机摔死在了蒙古境内的温都尔汗。一个写入“党的九大”文件中的接班人，竟然背叛了自己的党和国家。

茅盾感到震惊，也似乎看到了一些希望，毛主席也许会进行一次深刻的反思，但实际上国内的政治形势没有什么根本的改变。类似林彪之流的野心家阴谋家依然我行我素，并且把矛头指向了周总理。茅盾再次沉默下来，为了排遣抑郁的心情，只能在笔记本上写几首旧体诗词，抒发胸中的块垒和郁闷的情绪。

这个时期，具有代表性的诗词有两首。

第一首是七绝《偶成》：

蝉蜩餐露非高洁，
蜣螂转丸岂贪痴？
由来物性难理说，
有不为焉有为之。

第二首是七律《读〈稼轩集〉》：

沉浮湖海词千首，

老去牢骚岂偶成。
漫忆纵横穿敌垒，
剧怜容与过江船。
美芹荩谋空传世，
京口壮猷仅匝年。
扰扰鱼虾豪杰尽，
放翁同甫共婵娟。

这两首诗词，上一首是茅盾在“文革”中第一次用文字的形式，表达他对林彪之流的深恶痛绝和蔑视讥讽。

第二首则是茅盾在当时自身心绪和处境的写照。

1973年夏天，茅盾一连给周恩来总理写了两封申诉信，要求澄清有人传言说他是叛徒，在1928年去日本的途中自首过的事。信是通过邓颖超大姐转交的。

9月，茅盾在家里接待了政协副秘书长李金德。这也是“靠边站”后，政协第一次有人来找他。李金德代表组织正式通知茅盾：“您已当选为四届人大的代表了。”李金德不太清楚茅盾写给周总理的那封申诉信的事，但他对茅盾说：“既然您已经当选为人大代表，说明那些问题已经不存在了。”

事后，茅盾了解到，1973年重新审定四届人大代表名单时，在周总理的关注下，茅盾才重新被补选为人大代表的。

茅盾的名字重新出现在报纸上、广播里，各方面的处境也得到了一定的改善，他和亲朋好友的通信逐渐多了起来。隔绝了多年的文坛好友，也开始互问平安和近况。

1974年1月7日，茅盾给好友巴金写了一封信，他的信中充满了对友人的思念、安慰和关心。茅盾写道：

巴金兄：

从陈瑜清处得知近况，甚慰。承屡函谕清关心我的近况，又甚感。嫂夫人逝世，想必哀悼过甚，但死者已矣，生者还是要活下去；我于七〇年春亦丧耦，初亦咄咄书空，近来渐淡，反觉得她那一身病（糖尿、肾炎、高血压等等），拖下去也是多痛苦的而已。听说您在翻译赫尔岑的作品，祝您成功，匆此顺致敬礼！

沈雁冰 元月七日

东四、头条、五号

茅盾和巴金的友情始于30年代，两人先后以《家》和《子夜》享誉文坛。巴金在文化生活出版社时曾出版过茅盾的中篇小说《路》

1974年1月7日致巴金信。

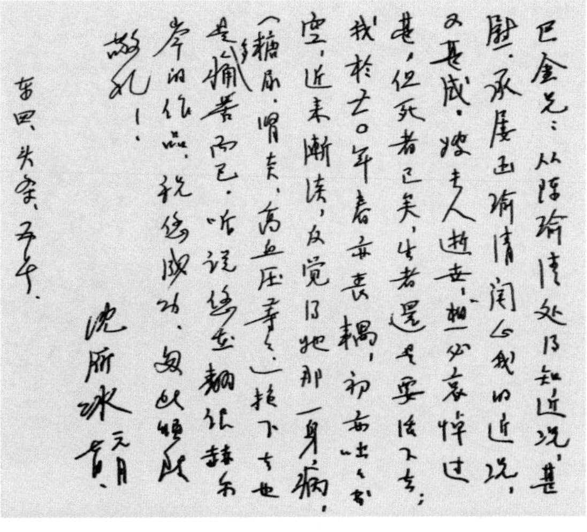

和散文集《印象·感想·回忆》以及翻译作品。新中国成立后，两人仍然保持着密切的联系和友谊。茅盾写这封信时，巴金还没有得到人身自由。他是从陈瑜清那里得到巴金的夫人逝世消息的，萧珊是1972年夏天去世，经历过同样痛苦的茅盾深感巴金的悲痛，他以自己感同身受的肺腑之言劝慰巴金，给了好友度过困境的力量和勇气。

另外，茅盾也从巴金翻译赫尔岑的回忆录一事上得到了启发，他能理解巴金翻译赫尔岑回忆录的心情，决不是为了发表。他由衷地祝愿巴金的翻译成功。他自己当然也不能等闲视之。

5

续写《霜叶红似二月花》，是茅盾一直想圆的一个梦。

在那几部未完成的作品里，只有《霜叶红似二月花》是他最想续写的。不单单是小说的故事才展开了一半的原因，最主要的还是小说中的人物身上寄予了他太多的爱和感情。女主人公张婉卿有着那么多母亲的影子。他要让她在续篇中大展风采，有一个美好的结局。

茅盾在家里“重操旧业”续写这部作品，也得到了孩子们的赞同。父亲谈论自己作品时那种眉飞色舞的神情，已经多年没有见到了，这或许是父亲最好的祛病健身的良药。尽管还不能大张旗鼓地声张茅盾又在写小说了。

酝酿之时，茅盾收到了胡锡培的一封信，说：成都传闻他在装病，闭门写“反党小说”，想待身后发表。面对谣言，茅盾笑道：“我倒要认真对待续写《霜叶红似二月花》的事了，一定要把它写好！”

为了写好续篇，茅盾重新认真读了自己的《霜叶红似二月花》，时隔太久了，许多细节都已模糊，

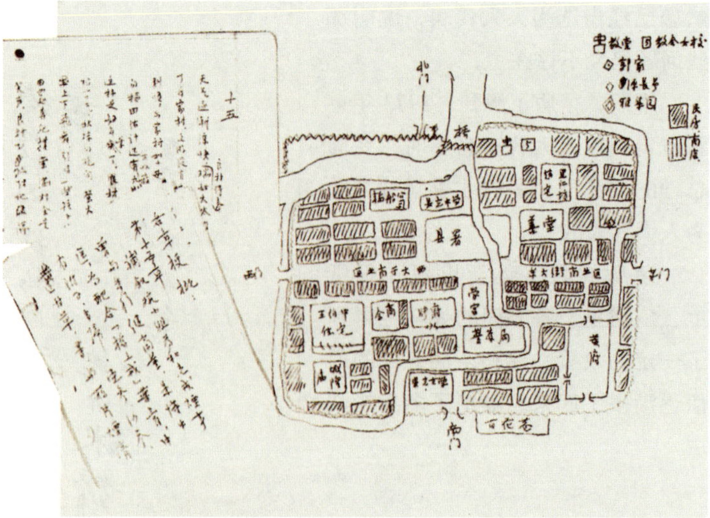

1974年春，茅盾写作《霜叶红似二月花》第二部的手稿。

书的整体风格也需要重新把握，毕竟又过了30多年再来续写。他还特意手绘了一张故事发生县城的平面图，图上详细标明了主要人物的住宅、街道、县署、警察局、城隍庙等重要场所的位置。以便在写作中不至于出现细节描写的矛盾。

茅盾创作长篇小说的习惯是先写出详细大纲，包括一些重要情节和细节，然后依据大纲一气呵成，他的《子夜》等许多作品都是如此。看他的小说手稿，字迹工整娟秀，很少大修大改，即使不看内容，也是值得欣赏的书法艺术珍品。这次依然还是按照习惯，从大纲入手。

从此，孔德沚卧室里窗前那张小巧的两屉桌，就成了茅盾写作的工作台。只要有时间，他就会坐在那里凝思写作。

1974年底，茅盾的家迁至北京后圆恩寺胡同13号。这年春节，戈宝权夫妇前来祝贺乔迁之喜。

续篇描写的是北伐前后发生在江南一个小县城的故事，即年轻女性张婉卿等青年知识分子曲折革命过程和人生经历。茅盾曾说：“这部书是写一群具有民主主义思想的青年知识分子，他们有反封建的斗争性和坚决性，但他们不是彻底的革命者，他们只是霜叶而不是红花。”茅盾在续篇大纲中为他们设计的结局，也证明了这点：他们是中国民主革命早期的佼佼者，当革命继续发展时，他们悄然引退了。但他们日后必定还会重新融入革命的滚滚洪流。

那么多年没有进行小说创作了，茅盾感觉到手有些生了，30年前创作《霜叶红似二月花》时的激情也难以寻回，虽然茅盾尽力去做，但仍感到了些许的力不从心。

1974年的半年多时间里，茅盾完成了大纲和后半部分的提要，但身体的虚弱，其他事情的干扰，再加上搬迁新居又接踵而来，使他不得不暂时把写作《霜叶红似二月花》搁下了，后来又因种种事由，最终没有能够完成续集的全部写作。但他总算又在人生暮年享受了一次创作的艰辛和快乐。

不管怎么说，茅盾还是在几十年之后，从情感上圆了一个他多年梦寐以求的梦，一个创作的梦。

北京后圆恩寺胡同 13 号茅盾故居。

北京茅盾故居充满绿意的庭院。

6

1974 年 12 月 12 日，茅盾迁入新居。交道口后圆恩寺胡同 13 号。

新中国成立以后的 25 年里，茅盾一直住在东四头条五号文化部宿舍大院里。大院的礼堂西边，有三栋由北向南一字排开的小楼，原是美国修女华文学校老师的宿舍。开始时，第一栋分配给茅盾一家，第二栋住着阳翰笙一家，第三栋是周扬住的。每栋小楼都有独立的小院，种着各家喜好的植物花草。小楼青灰色的墙面上布满了浓郁的爬山虎。“文革”中，二、三号楼的主人都被“扫地出门”，只有茅盾一家

北京茅盾故居中的茅盾卧室。

还孤零零地坚守在这里。孔德沚去世后，精神遭受沉重打击的茅盾的健康状况也一落千丈，后虽经家人的照顾有所好转，但时常仍有头晕腿软，爬楼困难的情况，特别是在1974 年写作《霜叶红似二月花》期间，曾几次跌倒在家中。孩子们看到这种情况，建议向管理部门提出申请换到平房居住，茅盾也同意了。

几经选择，最终定在后圆恩寺胡同的一个小四合院。这里原来是杨明轩故居，“文革”中无人居住，成为堆放家具的仓库。孩子们带着茅盾亲自去看了院子，门前那两棵拔地而起的钻天杨树像两名雄伟的战士守卫在两侧，给茅盾留下深刻的印象。小院不大，只有一进半。院子里有两棵白蜡树和一棵茂盛的香椿树，前院中央还有一个葡萄架和两畦长方形的花圃。房间虽然不大，但布局比较舒适合理，也很实用紧凑。

小院虽然地处闹市区，但胡同里非常幽静，这种闹中取静的环境很是吸引人。茅盾对孩子们说：“我们人丁不多，足够用了。尤其妙在小房间很多，这样服务人员都能安顿下来，我那些书也有了存放的地方。”

决定下来后，就赶快着手准备搬家事宜，设计装修、整理打包，年底前搬了过来。

离开那个给了他太多痛苦和困惑的小楼，搬进新居，茅盾的心情、身体好转了许多。宽敞的卧室连着宽敞的起居室，明亮的大玻璃窗给了室内充足的阳光，这里安静，不受干扰，是读书写作的理想地方。孩子们住在前院，随时招呼也很方便。

茅盾的卧室是儿子亲自动手布置的，单人铁床在两个窗户之间，床的西边是一张三屜桌，摆着纸笔和随手所用的书和字典。床的东边是一张长方形矮几，上面堆满了各种参考材料、剪报等。东墙是大衣柜，北墙是小衣柜五抽柜等。外面宽敞的起居室三面墙都是书柜，柜中摆满了古籍书和全套的鲁迅著

1974 年夏，茅盾与小孙女在家中院内留影。

作。西墙上挂着一幅巨大的波兰民间舞蹈的油画，这是茅盾担任中波友好协会会长时，波兰友人送的。1975 年 1 月 29 日是孔德沚去世五周年忌日，茅盾叫儿子从八宝山捧回孔德沚的骨灰盒，摆放在卧室的小衣柜上，与他朝夕相伴。

搬进了新家，茅盾与老朋友们的交往也频繁起来，通信也随之增加了许多。仅 1974 年到 1975 年间，就比“文革”前的七八年多了十倍。有的朋友还登门来祝贺乔迁之喜。

1975 年 1 月，复出的邓小平当选为中共中央副主席，并被任命为中央军委副主席和国务院副总理。茅盾参加了四届人大会议，并被选入了主席团。尽管“四人帮”制造的各种谣言四起，但他还是感觉到形势的好转。

五一节那天，茅盾主动提议要和孩子们一起去颐和园游园。

这两年，和茅盾通信最多的两个人是姚雪垠和臧克家。

1974 年夏天，骆宾基（右）秦似（左）看望茅盾并在门前合影。

姚雪垠是 1974 年夏天和茅盾恢复通信的，他们通信的内容主要是讨论《李自成》的写作。当年茅盾曾经评论过姚雪垠早期的小说《差半车麦秸》。姚雪垠带上“右派”帽子后，他们有十几年没有联系。当茅盾从信中得知姚雪垠在困境中还坚持写作长篇历史小说《李自成》时，非常震惊，也非常兴奋。他找来《李自成》第一卷看了，感觉这是一部难得的佳作，在内容选材、描写刻画、写作技巧、历史真实与艺术虚构等方面都有独到之处，看得出作者在其中所下的巨大气力和付出的心血。

茅盾写信向姚雪垠讨来《李自成》第二部的打印稿和内容概要，

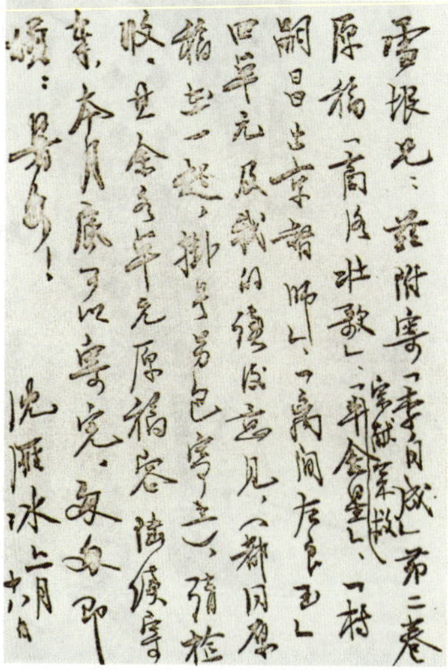

雪垠兄：兹附寄「李自成」第二卷原稿「商洛壮歌」、「宋献策[illegible]」、「牛金星」、「嗣昌出京督师」、「两间左良玉」四单元及我的读后意见（都用原稿纸一起，挂号另包寄上），请检收。其余各单元原稿容陆续寄奉，大约一月可以寄完。匆匆即颂
著安！
沈雁冰上
十八日

1975 年茅盾致姚雪垠信，其中谈到对《李自成》写作的意见。

意欲先睹为快。随后他用了两个月时间，借助放大镜和孩子的诵读，把 80 万字的稿子细细读了两遍，并写下了一万多字的读稿笔记。

在和姚雪垠的通信中，茅盾提出了自己读后的感想和修改意见。对他的创作给予了高度的赞赏和评价。这也使姚雪垠坚定了写完这个大部头的信心和决心。

茅盾对《李自成》的欣赏是溢于言表的，相当一段时间里，在他和友人交谈、与朋友们通信中，《李自成》都会成为一个重要的话题。

另一个让人心情沉重的话题，就是周总理的病日益加重，“四人帮”日益猖獗。

7

1976 年 1 月 8 日，周恩来总理与世长辞了。

1 月 10 日，茅盾去北京医院向总理遗体告别，15 日，又参加了在人民大会堂举行的追悼大会。当晚，他就写了两首悼诗：

其一

万众号咷哲人萎，
竟传举世颂功勋。
灵前恸极神思乱，
挥泪难成哀挽文。

其二

衣冠剑佩今何在，
伟绩丰功万古存。
锦绣江山添异彩，
骨灰撒处见忠魂。

茅盾跟周总理的感情是没有办法用语言和诗句描述的。

2 月，复出的邓小平第二次被打倒。从总理去世开始，天安门广场和人民英雄纪念碑前，就不断有人献花，又不断地被“四人帮”的人收走。矛盾也渐渐激化。

3 月里的一天，茅盾突然把孩子叫到跟前，严肃地说，他要动笔写回忆录了。他原来以为可以等到“文化大革命”结束后再写，看来是遥遥无期等不到那一天了，他要抓紧时间把自己的一生经历都写出来，给后人留下一份历史的见证。

1975 年春茅盾在家中客厅里。

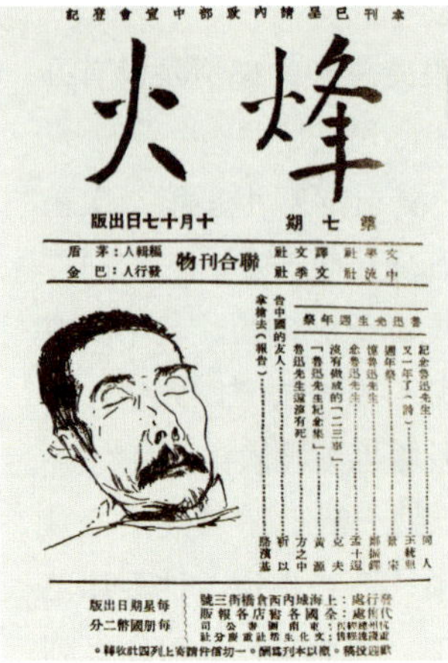

1937 年 10 月 17 日出版的《烽火》鲁迅逝世周年专刊。

3 月 24 日，茅盾正式开始回忆录写作。这一次茅盾改变了以前自己动笔的方式，改用口述。他来讲，孩子们用笔和录音机记录下来，然后再整理成为文字，交由他修改润色。这种办法不仅解决了他体力不支和视力太差的问题，而且提高了写作的速度。

茅盾手拿话筒靠在床边，一字一句地说：“大概是一九一九年下半年，陈独秀从北京来到上海……”

茅盾的声音深沉而缓慢地流动着。韦韬在桌前掌管录音机，旁边陈小曼和孙女小钢用纸笔紧张地记录着。就这样，写作进行得比较顺利，虽然还无法从图书馆借到完整的二三十年代的相关资料，仅凭茅盾记忆回顾，但每天还是很有收获。

3 月底，天安门的冲突加剧。一天，茅盾照常在口述回忆录，管理局来人，挨家挨户通知不要去天安门，说不安全。那天结束写作以后，茅盾对孩子们宣布：“暂停写作，从明天开始放假三天，去参加天安门广场的悼念活动。”

直到 4 月 8 日晨，茅盾起床后，看见韦韬就说：“你们做好准备，咱们下午开始恢复回忆录的工作。”

茅盾的口述工作一般是在下午三点左右开始，工作两个小时。午休后的茅盾精神很好，头天晚上和第二天上午其构思和腹稿已基本完成，保证了每天下午的工作，要是遇到当天有事或者去医院，就停一下，第二天再继续。

茅盾口述回忆录的工作一直进行到 1977 年的 2 月，留下了数十盘录音带。

这些口述的录音资料，实际上是茅盾后来回忆录写作的提纲和重要核心内容，为回忆录的最终完成，奠定了重要基础。

5 月 21 日，茅盾和家人得到了一个噩耗：他的侄女玛娅在昆明湖畔吞服了一瓶的安眠药，饮恨自尽了。茅盾知道，秉性刚烈的玛娅有着一颗水晶般的心，这个单纯、不懂中国国情、又缺乏政治斗争经验的半个外国人，在最后的绝望时刻，用死来与“四人帮”的倒行逆施进行抗争。玛娅死前留下三封遗书，一封给组织，一封给支部书记本人，一封留给三个孩子。她在遗书中说道：“我马上就要去见周总理了，现在我可以毫无顾忌地把我心里的话说出来了。我永远忠于毛主席，但我认为江青、张春桥就是毛主席身边的赫鲁晓夫式的人物。”

这一切让茅盾愕然，他只能默默地流泪。

8

1976 年是中国历史上必须详细记述的年份，1 月周总理逝世，4 月，丙辰清明节的“天安门事件”，7 月 28 日的唐山大地震，9 月 9 日的毛泽东逝世，10 月 6 日的打倒“四人帮”，一系列的大事件接踵而至，大起大落，大翻大覆，让所有的中国人永生难忘。

这一年在茅盾的生活里也有一件必须记述的事情。

7 月 4 日是茅盾 80 岁的生日。

给茅盾祝寿的是胡愈之牵的头。“文革”后期，胡愈之每年都会邀上几个好友相聚一次，赶上其中某一位的大寿，就把聚会变成祝寿活动。地点一般是选在丰泽园饭庄。茅盾每年都在邀请之列，他第一次参加这种聚会是 1973 年，正好是叶圣陶 80 诞辰。那次聚会一共 10 个人，臧克家也在场，他知道再有两年多就是茅盾的 80 寿辰，于是便张罗为茅盾祝寿之事。1974 年至 1975 年，臧克家几次给茅盾写信谈及此事，并写祝寿诗一首，让曹辛之刻在了竹笔筒上奉赠给茅盾。他在诗中唱曰：

著书岂止为稻粮，
遵命前驱笔作枪。
方驾迅翁张左翼，
并肩郭老战文场。
光焰炯炯灼子夜，
野火星星燎大荒。
雨露时时花竞发，
清风晚节老梅香。

1976 年的 1 月，臧克家又给茅盾写信说，曹靖华今年也是 80 整寿，想同时为你们俩祝寿。名单已经拟定，叶圣陶、曹靖华、张光年、冯至、唐弢、何其芳、李何林、严文井、姚雪垠、葛一虹，还有茅盾、臧克家，一共 10 人。地点仍在丰泽园。

6 月里，臧克家又派人给茅盾送来一本祝寿锦册和一封信。锦册上面是臧克家亲自创作、亲笔书写的一首五十六句的长诗，名叫《为茅盾先生寿暇》。臧克家在信中说：为了茅盾祝寿之事一直萦绕在他的心里，名单都拟定了，但想到眼下的“批邓”运动，天又太热，大家都忙，也担心茅盾身体不好，难以支持，大家商量聚会一事，暂不搞了，他和姚雪垠将在 7 月 3 日前来拜访。

《中国的一日》中蔡元培写的序言。

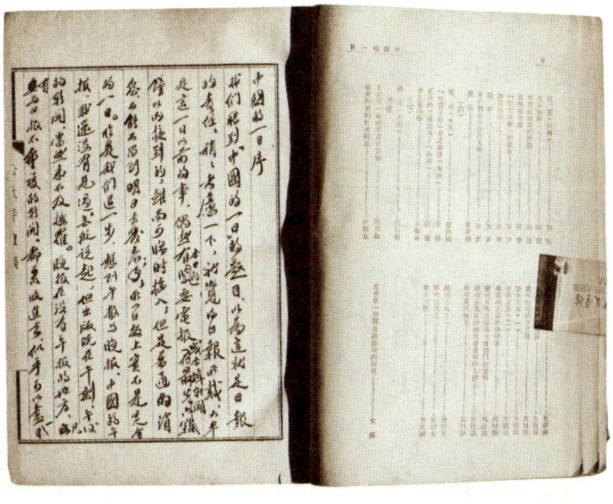
中国的一日序

1976 年 7 月 4 日和儿孙们一起度过八十寿辰。

茅盾十分理解老友的心情，即回了一信，并对大家的心意表示感谢“杯酒话旧，于今不宜，当俟异日，我亦有同感。”

在当时那个非常时期，十几个“资产阶级老权威”聚集一堂，必会带来“四人帮”的打压。

朋友们为茅盾准备的 80 寿辰庆祝活动停止了。但私下里来为茅盾祝寿的朋友还是照常登门。臧克家、姚雪垠都登门祝贺。

7 月 4 日，茅盾的孩子们照常给老人过了生日。韦韬专门跑到新侨饭店给父亲定做了一个大蛋糕，还买了彩色胶卷。又去王府井工艺美术公司精心挑选了一个松鹤延年的软木贝雕，送给父亲。孙子孙女们也为爷爷自制了礼物。茅盾和孩子们在小院中合影留念。

对于人生 80，茅盾自己也感慨万端。他在给朋友的信中愧疚地写道：“光阴似箭，白吃人民粮食，忽焉遂至八十，中夜内疚，抚膺自悲。”

茅盾还用五言古诗写了一篇《八十自述》：

忽然已八十，始愿所未及。
俯仰愧平生，虚名不副实。
惜我少儿孤，慈母兼父职。
管教虽从严，母心常戚戚。
儿幼偶游戏，何忍便扑责。
旁人冷言语，为此乃姑息。
众口可铄金，母心也稍惑。
沉思忽展颜，我自有准则。
大节贵不亏，小德许出入。
课儿攻诗史，岁中勤考绩。

这篇《八十自述》茅盾没有写完，但只是这些已可以看出，年近八十的茅盾，此时此刻最感慨、最感激的，还是母亲的滋养抚育。

《八十自述》手稿。

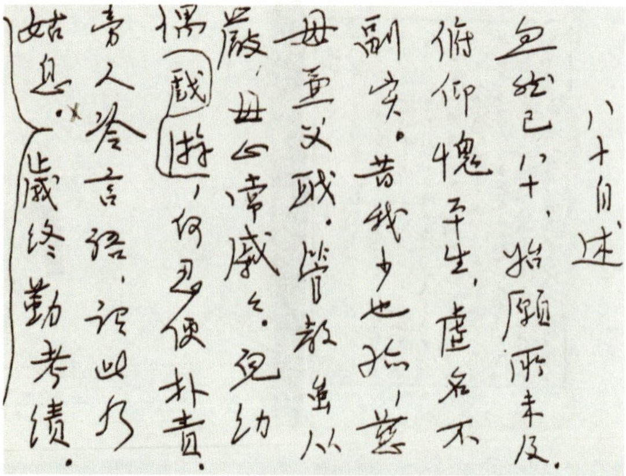

八十自述

忽然已八十，始愿所未及。俯仰愧平生，虚名不副实。昔我少也孤，慈母兼父职。管教虽从严，母心常戚戚。儿幼偶游戏，何忍便扑责。旁人冷言语，谓此乃姑息。岁终勤考绩。

13

金秋之歌

1976年7月28日，中国北方的唐山地区发生了7．8级大地震，震惊了中外。这次发生在凌晨3时43分53点5秒的大地震，造成了24万人的死亡。面对新中国成立以来最大的一次地震，“四人帮”却对内宣传：唐山死几十万人没什么了不起，“批邓”是八亿人的大事。

1976年9月9日，毛泽东主席去世。茅盾和大家一样，沉痛悼念的同时，也在担忧着中国日后的形势将会如何发展和变化。

1976年10月6日，以江青为首的“四人帮”终于被打倒了。

茅盾是10月8日从下班回家的儿子韦韬那里听到“四人帮”被抓起来了的。正在床上休息的他一下子坐了起来，兴奋而又感叹地说：

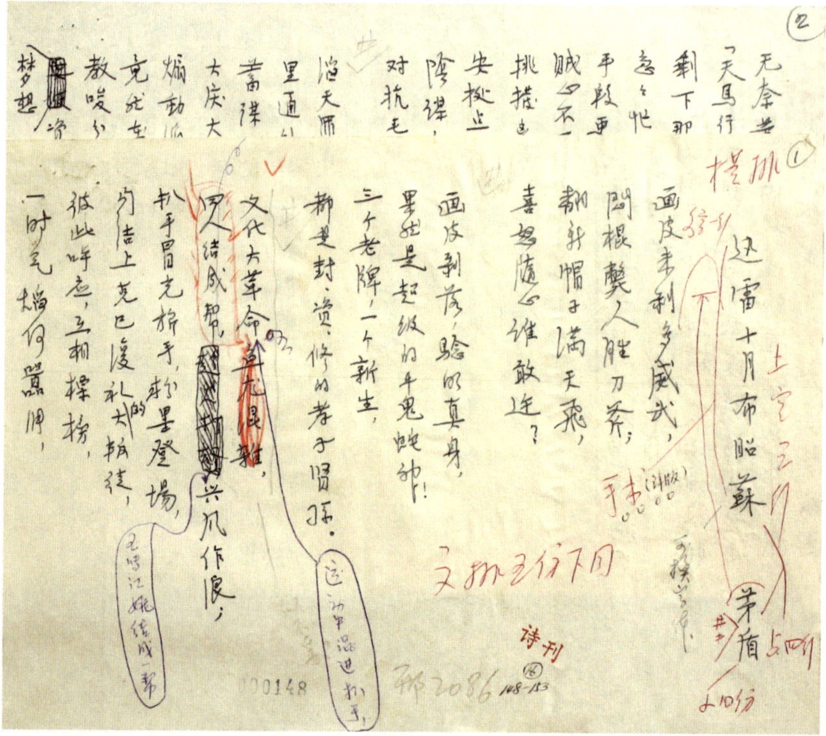

《迅雷十月布昭苏》手稿。

“想不到，想不到这么快，真想不到！”

10月10日，中央决定：建立毛主席纪念堂，出版《毛泽东选集》和筹备出版《毛泽东全集》。

10月14日，党中央正式公布了粉碎“四人帮”的消息。

从21日到23日，北京连续三天举行大游行，庆祝粉碎“四人帮”的伟大胜利。

10月24日，北京天安门广场举行了声势浩大的庆祝大会，参加的人有百万之众。风寒感冒尚未痊愈的茅盾，不顾家人的劝阻，也参加了这次大会，登上了天安门。

10月26日，茅盾又出席了首都各界爱国人士庆祝粉碎“四人帮”的座谈会。他在会上的发言是“文化大革命”以来的第一次公开发言。

一个消失了十年的大作家茅盾的名字，终于又出现在各种媒体上。

茅盾讽刺江青的打油诗《过河卒》。

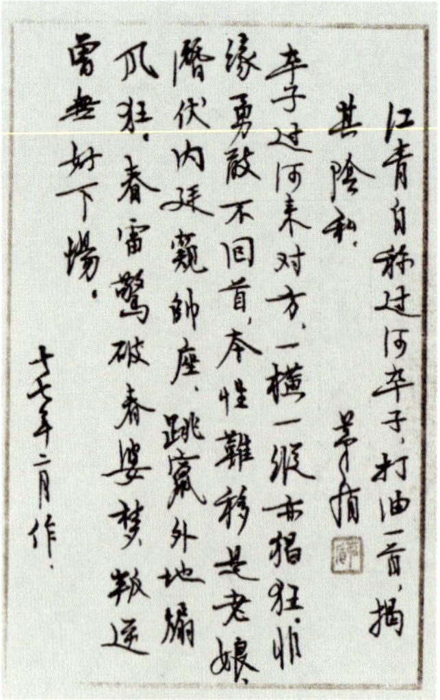

江青自称过河卒子，打油一首，揭其阴私。

卒子过河来对方，一横一縱亦猖狂。非缘勇敢不回首，本性難移是老娘。潛伏内廷窺帥座，跳竄外地煽风狂。春雷驚破春婆梦，叛逆曾無好下場。

茅盾

七七年二月作

1

诗歌是战斗的号角和鼓点，是时代最快捷的表现方式。过去很少写诗词的茅盾，在粉碎“四人帮”后的几年里写下了50多首旧体诗词，有人做过统计，这几年写的诗词数量，占到了茅盾全部诗词的三分之一。他也在用他的诗和笔，写下对“四人帮”的讨伐和蔑视。在这年的冬天，他即兴写下一首揭露江青的打油诗《过河卒》：

卒子过河来对方，
一横一纵亦猖狂。
非缘勇敢不回首，
本性难移是老娘。
潜伏内廷窥帅座，
跳窜外地扇风狂。
春雷惊破春婆梦，
叛逆曾无好下场。

只是寥寥八句，就深刻勾画出野心家江青的丑恶灵魂。

这一年的12月和1977年的1月，在北京工人体育馆举办了两场诗歌演唱会。很多在银幕舞台上沉默消失多年的老艺术家登台演唱和朗诵。这两场晚会被称作十年浩劫后文艺界复苏的标志。茅盾看了演唱会，心情激动，他写了七律《闻歌有作——为王昆、郭兰英重登舞台》诗唱曰：

早岁歌喉动八方，
延安儿女不寻常。
新人旧鬼白毛女，
陕北江南大垦荒。

1977年春天，在客厅里会见客人的茅盾。

白骨妖精空施虐，

丹心兰蕙自芬芳，

若非粉碎奸帮四，

安得余韵又绕梁。

沉默了多年的茅盾也开始在文坛上说话了。

1977年11月至12月，茅盾接连参加了《人民文学》《人民日报》的三次座谈会。作了《老兵的希望》《贯彻双百方针，粉碎精神枷锁》等发言，他还呼吁：尽快恢复全国文联和各个协会的工作，还建议及时恢复《文艺报》。

1978年春天，茅盾用了一个星期的时间，应《红旗》杂志之邀，写了一篇一万多字的文章《漫谈文艺创作》。他在文章中通过六个方面的论述，讨论了肃清“四人帮”流毒，发展社会主义文艺的问题。

5月，中国文联第三届全委会第三次会议召开。这是打倒“四人帮”后，文艺界的第一次大聚会。茅盾见到了很多老朋友、老熟人，劫后重逢，大家有太多的感慨和太多的问候要述说。茅盾在会上致了开幕词。他还宣布了一个振奋人心的消息：从今天起，全国文联和中

1978年5月茅盾和夏衍在全国文联三届三次会议上。老友相逢，总有说不完的话。

从 1978 年起，茅盾为撰写回忆录查找资料。

国作协恢复工作，其他协会也要尽早恢复工作。

会上，病榻上病情危重的郭沫若作了书面发言，他的《衷心的祝愿》道出了所有中国文艺工作者和所有中国人对中国文艺盼望已久的心声。

之后，茅盾又写了一系列的文章，为中国文艺和文坛解放思想、冲破禁区，“拨乱反正”讨论，“实践是检验真理的标准”等，尽一个革命文艺老兵的责任和义务，呼唤着文艺春天的早日到来。

1979 年 3 月 26 日，全国优秀短篇小说奖在北京颁发。得奖的 25 位作家里，绝大多数都是青年人，而且好多都是“文革”后才开始写作的。看着这些文艺领域的新生力量，茅盾非常高兴，他祝愿在他们中间产生未来的鲁迅、郭沫若。主持会议的李季接着说：“也会产生未来的茅盾。”茅盾谦虚地说自己微不足道，没有写出什么好作品。他的话感动了很多在场的人。

2

经历过严寒的人是最知道寒冷滋味的。经历了“文革”的磨难，茅盾也就格外同情那些因为种种原因，暂时还没有能够彻底解放的文艺界朋友，他们的命运时时牵动着茅盾的心。

1978 年的春天，赵丹到北京看望茅盾，茅盾从赵丹的口里知道了“文革”中“四人帮”，特别是江青对他的残酷迫害，非常难过。他一直非常佩服赵丹的才华和耿直的性格。这年秋天，魏绍昌从上海来北京看望茅盾，带来一本他保存的漂亮的锦缎面册页。上面是赵丹根据《红楼梦》中的菊花诗画的十二幅菊花图和白杨书写的十二首菊花诗。茅盾看罢很是称赞。魏绍昌随即请茅盾在上面题上几句。茅盾和赵丹、白杨都熟悉，且和赵丹在新疆还有过一段患难之情。他让魏绍昌留下册页，改日来取。两天后魏绍昌再登门，看到册页上已留下了

巴金拜访茅盾。

夜到新华书店门前排长队，等着第二天开门。为的只是得到一本外国文学名著或一本中国文学名著。

那是一个文学河流解冻和复苏的年代。从1978年起，茅盾的著作和其他文学家的著作一样，陆续再版重印。他的《子夜》、《蚀》、《虹》《腐蚀》等新中国成立前出版的作品又都与广大读者见面了。在三四年的时间里，茅盾还亲自编选了大量新中国成立后的作品，出版了短篇小说、散文、速写、诗词、文艺评论、世界文学名著、杂谈等集子。此外，还出版了40年代末在香港写的长篇小说《锻炼》的单行本。几年中出版的数量和质量都是建国后十几年没法比的。

尽管有这么多作品再版重印、结集，但是茅盾仍觉得他还有一件重要的写作工作没有做，这就是酝酿已久的，曾经在1976年开了头的回忆录写作。

正在茅盾思索打算重新开始写作回忆录时，一个契机来到了他的眼前。

1978年春节前夕，茅盾在北京医院看病时，遇到了胡乔木。胡乔木说正要给他写信，他告诉茅盾，中央最近决定要组织力量从老同志那里“抢救遗产”，也就是撰写革命回忆录。还说陈云同志特别提到了你，希望你把这段历史写出来。茅盾爽快地答应下来。

没过几天，茅盾又收到了林默涵的信，也说到请他写回忆录的事，还说：“这个不但有文学价值，也有历史价值。”

3月里，人民文学出版社的社长韦君宜也带着编辑来拜访他，说社里根据陈云和乔木同志的指示，准备创办一个新的大型刊物，专门登载作家的回忆录、传记以及文坛上的各种史料掌故等，刊名叫《新文学史料》。很希望茅盾能够对30年代的两个口号论争，写点回忆文章。茅盾爽快地答应给新刊物写连载的回忆录，还为刊物题写了刊头。

人生沧桑，经过风风雨雨磨难的丁玲来拜访茅盾（1979年）。

一首字迹娟秀的五言长诗，感激不已。茅盾在诗中写道:“曾耐九秋冻，傲骨欺风霜。辛烈比姜桂，泰然浴春光。”虽赞菊花，实写赵丹、白杨。

1978 年秋天，韦韬去上海为父亲写回忆录收集资料，他顺便到杭州拜访了父亲的老朋友陈学昭，得知她和黄源两人的“右派”帽子尚未摘掉。陈学昭的女儿也因此被剥夺了升学的权利。年底，中央关于给“右派分子”平反的决定下达，可是到了 1979 年 2 月，他们的“右派问题”仍悬而未决。茅盾专门给林默涵写了信：希望能向中组部反映，早些为这些老人落实政策。他还在信中建议：即将召开的第四次文代会上，应该邀请所有的老作家、老艺术家、老艺人，不漏掉一个，都能参加。

茅盾的建议得到了当时的中共中央秘书长兼宣传部长胡耀邦的特别重视。很快采取措施并加快了落实政策步子。

1979 年 10 月 30 日，中国文学艺术工作者第四次代表大会在北京举行。

这是粉碎“四人帮”后文艺界的一次空前团结的盛会，到会的代表达到了 3200 人。会上大家心情舒畅，百家争鸣，畅所欲言。邓小平、叶剑英、聂荣臻、李先念、彭真等党和国家领导人出席大会。周扬主持会议，茅盾致了《开幕词》，邓小平发表了重要讲话。会议期间，茅盾因为过于劳累，病倒了。但在 11 月 16 日他还是从医院出来参加了四次文代会的选举和闭幕式。

在第四次文代会期间，中国作家协会还召开了第三次代表大会。茅盾在会上作了《解放思想，发扬文艺民主》的报告，这次大会茅盾当选为全国文联名誉主席，还继任了中国作家协会主席。

茅盾欣喜大会的成功，他对中国的未来、对中国文学艺术的未来，充满了信心和祝福。他在一首李焕之作曲的歌词中，放声唱出：“为四化，看香花灿烂，久远流芳。”

3

从“文革”的精神文化沙漠中走出来的人们，对精神食粮的渴望是迫切的。那几年，曾经多少人深

1979 年 7 月，楼适夷（左）、吴伯萧（右）看望老友茅盾。

为了给茅盾写作回忆录创造良好的条件，不久，韦君宜又把茅盾的儿媳陈小曼，从《外国文学》编辑部借调到《现代文学》编辑部，再由《现代文学》编辑部派到茅盾身边当撰写回忆录的助手和秘书。

这次重新开始写作回忆录，茅盾决定还是采用自己动笔写的方式。因为他在打倒“四人帮”后，曾经重新翻阅过孩子们整理的录音材料，感到很不满意。虽然他的经历叙述得还算完整，但是文字既没有文采，也没有血肉，只有骨头。无法表现他的写作风格。

这次茅盾还从口授录音中总结了一条经验，不能太相信自己的记忆，一定要广泛地搜集资料来弥补记忆力的不足。他给孩子们开列了一份长长的资料清单，让他们去找，主要都是新中国成立前的图书和期刊，好多都是孩子们没有听过的。还有好多是他自己在报刊上分散刊载的文章，他这一生所写的文章，有四分之三都没有收到“文革”前出版的十卷本《茅盾文集》中。

搜集这些写作回忆录的参考资料太不容易了。儿媳小曼跑了北京的很多图书馆和博物馆，借到了一些过去的杂志。但是善本书根本就借不出来，也不能复印，即使能借到的刊物，也是要按期归还的，使用起来非常不方便。好在孩子们陪父亲在琉璃厂的旧书店买到了全套的《文学》和《世界文库》，但仍难以满足茅盾使用的需要。

目送远去的来访友人（1978 年）。

查找资料的人手不够，茅盾又给中央军委秘书长罗瑞卿和总政文化部部长刘白羽写信，希望能把在解放军政治学院校刊当编辑的儿子韦韬借调回来做查找资料工作，协助回忆录写作。

8 月，韦韬借调的事情终于办妥了。

9 月，茅盾就派韦韬去上海查找资料，在孔海珠的协助下，韦韬在上海书店的几个大书库中欣喜地找到了大量所需要的书刊。如整套的《小说月报》《文学周报》《译文》《太白》《文艺阵地》《笔谈》，还有部分和零星的杂志《解放与改造》《申报月刊》《文学创作》《文艺先锋》等。另外茅盾早年的译作《衣食住》和《庄子》《汉译西洋文学名著》、洁本《红楼梦》《速写与随笔》《话匣子》《耶稣之死》等，这些书都是孤本。

1979年夏天茅盾和儿子韦韬夫妇及孩子合影。

尽管茅盾的左眼已接近失明，右眼只有0.3的视力，但在写作回忆录的两年半时间里，靠着放大镜，亲自翻阅了500万字的参考资料，其中《小说月报》《文学》等翻阅了不止一次。

由于身体虚弱，心肌缺血、肺气肿等原因，写作只能在卧室大床边的三抽屉桌上了。他躺在床上看资料，打腹稿，想好一段，立即起身到桌边写作。感觉好时，可以上午下午各写两个小时。从1979年夏季开始，改为只在上午精神好时写上两个小时，下午体力不支就看资料。

韦韬这样说起父亲写作回忆录时的状态："我们计算过，爸爸平均每天能写八九百字，这八九百字是他在与衰老的顽强拼搏中写下来的！"

为了写回忆录，争分夺秒地抢时间，茅盾甚至都放弃了去疗养的念头。

茅盾在撰写回忆录的过程中，务求真实，他要给后人留下一部真实可信、史料翔实的革命文艺回忆录。写作中有的时候遇到个别人名、地名或者史实有些模糊的情况，他都要想办法核实，凡是对两个人的回忆有出入的地方，宁可存疑也不含糊使用，绝不留下一点遗憾。

茅盾给自己的回忆录起的名字叫《我走过的道路》，他想从童年一直写到新中国成立前夕，共分36章，预计要写80万字。他就这样一直写至1980年底，完成了前20章，只写到1934年，约40万字。

茅盾晚年全身心地投入回忆录的写作工作。就是在他病危住进医院的最后一段日子里，也没有放弃，牵挂的仍然是回忆录的写作。朋友来看望，他谈得最多的也是回忆录。就是在昏迷中，他也会用手摸着上衣口袋喃喃地呓语："钢笔、钢笔。"有时还会反复地数着二三四、五六七八九这些数字。

韦韬说："这些数字是爸爸的写作计划：四月份出院，五、六、七、八、九月份突击完成回忆录，彻底完成！"

茅盾似乎知道了自己虽然竭尽全力，仍将无法最终完成这部晚年的巨著，他渴望生命再给他五个月的光阴，来进行一次人生的最后冲刺。

茅盾在新居读书。

4

1979年第四届文代会召开后，茅盾的身体越来越不好，接连几次生病住院。但他的写作仍在艰难地进行着，对于他来说，时间就像金子一样金贵。即使是这样，仍有许多杂事闯入他的生活，占据他极其有限的时间，茅盾苦于无法应付、无法推脱。

在这些事情中，信件是一大负担。

多年不通音讯的朋友们来信求"墨宝"的，他一般都是有求必应。而且都是以诗词书赠。后来没想到，求字的信和人多得难以应酬了，再加上给各类报刊、作者、学校、文化设施等题写名匾的也络绎不绝。即使如此，他也是不忍拒绝，只能慢慢挤出时间回复字债。

茅盾和周扬、巴金、夏衍在中国作协第三次全国代表大会主席台上。

还有一种是来信请教创作和文艺文学问题的。其中很多是针对他作品的一些情节疑点提出问题的，对于这类信件，茅盾大都亲自动笔回复。而对于一些研究者寄来的研究文章，请他发表意见或推荐发表的，茅盾就叫家人来复函了。

再一类是向茅盾了解二三十年代其他作家情况的。其实，这些作家茅盾并不熟悉，也就只好让孩子给他们回信。

第四种是贸然登门拜访的。他们往往为了了解其他作家的经历和情况，以及搜集文坛掌故、文人轶事的，却给茅盾带来的是无尽的干扰和万般的无奈。

和每一位知名的大作家一样，

为了撰写回忆录，儿子韦韬被调到父亲身边做助手。

茅盾还不断地收到各地文学爱好者寄来的书稿和信件。这些作者大都希望或者要求茅盾对他们的作品提出意见，并推荐给出版社。也有些希望大作家传授写作诀窍、秘诀什么的。对于这类稿件，茅盾也不随意置放，而是叫家人分门别类看看，实在不行的退回，并回信劝其提高文化水平，暂先不要忙于写作。

茅盾一生都爱护和培养青年作者，对于有文学才华的青年人，他总是给以鼓励和帮助，有时候还会为这些新人的作品书写评论文章或序，而这些鼓励和文章，往往是这些才走上文坛的年轻人最大的动力。

1980 年底，茅盾为女作家茹志鹃的短篇小说集《草原上的小路》写了一篇序，这是茅盾晚年写的最后一篇序言（茅盾是躺在床上举着放大镜看完茹志鹃的全部作品的）。他本来还要给老朋友王统照的遗著写一篇序，但终没有如愿。病魔使他又一次住进医院。

茅盾和茹志鹃有着莫逆之交。茹志鹃当年写作《百合花》时只是一个文学的新兵，稿子几经退稿，她没有灰心，1958 年 3 月，《延河》月刊发表了这篇作品。6 月，茅盾在《人民文学》杂志上发表了《谈最近的短篇小说》一文，充分肯定了《百合花》，改变了茹志鹃的人生道路。当时，她的丈夫已被打成“右派”，开除党籍军籍。作为“右派”家属的茹志鹃身心疲惫。茅盾的文章使她疲惫的心灵重新复苏，获得生活的勇气。

茅盾去世后，茹志鹃曾在《说迟了的话》一文中感激地说：“我从丈夫头上那顶帽子的阴影下面站立起来，从‘危险的边缘’上站立了起来，我从先生 2000 余字的评论上站立起来，勇气百倍。站起来

茅盾在家中的会客室里。

的还不仅是我一个人，还有我身边的儿女，我明确意识到，他们的前途也系在我的肩上。先生，你的力量支持了我的一家，一串人哪！”

5

茅盾一生直接间接发现培养了多少文坛新人，连他自己都无法统计。

作为一个文坛上的辛勤园丁，他得到了老中青作家的赞誉。他用他的慧眼、爱心，用他的笔和评论文章，为文学百花坛培育了无数盛开的鲜花。

在二三十年代，茅盾就写过《鲁迅论》《冰心论》《落花生论》《徐志摩论》《郁达夫论》等，除了对这些文坛大家的评论，他还写了大量的其他评论文章。

《烙印》是臧克家出版的第一本诗集，因当时找不到出版社，只好自费出版。臧克家怀着希望的心情把小书寄给茅盾，渴望得到先生的指教，他没有想到茅盾看完《烙印》，竟专门写了一篇评论文章，登在当时有影响的刊物《文学》上，使广大读者一夜之间认识了一个年轻的诗人。茅盾的文章让臧克家重新认识了自己写的诗和自己。也让臧克家决心把一生献给诗歌艺术。

对于年轻作者和他们的作品，茅盾从来没有大作家的架子，读到好的作品，他会主动写评论文章，并主动与作者联系。王西彦就是这样一个幸运者。1936年，他在上海的《文学》杂志上发表了四篇短篇小说，没想到意外地接到了茅盾的信。茅盾说：他读了四篇小说，很想把自己的意见告诉作者，于是从编辑部抄到了他的通讯地址，给他写信。茅盾在信中对四篇小说的写法进行了比较和分析，指出了哪种应该继续，哪种应该改变。王西彦后来说：茅盾先生的“信并不太长，但言简意赅，既发人深思，又给人鼓舞”。

写作，仍是茅盾晚年生活的重要内容。

茅盾不仅热心发现和介绍青年作者的作品，也要对作品中的不足之处一针见血地指出来。《乘风破浪》的作者草明就多次得到大师的指教。茅盾曾经把草明的《倾跌》介绍给外国友人伊罗生，同时也指出草明的作品缺少自己的风格。过了一年，草明又写了一篇《没有了牙齿》送给茅盾看。茅盾看后指出她作品中的语言太欧化了，缺少中国的语言风格，不过还是把这篇作品介绍给《文学》发表了。抗战后草明在广州再次遇到了茅盾，她又

茅盾在写作回忆录的日子里。

把自己的两篇小说拿出来请教茅盾。茅盾看罢稿子很惊讶，问她是怎么克服欧化语句问题，使语言变得这么鲜活？草明告诉他：自己整天都和群众生活在一起，所以自然就说起他们的话了。茅盾高兴地说："作家应该到人民中去，这样不仅语言鲜活，作品的生活内容也翔实多了。"茅盾的话成了草明创作的座右铭，使她一生创作受益匪浅。

长篇小说《欢笑的金沙江》的作者李乔是深得茅盾培养的彝族作家。他十一二岁时就在个旧当矿工，后来以这段生活为题材，写了一部长篇小说《走厂》，并贸然给茅盾写信，想请大作家给他看看不成熟的习作。可李乔并没有想到很快就收到了茅盾的回信，而且请他把稿子尽快寄去。这令李乔又惊又喜，甚至都没有再好好修改一遍，就寄了出去。茅盾看完这部字迹潦草的稿子，又给李乔写了一信，说他的作品平顺有余，波峭不足。但书中的故事和人物都很可爱，希望能够出版。茅盾还告诉李乔：他已经把这部稿子介绍给了天马书店编进文学丛书，不知道李乔对出版有什么意见。李乔当时感动得不知如何是好。后来，他反映个旧矿工的苦难生活的小说《未完成的斗争》，荣获创作社的处女作奖。正是这样一

欣赏世界名画的茅盾。

茅盾在第四次全国文代会开幕式上致开幕词。

种鼓励和扶持，使一个彝族青年走上了文学之路。

碧野也是茅盾培育的文学百花园中的收益者。茅盾主编《文艺阵地》时，曾发表了他的《滹沱河夜战》和向读者介绍碧野报告文学集《北方的原野》的书评。茅盾还给青年碧野写了信，鼓励他努力创作和生活。碧野觉得，茅盾那情意真挚的信，像一团火灼热他的心灵，是照亮他生活道路的一片阳光。

茅盾还是女作家郁茹文学上的第一位老师。郁茹原名叫钱玉如。抗战时期，她曾在《文艺阵地》当办事员，主要就是收发稿件和给读者回信等工作。那时刊物没有固定的社址，郁茹隔上一两天就要到茅盾那里送取一次稿件，并且聆听茅盾对一些稿件的阅读评价和处理意见，然后回来办理。郁茹离开《文艺阵地》后开始尝试写作，她把自己只写了后半部的小说拿给叶以群看，想听听意见，并没有想拿去发表。几天后叶以群对她说：沈先生也看了，很高兴，要立刻放在《文艺阵地》上发表，并请她把前半部尽快写出来。于是，郁茹白天黑夜地赶出了前半部稿子，交给杂志。几天后郁茹就看到了校样，又过了些日子《文艺阵地》就登了出来。而且茅盾还给小说起了名字叫《遥远的爱》，给作者起了笔名叫“郁茹”。再后来，郁茹的这部小说又出了单行本，序言也是茅盾给写的。《遥远的爱》叙述了青年知识分子在抗战中的爱情经历和思想路程。

《遥远的爱》1942 年在重庆出版时，郁茹已经到了西北。她一遍一遍地读着茅盾的序言，除了感激

繁忙的写作之余，茅盾会到小院的太平花树下坐一会儿。

1980年9月，香港摄影家陈复礼镜头下的茅盾。

和欣慰外，她觉得茅盾先生把她“领进了一个更加深远的思想境界中去了”。

王愿坚是我国当代著名的军旅作家。他创作的《党费》《粮食的故事》《闪闪的红星》都是脍炙人口的传世之作。他第一次直接领受茅盾的教诲是他的短篇小说《七根火柴》。1958年，王愿坚在《人民文学》杂志上看到了茅盾写的《读最近的短篇小说》，其中有相当的篇幅是分析《七根火柴》的，用四五百字去评论一篇不足两千多字的小说，这使他感到意外，也很感动。这深深激励了他创作的火焰。1961年在作家协会的春节茶会上，王愿坚见到了茅盾，他没想到茅盾会对他说“你写得好，写得比我们好”！“比我们像你们这个年龄时写得好”，并嘱咐他“多读点儿书”。王愿坚后来在回忆茅盾的文章中感慨道：“这一夜，我流着眼泪，反复地思索着这几句话。我知道，这话不是对我一个人说的，在这洋溢着暖人的深情的话里，我又看到了那颗博大而温暖的心。”

有着同样感受的还有当代著名

姚雪垠拜访茅盾，介绍《李自成》后几卷的写作计划。

1980年夏天，茅盾在家里会见美籍华裔女作家聂华苓、诗人安格尔夫妇。

的儿童文学作家赵燕翼。他是甘肃人，他的文学作品语言优美，音节铿锵，具有独特的艺术风格。1960年他的童话作品《五个女儿》在上海的《少年文艺》上发表，茅盾在《六O年少年儿童文学漫谈》一文中对这篇小小的作品从结构、文字到技巧风格都进行了评论，给予了很高的赞扬。赵燕翼这样描述自己的心情："我没有探询过和我同代的一些青年作家，当读到茅盾先生为他们的作品所写的长篇评论文章时的心情怎样，就我自己来说，虽然得到先生勉励的，仅仅是三言两语，但这对于增强我从事文学创作的信心方面，却起到了巨大的鼓舞作用。"

赵燕翼的心情是所有得到大师鼓励和培养的作家的心声。数十年来，直接得到茅盾培养的作家还有骆宾基、端木蕻良、严文井、白刃、于逢、敖德斯尔、玛拉沁夫、茹志鹃、王汶石、马烽、杨沫等许多人，这样的例子是举不胜举的。

北京后圆恩寺胡同13号茅盾故居的小书库中，有一个书架，上面排满了中国当代作家的小说，随手翻开一部，就可以在页面上看到字迹清晰工整的眉批和提示，这都是茅盾阅读后记下的，也是他浏览当代文学作品长廊的点点足迹和耕耘文艺百花园的滴滴汗水。

茅盾在艾芜长篇小说《百炼成钢》书上的阅读眉批。

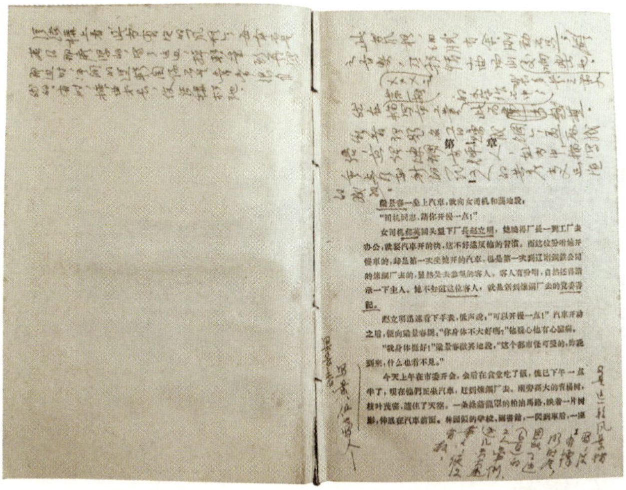

14

两份遗嘱

1980年6月，茅盾在北京医院病房中。

从1980年开始，他的活动范围缩小到只有卧室和起居室，而且大部分时间是躺在床上——举着放大镜阅读资料。需要写作，或服药、喝水时，才从床上起来。书桌就在床头，挪动几步就能坐到桌前，即使这样，写作时间长了，也会气喘，需要躺下休息。起居室在卧室外间，从床边走到起居室的折叠椅——那是他固定的座位，大约十来步，这十来步，他蹒跚而行，显得十分吃力。他在起居室接见绝大多数的来访者，包括一些外宾，以前，这里只会见熟朋友，一般的客人都在前院客厅接见。起居室里的大书桌，是他写条幅的地方，平均每周写一次，每次写完，大汗淋漓。起居室还是他用餐的地方。……他吃得很少，每餐约一两米饭或一小碗粥，一小碗蛋白羹，一小碟菜，遇到新鲜时菜，他也多吃几口。此外，起居室还是他看电视的地方，每晚看一个多小时，主要看新闻联播。也从这年起，除了医院和参加重要的社会活动外，一般不出门。

北京茅盾故居的起居室前小院。

这是韦韬先生在他写的《父亲

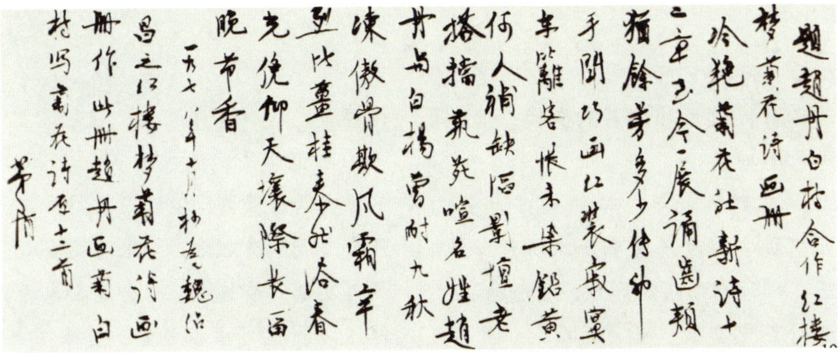

题赵丹、白杨合作《红楼梦》菊花诗画册。

茅盾的晚年》中的一段文字。详细如实地向我们叙述了茅盾晚年的生活与工作状态。即使在身体状况这样虚弱的情况下，写作回忆录的工作，仍然是他每日生活中最重要的内容。另外还有接待外宾、朋友以及题词写字、重要会议等。虽然身居斗室，减免了绝大多数的外界社会活动，但是茅盾仍然时时关注着国内外的大事情，电视和新闻联播就是他了解世界的重要渠道之一。

你可以看到一个世纪文学老人是如何在人生和事业的道路上不屈不挠地奋力前行的身影。也自然会想到李商隐著名的“春蚕到死丝方尽，蜡烛成灰泪始干”千古名句。

1

1980年对茅盾来说，是既欣慰又艰难的一年。

欣慰的是茅盾的回忆录写作在这一年中进展顺利。

9月，人民文学出版社准备将茅盾已经写好的部分回忆录手稿结集出版。茅盾给自己的回忆录起名叫《我走过的道路》，并亲自用毛笔为回忆录题写了书名。9月17日，茅盾还认真地写了一篇序言，作为

茅盾故居珍藏的眉批本。

对作者、读者和编者的交代。他在序言里写道：

人到了老年，自知来日无多，回忆过去，反思所见所闻所亲身经历，一时都如断烂影片，呈现脑海。此时百感交集，又百无聊赖。于是便有把有生以来所见所闻所亲身经历写出来的意念。

但行年五十而知四十之非。我今年时足年龄八十四，如果十岁而知人事，则七十四年的所作所为，实多内疚。幼年秉承慈训，谨言慎行。青年时甫出学校，即进商务印书馆编译所，四年后主编并改革《小说月报》，可谓一帆风顺。我是有多方面的嗜好的。在学术上也曾读经读史，读诸子百家，也曾学诗填词。中年稍经忧患，虽有抱负，早成泡影。不得已而舞文弄墨，当年又"避席畏闻文字狱，著书都为稻粱谋"之情势，其不足观，自不待言。然而尚欲写回忆录，一因幼年禀承慈训而养成谨言慎行，至今未敢怠忽。二则我之一生，虽不足法，尚可为戒。此在读者自己领会，不待繁言。

所记事物，务求真实。言语对答，或偶添藻饰，但切不因华失真。凡有书刊可查核者，必求得而安心。凡有友朋可咨询者，亦必虚心求教。他人之回忆可供参考者，亦多方搜求，务求无有遗珠。已发表之稿，或有误记者，承读者来信指出，将据以改正。其有两说不同者，存疑而已。

之所以引这么多茅盾序言文字，意在让大家看到一个写作了一生的大作家，是以何等认真严谨的写作态度面对自己笔下的文字，面对自己走过的道路的。

茅盾的回忆录从 1978 年在《新文学史料》创刊号上连载以来，始终受到了读者和文学界的好评。多少老作家从他的回忆录中唤起了他们对自己人生创作道路的回忆。

茅盾的回忆录也带动了文学艺术界甚至整个社会回忆录的写作。

这一年之所谓艰难，是茅盾的身体每况愈下。

11 月，茅盾的家人发现，他的食欲和精神都明显减退，气喘也加剧起来。往往吃一顿饭都会大汗淋漓，而实际上他只是吃了半两饭而已。

年初，他夜间起来服药时，忽然晕眩跌坐在地，许久才爬到床上。家人要在卧室外间陪他，茅盾不同意。孩子担心白天影响他写作思路，夜晚干扰他的睡眠，只好在他的床头床脚装上电铃，有事按铃叫人。

茅盾在家中接见蒙族作家敖德斯尔夫妇。

之后的一段日子，茅盾又接二连三地跌倒，他怕夜晚影响别人休息，有时要到天亮才唤家人。

茅盾的跌跤和他每天晚上大量服用安眠药有很大关系，失眠是茅盾几十年的痼疾，为了每晚的睡眠，他有的时候要在夜里起来几次服用药物。再加上痔疮、严重的气管炎等天天困扰着他。

但就这样，茅盾还是在顽强地坚持写作。

2

1981 年 2 月 20 日，茅盾又一次住进了北京医院。这几年来，他已经是多次从医院进进出出了。

17 日那天，茅盾发了一天的低烧，第二天，他还是照常写作。据孩子们记述，他这一天的写作内容是：补充了回忆录第十一章《亡命生活》，又增写了关于《虹》的续篇《霞》的一些内容。因为就在几天以前，儿子韦韬在 1992 年的一期《小说月报》上看到了茅盾给郑振铎的一封信，信里谈了他在完成了《虹》之后，曾经有写长篇小说《霞》的设想。

完成了一天的写作任务，茅盾对儿子说："不写了，要休息休息了，明天打算去医院。"茅盾平时还很少自己要求去医院的。可见他这一天的写作是在身体多么艰难的条件下进行的。但到第二天，茅盾又打消了去医院的念头，他还要再观察和休息一天，看看自己的病情发展情况。直到第三天早晨，茅盾才在孩子们的一再督促下住进了医院。

茅盾口述回忆录使用的老式录音机。

这次住院，茅盾没有像往次那样，经过医生的精心治疗逐渐好转，而是一边治疗，他的各项身体指标一边出现问题。长期低烧不退，心、肺、肝、肾的功能都呈现明显衰竭状态。这让医生和家人都非常担心。

到了 3 月中旬，茅盾时常出现异常的过度兴奋，时而自言自语，时而语无伦次。有的时候还会在被子上摸索，找纸笔写回忆录。

医生说：这种异常现象是大脑缺氧，二氧化碳排不出来造成的。

3

3 月 14 日，茅盾很清醒。上午，医生护士给他治疗完毕，他忽然向坐在床边的儿子问起自己的身体情况。韦韬告诉他：这次病情比较复杂，除心脏、肺气肿这些过去的老毛病外，他的肝肾也都出现了问题，主要是衰老的症状，经过治疗都有所好转。

茅盾听罢，也说自己衰老，机

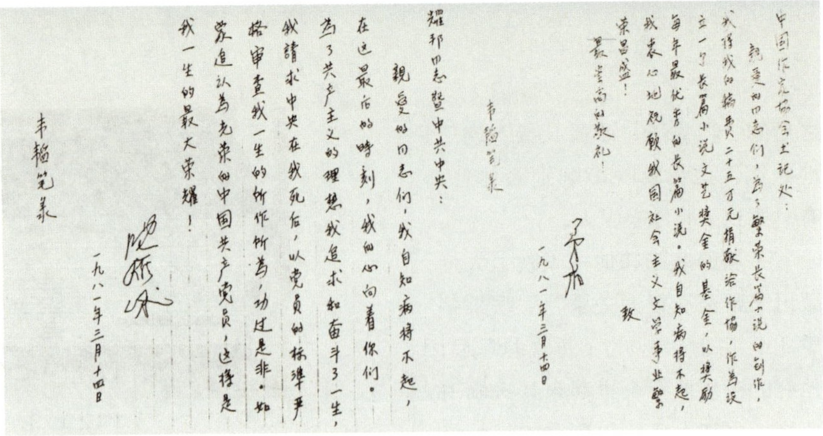
中国作家协会书记处：

亲爱的同志们，为了繁荣长篇小说的创作，我将我的稿费二十五万元捐献给作协，作为设立一个长篇小说文艺奖金的基金，以奖励每年最优秀的长篇小说。我自知病将不起，我衷心地祝愿我国社会主义文学事业繁荣昌盛！

致

最崇高的敬礼！

茅盾

一九八一年三月十四日

韦韬笔录

耀邦同志暨中共中央：

亲爱的同志们，我自知病将不起，在这最后的时刻，我的心向着你们。为了共产主义的理想我追求和奋斗了一生，我请求中央在我死后，以党员的标准严格审查我一生的所作所为，功过是非。如蒙追认为光荣的中国共产党员，这将是我一生的最大荣耀！

沈雁冰

一九八一年三月十四日

韦韬笔录

1981年3月14日，由茅盾口授，韦韬笔录的两份遗嘱。

器磨损了，转不动了。

他沉默了一会儿，又说："趁今天精神好，有两件事可以办一办。"

韦韬问："什么事，这么急？"

茅盾说："就是去年夏天和你说过的那两件事，我想现在可以把它提到议事日程上来了。"

北京茅盾故居里的小书库。

韦韬一下就想了起来。

父亲要提到议事日程上来的是他的入党问题和捐献文学奖金问题。

1980年8月，韦韬陪着父亲聊天，说起打倒"四人帮"后成长起来的有些年轻人对党的信仰产生了危机。看到的都是中国共产党的阴暗面，太片面。他对韦韬说："我们那辈人，为了追求共产主义理想，是不惜牺牲一切的。"

那天，韦韬轻轻地问父亲，为什么这么多年还迟迟不解决党籍问题？他还告诉父亲，前些日子广西的林焕平曾经向他提出过这个问题。

茅盾平静地说："他也问过我，我没有回答。不过，现在我倒要认真考虑我的入党问题了！"说这句话时，茅盾的语气加重了许多。

茅盾人生的80多年，经历了几次政治生命中的重要关头及重新入党的机会。

他是中国共产党的第一批党员，1927年大革命失败后，遭国民党通缉与党失去联系，后来在1931年曾向瞿秋白提出恢复党籍之事，没有得到答复。1940年，茅盾在延安，又向张闻天提出回到党内的请求，毛泽东、周恩来和党中央经过研究，希望他能留在党外工作，在国统区的恶劣环境中，他的非党身份更有利于革命工作和人民的利益。

新中国成立以后，茅盾当了文化部长，但他没有再向组织和中央要求入党的事情。1959年春节，弟弟沈泽民的夫人张琴秋和瞿秋白的母亲都曾问起他党籍的事。她们说：郭沫若、李四光等都纷纷入了党，你这个最早的党员，是不是也趁这个时候把长期遗留的问题解决了。

茅盾感谢她们的关心，但是他的回答却出乎大家的意料，他说：“过去几十年我都在党的领导下工作，现在又何必非要这个形式不可呢？”

张琴秋她们被茅盾的话深深感动了，谁也没有再劝他一句。后来私下里，茅盾对孩子们说：“在共产党打天下的时候我不是党员，不过我一直以一个共产主义者的标准来要求自己的；现在共产党得了天下，我不想再来分享共产党的荣誉。入党不是为了做官，思想上入党比组织上入党更重要。”

茅盾的确是用自己的一生实践和奋斗来实现着自己所说的话。

这次，茅盾终于决定提出自己的党籍要求。这件一直埋在他心里数十年的大事，一定要在生前得到最后的解决。

他觉得现在是时候了。

北京茅盾故居中的展室。

书是茅盾终生的朋友。

1980年9月，茅盾还和韦韬商量了另外的一件大事。捐献稿费建立文学奖金的事。这也是他埋在心底多少年的愿望了。1945年在重庆给他祝50寿辰时，就曾设立过一个茅盾文学奖金，只是那次的奖金是别人捐赠的。茅盾一生培育文学新人，这次他要用自己积攒下来的稿费成立一个文学奖，奖掖那些为中国文学作出杰出贡献的人和作品。

茅盾文学奖也是受鲁迅文学奖金的启发设立的。有人把设立鲁迅文学奖金的提案给茅盾征求意见，他看完后对韦韬说："解放后生活安定，你妈妈向来节俭，我也不会花钱，稿费一直存在银行里，现在有多少？"

韦韬告诉他大约有二三十万。

茅盾又说，想拿这笔钱设立一个文学奖，问，一个单项文学奖金，

茅盾起居室一角。

波中友好协会送给茅盾的油画。

25 万元够不够？

韦韬听了非常赞成父亲的想法，这是文学界一个大好事，父亲的 25 万元稿费作为基金，这个奖一定能够起到繁荣文学创作的作用。

接着，父子又一起商量了设什么单项奖更合适，更能够起到促进文学发展的作用。

韦韬提出设立小说奖。

茅盾说，范围还是太大，这笔钱一分散就起不到奖励的作用了。他又说这几年短篇发展很快，而长篇小说还不繁荣，自己是写长篇小说的，就设立一个长篇小说奖吧。

说完了自己的想法，茅盾叫韦韬把他从床上扶起来，又拿来纸笔，想亲自动笔写，试了一试，写出来的字迹无法辨认，他只好口述，让韦韬笔录下来。

茅盾先一字一句地口述了要求恢复党籍的信，这是写给胡耀邦同志和党中央的。

接着，茅盾又口述了建立长篇小说奖的信，这封信是写给中国作家协会书记处的。

韦韬笔录完毕，把两封信的内容又向父亲复述了一遍，茅盾觉得没有问题了，韦韬又找了两张纸，把信重新誊抄了一遍，再次把内容念了一遍，然后才把信纸放在父亲面前，让他在上面签上了名字。

茅盾拿起笔颤巍巍地在给党中央的信上写下“沈雁冰”三个字，又在中国作家协会的信上签上“茅盾”两个字。然后长长地出了一口气，闭上眼睛，休息了。

韦韬正要把信叠好收起来，茅盾又睁开眼睛，嘱咐：“信你先收好，等到将来再送。”

韦韬知道父亲讲的“将来”是什么意思，父亲是不愿在生前打破自己定下的原则。

4

茅盾在写完两封信的当天夜里，就进入了第一次昏迷。

茅盾生前留下的最后照片。

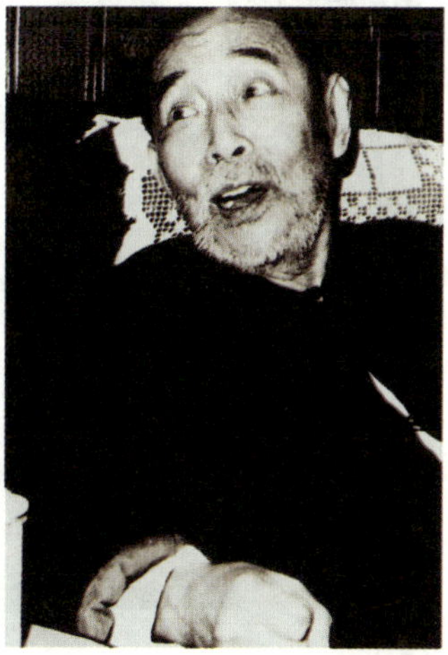

而后就进入了时而昏睡，时而清醒的状态，不过，昏迷的时间多，清醒的时间少。

清醒时，茅盾会跟家人回忆过去，谈些文坛上的事情，昏迷时还会喃喃自语地数着数字，念叨着出院的写作计划。

3月23日，赵清阁和阳翰笙的夫人一起来看望他，刚好茅盾这天的精神特别好，话语像打开了的闸门，几个人大谈40年代重庆文艺界的往事。此时，他又沉浸在回忆录的写作状态中。

等到26日赵清阁她们再次来病房看望茅盾时，他的精神与前两天相比判若两人，没有了谈话的精神。当晚，韦韬接到医院的电话，父亲病情恶化，随时可能离去。

韦韬赶到医院，守候在父亲床边，度过了最后一个夜晚。

27日清晨5时55分，一代文学大师茅盾平静辞世，韦韬替父亲擦去额头上的汗渍，又拿出电动剃须刀，仔细地剃去了父亲的胡须。

周扬是茅盾去世半小时后赶到医院的。他向茅盾的遗体鞠躬致哀，又向家属详细询问了逝世的经过。韦韬把父亲写给党中央的信交给了周扬，请他转呈党中央。28日，韦韬又把父亲写给中国作家协会的信和25万元人民币的存折，一起交给了中国作家协会的秘书长。

两封信这样写道：

耀邦同志暨中共中央：

亲爱的同志们，我自知病将不起，在这最后的时刻，我的心向着你们。为了共产主义理想我追求和奋斗了一生，我请求中央在我死后，以党员的标准严格审查我一生的所作所为，功过是非。如果追认为光

茅盾和家人的最后一张照片。

胡耀邦在追悼会上致悼词。

荣的中国共产党员，这将是我一生的最大荣耀。

茅盾在信后的署名是“沈雁冰”，这是他参加革命时的名字。

另一封信写道：

中国作家协会书记处：

亲爱的同志们，为了繁荣长篇小说的创作，我将我的稿费二十五万元捐献给作协，作为设立一个长篇小说文艺奖金的基金，以奖励每年最优秀的长篇小说。我自知病将不起，我衷心地祝愿我国社会主义文学事业繁荣昌盛。

致

最崇高的敬礼！

这封信的署名是“茅盾”，这是他在文坛上使用的名字。茅盾用自己最后的奉献，祝福中国文学的明天。

5

1981年4月1日，《人民日报》全文刊登了中共中央1981年3月31日的决定：恢复沈雁冰同志的党籍。决定的全文如下：

我国伟大的革命作家沈雁冰（茅盾）同志，青年时代就接受马克思主义，一九二一年就在上海先后参加共产主义小组和中国共产党，是党的最早的一批党员之一。一九二八年以后，他同党失去了组织上的联系，仍然一直在党的领导下从事革命的文化工作，为中国人民的解放和社会主义建设事业奋斗一生，在中国文学运动中作出了卓越贡献。他临终以前恳切地向党提出，要求在他逝世后追认他为光荣的中国共产党员。中央根据沈雁冰同志的请求和他一生的表现，决定

光明日报

GUANGMING RIBAO 1981年4月12日 星期日

沉痛悼念伟大的
革命文学家、卓越的
无产阶级文化战士

首都隆重举行沈雁冰同志追悼会

中共中央、人大常委会、国务院、全国政协送了花圈 华国锋、邓小平、李先念、彭真、邓颖超、胡耀邦、赵紫阳同志参加追悼会并送了花圈 叶剑英、陈云、宋庆龄、聂荣臻同志送了花圈

党和国家其他领导人以及首都各界人士共两千人参加追悼会

邓小平同志主持追悼会 胡耀邦同志致悼词

4月12日首都各大报都在头版以通栏标题报道茅盾追悼会举行的消息。

1981年4月11日，北京人民大会堂茅盾追悼大会会场。

恢复他的中国共产党党籍，党龄从一九二一年算起。

4月11日，在北京的人民大会堂，举行了隆重的茅盾追悼大会。到会的文艺界和各界人士有2000多人。

追悼会由邓小平同志亲自主持。

胡耀邦同志在悼词中说：

沈雁冰同志是在国内外享有崇高声誉的革命作家、文化活动家和社会活动家。他同鲁迅、郭沫若一起，为我国革命文艺和文化运动奠定了基础。从一九一六年开始从事文学活动以来，在漫长的六十余年中，他始终不懈地以满腔热情歌颂人民、歌颂革命、鞭挞旧中国黑暗势力，创作了《子夜》《蚀》《虹》《春蚕》《林家铺子》《霜叶红似二月花》《清明前后》等大量文学作品。这

1981年3月27日，文坛巨星茅盾与世长辞。

些作品刻画了中国民主革命的艰苦历程，绘制了规模宏大的历史画卷，为我国文学宝库创造了珍贵的财富，提高了现实主义文学创作的水平，在文学史上留下了不可磨灭的功绩。他的许多作品被翻译为多种外文，在各国读者中广泛传播。他还撰写了大量的文艺论著，翻译介绍了许多外国作家的作品。新中国成立后，他长期从事文化事业和文学艺术的组织领导工作，写了大量的文学评论，特别是一贯以极大的精力帮助青年文学工作者的成长，为社会主义文化事业作出了重大的贡献。

……

茅盾走了。他的精神和他所写下的上千万字作品，为中国、为世界、为后人留下了永久的财富。

春虹书：郭沫若诗句对联。

天安门广场上等待参加茅盾追悼会的人群。

永远的茅盾

茅盾文学奖

“茅盾文学奖”是中国第一次设立的以个人名字命名的文学奖，是中国长篇小说的最高文学奖项之一，在中国文坛的影响较大。茅盾文学奖由中国作家协会主办，根据茅盾先生生前遗愿于 1981 年设立，当时决定由巴金担任评委会主任。此奖项的设立旨在推出和褒奖长篇小说作家和作品。当时规定每三年评选一次，参与首评而未获奖的作品，在下一届以至将来历届评选中仍可获奖。首届评选在 1982 年确定，评选范围限于 1977—1981 年的长篇小说。

1．茅盾文学奖每三年评选一次。凡在评选年度内公开发表与出版，能体现长篇小说完整艺术构思与创作要求，字数 13 万以上的作品，均可参加评选。评选年度以前发表或出版的，经过时间考验的优秀之作，在得到评委会不少于半数委员的赞同后，亦可参评。

2．多卷本长篇小说，一般应在全书完成后参加评选。

3．鉴于评选工作所受的语言限制和各种具体困难，凡是用少数民族文字创作的长篇小说，要求以汉文的译本出版后参加评选。

4．同一作者不宜连届获奖。

历届获奖作品

第一届（1982 年　六部长篇小说）

《许茂和他的女儿们》周克芹

《东方》魏巍

《李自成》（第二卷）姚雪垠

《将军吟》莫应丰

《冬天里的春天》李国文

《芙蓉镇》古华

第二届（1985 年　三部长篇小说）

《黄河东流去》（上下集）李凖

《沉重的翅膀》张洁

《钟鼓楼》刘心武

第三届（1988 年 五部长篇小说）

《平凡的世界》路遥

《少年天子》凌力

《都市风流》孙力、余小惠

《第二个太阳》刘白羽

《穆斯林的葬礼》霍达

（荣誉奖二部）

《浴血罗霄》萧克

《金瓯缺》徐兴业

第四届（1994 年 四部长篇小说）

《战争与人》王火

《白鹿原》（修订本）陈忠实

《白门柳》（一、二部）刘斯奋

《骚动之秋》刘玉民

第五届（2000 年 四部长篇小说）

《抉择》张平

《尘埃落定》阿来（藏）

《长恨歌》王安忆

《茶人三部曲》（1、2）王旭烽

第六届（2005 年 五部长篇小说）

《张居正》熊召政

《无字》张洁

《历史的天空》徐贵祥

《英雄时代》柳建伟

《东藏记》宗璞

第七届（2008 年 四部长篇小说）

《秦腔》贾平凹

《额尔古纳河右岸》迟子建

《暗算》麦家

《湖光山色》周大新

参考书目

1.《茅盾全集》(1 ~ 40卷)，人民文学出版社1984年至2001年出版。

2.《我走过的道路》(上)，茅盾著，人民文学出版社1981年10月出版。

3.《我走过的道路》(中)，茅盾著，人民文学出版社1984年5月出版。

4.《我走过的道路》(下)，茅盾著，人民文学出版社1988年9月出版。

5.《我的父亲茅盾》，韦韬、陈小曼著，上海书店出版社1998年7月出版。

6.《父亲茅盾的晚年》，韦韬、陈小曼著，辽宁人民出版社2004年2月出版。

7.《茅盾画传》，钟桂松著，复旦大学出版社2005年1月出版。

8.《茅盾》画册，茅盾画传编辑委员会编，文化艺术出版社1996年1月出版。

9.《忆茅公》，文化艺术出版社编，文化艺术出版社1982年出版。

10.《茅盾纪实》，庄钟庆编，四川文艺出版社1986年出版。

11.《茅盾年谱》，万树玉编，浙江文艺出版社1986年出版。

后记

1981 年 3 月，巴金发出了在中国建立一个现代文学馆的倡议，茅盾在病中得知这一消息后很高兴，他对前来探望的孔罗荪说，他非常赞成这个建议，还表示要在现代文学馆成立的时候，把自己全部著作的各种版本和写于半个多世纪前的长篇小说《子夜》的原稿等，送给文学馆收藏保存。

我较多地了解茅盾先生，还是 1983 年到文学馆工作后，那时茅盾先生已经离开我们两年了。我有幸参与了茅盾故居文物登记工作和茅盾生平展览的资料搜集工作。

后来我又参加了北京后圆恩寺胡同 13 号茅盾故居的开馆典礼。那天真是名家聚会的节日，许多以前只闻其名未见其人的著名作家都到场了。

再后来，我又亲手整理了韦韬先生捐赠给文学馆的一大批他父亲的珍贵手稿，包括《子夜》《虹》《动摇》《锻炼》《清明前后》《关于历史和历史剧》《夜读偶记》等。整理工作是一种享受，篇篇页页手稿的字迹都是那么的工整娟秀，连修改删节之处都是那么的一丝不苟，即使是钢笔、铅笔书写的，也像一件件赏心悦目书法精品。古人曰：字如其人，文如其人。只此便可看出这位文学大师的创作态度和治学精神。

随后数年，我又陆续写了《茅盾的最后一部长篇小说》《茅盾的〈子夜〉手稿》《茅盾与文学研究会》等文章，自认为对茅盾先生了解得不少。这次从郭平英老师那里领受了撰写“文化的记忆”丛书中《茅盾画传》的任务，准备动笔时才发觉自己其实对茅盾知道得太少了。好在写作的本身就是一个学习了解认识茅盾先生的过程。写完画传的最后一个字，长长地舒了一口气，闭上眼睛，一个和蔼谦逊睿智的老人就站在我的面前。我真心希望打开这部画传的读者朋友们，也会有 v 这样的感觉，那将是写作者最大的欣慰。

感谢韦韬先生在搜集资料上给予的支持，感谢郭平英老师对画传文字提出的修改意见，感谢张问渔先生和编辑朋友为本书出版付出的心血，感谢本人所参考的各种资料书籍的作者和友人。

刘　屏

2008 年国庆节前于干杨树

图书在版编目（CIP）数据

茅盾画传 / 刘屏编著 . —南昌 : 江西人民出版社，2009.8

（文化的记忆 · 中国现代文化名人画传 / 朱法元主编）

ISBN 978—7—210—04183—2

I. 茅… II . 刘… III . 茅盾（1896 ～ 1982）—传记—画册 IV . K825.6—64

中国版本图书馆 CIP 数据核字（2009）第 128177 号

文化的记忆丛书

茅盾画传

撰文 : 刘 屏

图片编选 : 刘 屏

江西人民出版社出版发行

江西华奥印务有限责任公司印刷　新华书店经销

2009 年 8 月第 1 版　2009 年 8 月第 1 次印刷

开本 : 787 毫米 ×1092 毫米　1/16　印张 : 13

字数 : 170 (千字)　印数 : 1—5000

书号 : ISBN 978—7—210—04183—2　定价 : 45.00 元

江西人民出版社　地址 : 南昌市三经路 47 号附 1 号

邮政编码 :330006　传真 :6898827　电话 :6898893(发行部)

网址 : www.jxpph.com

E—mail:jxpph@tom.com　web@jxpph.com